新四军之友

——安徽抗战时期爱国民主人士

安徽省新四军历史研究会 编

中国文史出版社

图书在版编目(CIP)数据

新四军之友：安徽抗战时期爱国民主人士 / 安徽省
新四军历史研究会编 . -- 北京：中国文史出版社，
2024. 12. -- ISBN 978-7-5205-4973-8

Ⅰ. K265.06

中国国家版本馆 CIP 数据核字第 2024852XH2 号

责任编辑：程 凤

出版发行：**中国文史出版社**

社　　　址：北京市海淀区西八里庄路 69 号　　　邮编：100142

电　　　话：010-81136606　81136602　81136603(发行部)

传　　　真：010-81136655

印　　　装：廊坊市海涛印刷有限公司

经　　　销：全国新华书店

开　　　本：710mm×1010mm　　1/16

印　　　张：23.75

字　　　数：320 千字

版　　　次：2025 年 2 月北京第 1 版

印　　　次：2025 年 3 月第 2 次印刷

定　　　价：86.00 元

新四军之友——安徽抗战时期爱国民主人士

编　委　会

让我们铭记安徽的新四军之友

——兼议新四军与开明士绅及爱国民主人士（代序）

安徽省新四军历史研究会学术委员会主任　聂皖辉

为了进一步挖掘抗日战争时期新四军在安徽各抗日根据地与爱国民主人士的相关资料，深入研究宣传安徽爱国民主人士在抗日战争和民主根据地建设中的重要作用、历史功绩和奉献精神，根据中国新四军历史研究会和省会领导的指示精神，省新四军历史研究会学术委员会于2019年即着手征编工作。征稿通知于当年6月下旬发到各市、淮南、马钢两家大型企业新四军历史研究会，要求落实选题，落实作者。其间，各方同人共同努力，挖掘史料，收集、整理、撰写，历时两个春秋，终于2021年上半年收齐稿件，遂进入编辑、筛选、审稿等工作程序。现《新四军之友——安徽抗战时期爱国民主人士》编审工作告罄，计收录文章78篇，内部出版，以铭记先贤，传之后世。期待后继学者专家进一步丰富、提炼、升华，创造条件，公开出版面世。

抗日根据地的开明士绅，抗日战争中的爱国民主人士，都是特定的历史概念。新四军成立伊始特别是东进以后为什么要团结地方绅士、发挥乡绅的作用？为什么会有一些绅士加入了共产党队伍？士绅阶层在新四军东进抗日的几年中，对新四军的工作开展发挥了怎样的作用？对这些问题，我认为我们这些从事新四军历史学术研究的同人，应有所阅读和思考。以下是我本人的几点思考，说出来以求教同人大伽。

　　关于开明士绅的界定问题。开明士绅是一个特殊的社会历史群体,抗日战争时期,是指参加或拥护中国共产党领导的抗日根据地"三三制"民主政权的一部分中间势力。他们有三个"赞成":赞成抗日,赞成民主,赞成减租减息。他们是抗日根据地内部在乡地主集团和退职官僚,教育界人士中的进步分子。在这一特殊的社会历史群体中,多数是开明的中小地主,属于普通开明士绅,还有开明的退职官僚和教育界人士,属于著名开明士绅。他们都对抗日根据地建设和抗日战争胜利作出了贡献。毛泽东在《关于民族资产阶级和开明绅士问题》一文中,对开明士绅界定非常清楚,指出:"开明绅士是地主和富农阶级中带有民主色彩的个别人士。这些人士,同官僚资本主义和帝国主义有矛盾,同封建的地主、富农也有某种矛盾……他们在抗日战争时期,在反美蒋斗争时期,在政治上曾经给我们以相当的帮助。"新中国成立后,土改时期,《中央人民政府政务院关于划分农村阶级成份的决定》中又进一步明确:"凡称开明士绅,是指地主阶级中某些个别的人,曾经反对蒋介石反动统治和帝国主义侵略,以积极行动赞助人民民主事业,并拥护人民民主专政和赞助土地改革者。"

　　这些,都明确告诉我们:抗日战争和解放战争时期的开明士绅,是指地主和富农阶级中带有民主色彩的个别人士。个别人士,意即这种人物很少很少,凤毛麟角。这些人士,他们具有爱国思想,政治上比较开明,追求民主,要求进步,能认清革命形势,在中国共产党的团结教育下,反抗帝国主义侵略,是全民族抗战的一支不可或缺的重要力量。

　　士绅是封建社会制度的产物。绅士,亦曰士绅。城市里有,更多的是乡绅,他们居住在农村,生活在农村,影响也主要在农村。乡绅具有哪些特点呢?第一,乡绅一般有文化,有教养,讲文明,懂礼貌,衣着得体,谈吐优雅,很受人尊敬;第二,乡绅一般都有钱有势有地位,或者曾经做过一官半职,年老退职回乡,虽然居住乡里,但社会影响还在。乡绅凭借着功名、学识及财富而成为当地民众之首、一乡之望，成为地方利益的代表者；第三，乡绅一般年尊辈长，有些就是当地的一族之长。乡绅与乡民之间既有地缘关系，也有血缘关系。在他所在的本乡本土和本家本族中，有威望，有话语权，说出话来有分量，当地百姓听他们的，服他们的。他们参与社会管理，参与乡村治理，有一定的号召力。从理论上讲，乡绅阶层是近代中国农村社会中，一个不可忽视的重要阶层，因为他们拥有各种大大小小的权力，他们享有较高的社会地位，他们有文化，有社会经验，有话语权，在国家权力不容易支配到的乡村社会里，他们能参与社会治理，不仅能维护本族的利益，也能保一方平安。

因之，新四军成立以后，很多有名望的士绅成了统战对象，继而成了肝胆相照的新四军之友。新四军东进以后，他们从新四军官兵身上，认识到了新四军是一支抗日的队伍，看到了共产党领导的新四军是真正打鬼子、保家乡的，是保护老百姓的，是捍卫民族利益的。看到了新四军是一支威武之师，是一支文明之师；他们从国共两党的比较中，看到了国民党政治上的腐败，军事上的腐败。国难当头，国民党统治阶层中有许多顽固分子昏庸无能、贪污腐败，不把力量放在抗日上，总是两眼盯着共产党；在日寇进攻面前，退让，溃逃，或者片面抗战，消极防御。而共产党是坚决主张抗日的。地方绅士阶层虽然当时大多数属于国民党统治阶层，但是从国民党那里，他们看不到前途和希望；士绅中大有识时务者，大有与中华民族、与人民群众同呼吸共命运的人。他们在理解、支持、配合新四军抗日斗争的实践中认识到，只有跟着共产党，民族才有希望，国家才有前途，人民才有幸福。所以，在抗战中有大批的士绅参加到新四军队伍中来，参加到共产党队伍中来。这也是形势使然。

士绅阶层在新四军东进抗日的几年中，发挥了不可忽视的作用。陈毅曾被毛主席称赞为"天才的统一战线的执行者"。他自己直言：

"余从军以来，每莅一地，辄乐与当地贤士大夫游。"众所周知，陈毅是一位儒将，光明磊落，性情豪放，平等待人，以诚交友，一大批开明士绅、社会名流、学界宿贤，都乐于与他接触、交谈、交往，成为理解、同情和支持抗战的新四军之友。这里讲一个真实的故事：抗日战争时期，陈毅率领新四军挺进纵队北渡长江，执行"开辟苏北，发展华中"的战略任务。他全面地分析了当时苏北各方面势力的情况，决定把争取中间势力作为贯彻抗日民族统一战线政策的重要一环，选择的第一个中间势力代表性人士是韩紫石。韩紫石是前清举人，民国初年和北洋军阀统治时期，两度出任江苏省省长，还担任过代理督军等职，后因不满军阀之间派系斗争而归隐苏北故里海安县。由于韩紫石有一定的正义感和较强的民族意识，他在苏北中上层绅士中威望很高，并且，他的许多门生故旧多居国民党军政要职。因此，做好争取韩紫石的工作，对于团结苏北乃至全国的中间势力加入抗日民族统一战线有很大作用。陈毅先通过中介人与韩紫石通信相识。通信一段时间后，1940年9月的一天，陈毅第一次拜访这位已83岁的老人。初次见面，陈毅对老人十分尊重，谈话落落大方，应对裕如，又很诚挚、谦逊，最后以"杖国抗敌，古之遗德；乡居问政，华夏有人"一联相赠。这一切使原本持谨慎态度的韩紫石，对陈毅的才略和见识颇有好感。两三天后，陈毅再次来见韩紫石，老人显得非常热情。陈毅向他讲述全国抗日的形势及日寇的侵华行径，当讲到日本侵略者在南京制造的大屠杀致使30万平民丧生，老人妇婴皆不能幸免，六朝古都几成废墟的令人发指的罪行时，激起了韩紫石的无比愤怒，直说一定要把日本侵略者赶出去。见此情景，陈毅将话题一转说：国难当头，我们共产党是坚决主张抗日的，举国上下也强烈要求国共两党团结抗日，千万不要互相残杀。韩紫石仔细倾听，频频点头。他接受了陈毅提出的让他主持正义，召集苏北各界代表会议，呼吁各种力量团结抗日、一致对敌的建议。经过韩紫石的奔走呼号，1940年9月中旬，以"停止苏北内战，一致团结抗日"为中心议题的苏北和平协商会议在韩的私宅小花厅举行。苏北8县的社会知名人士参加了会议。同年10月，在曲塘又召开了苏北第二次和平协商会议。两次会议后，由韩紫石领衔，与12县数十名绅士联合发出函电。一封致江苏省主席韩德勤，呼吁其扫荡敌寇，收复失地；另两封致重庆黄炎培等转蒋介石，控诉国民党军队在苏北不积极抗日，反而经常与新四军搞摩擦的倒行逆施。这些函电受到抗日军民的热烈拥护，也得到了国民党中间势力、地方开明乡绅的赞同。通过对韩紫石等中间势力代表性人士的工作，争取了一些地主士绅、知识分子、地方势力与共产党团结抗战，对新四军坚持苏北抗日，创建盐阜抗日根据地，从而扭转华中抗战的危局，都起到了很好的作用。

鉴于士绅具有这种特殊的地位和作用，新四军在东进之后，在人生地不熟的情况下，为了宣传新四军，扩大新四军的影响，为了建成广泛的抗日民族统一战线，必须团结地方绅士，发挥当地乡绅在民众中的政治影响和社会影响，动员更多的人参加新四军，壮大革命队伍，形成抗日的洪流。历史告诉我们，开明士绅对新四军抗日根据地的建立、巩固和发展，对中国共产党抗日民族统一战线的贯彻实施，对新四军和抗日根据地军事斗争和各项建设中，都发挥了重要作用。在伟大的抗日战争中，爱国民主人士是中国共产党领导的八路军、新四军团结争取的重要对象和真诚朋友，是中国抗战力量不可或缺的重要组成部分，在打击日寇、建立抗日民主根据地、夺取抗战最后胜利的历史进程中发挥了重要作用。中国人民抗日战争的胜利，也有士绅阶层的一份贡献。我们不能忘记他们。

安徽省有数位著名的爱国民主人士，是值得后人永远缅怀的。比如革命烈士吕惠生（1903—1945），安徽无为人。七七事变后，吕惠生积极投入抗日救亡运动。他办起《无为日报》，宣传抗日救国，并参加了共产党领导的无为民众抗日动员委员会。1937年11月，共产党员张

恺帆任中共皖中工作委员会委员，在无为从事恢复党组织的工作，领导开展抗日救亡运动。吕惠生闻讯登门拜访，两人谈得十分融洽。在共产党和新四军身上，他看到了国家的前途和民族的希望。1938年底，新四军参谋长张云逸从皖南军部来到江北，组建新四军江北游击纵队。张云逸曾专门拜访吕惠生，与之共商抗日大计，使他受到极大的鼓舞。新四军江北游击纵队初创时期，武器与给养十分困难，吕惠生利用自己的社会声望四处奔走募捐，不遗余力地为之筹集粮饷弹药。在国民党顽固派对共产党、新四军制造摩擦事件时，他常以地方知名人士的身份参加谈判，坚决维护进步和团结，反对倒退和分裂。在国民党掀起的第一次反共高潮中，吕惠生因积极参加抗日工作，被列入国民党安徽省主席李品仙的黑名单。1940年2月上旬，当无为县当局准备逮捕他时，他得到消息，带着妻子和4个儿女连夜投奔新四军江北游击纵队。从此，吕惠生与共产党、新四军风雨同舟、安危与共。皖南事变后加入江北游击纵队。1942年加入中国共产党。曾任抗日根据地仪征县县长、无为县县长及皖中行署主任、皖中人民抗日自卫军司令员等职。1943年，担任皖中水利委员会主任时，带领新四军指战员和当地民众建设水利工程——黄丝滩江堤（即惠生堤）。1945年9月随新四军第七师北撤时在芜湖被捕，敌人把吕惠生辗转关进了南京六浪桥监狱。中共地下党和北撤中的新四军第七师获悉吕惠生被捕后，想方设法营救，但均未成功。在狱中，敌人使用了种种手段来威胁、折磨吕惠生，他大义凛然，视死如归。敌人无计可施，于1945年11月13日对吕惠生下了毒手。

比如著名社会名流朱蕴山先生（1887—1981），安徽六安人。朱蕴山于1937年加入安徽省抗日民众总动员委员会，任宣传部长，积极开展抗日救亡运动。1938年，以社会贤达身份，参加历届国民参政会，极力倡导法制，呼吁民主。1944年，加入中国民主同盟。朱蕴山是中国共产党的老朋友，解放战争期间与李济深、何香凝等共同发起成立中国国民党革命委员会。1946年，携全家由川返安庆，任安徽省通志馆馆长。1949年后，朱蕴山担任过民革中央主席、全国政协副主席和全国人大常委会副委员长等重要职务，1981年4月在北京去世。

再比如著名的爱国民主人士、教育家、法学家、中国同盟会会员、国民党左派著名领导人之一光明甫先生（1876—1963），安徽桐城人。1953年2月，毛泽东主席视察长江中下游各省，到达安庆，在与陪同他的中共安庆地委书记傅大章等人聊天时，他突然问道："安徽有一名叫光升的老先生，还在不在？在武汉革命政府时，我和他共过事。"傅大章答道："在啊！就在安庆。"（《傅大章回忆录》）毛泽东问起的这位光升先生，就是光明甫先生。1953年2月，安徽省文史研究馆成立，由毛泽东主席亲自提名，光明甫担任第一任馆长。其时，光明甫已年逾古稀，仍积极参加新中国建设，历任安徽省教育厅厅长、安徽省人民代表大会代表、安徽省政协副主席、全国政协委员、国民党革命委员会中央团结委员会委员。1963年病逝于安庆，著有《法治建国论》《语故》《论文诗说》等。

欲更多地了解新四军在安徽抗战时期的开明士绅和爱国民主人士，那就读一读这本《新四军之友——安徽抗战时期爱国民主人士》吧。诚乎哉，开卷有益！

2023年7月

目　录

让我们铭记安徽的新四军之友(代序) ……………………………聂皖辉(1)

马迪民:地下工作的尖兵 …………………………………………王敏林(1)

方松山与淮上抗日别动队 …………………………………………管德宏(8)

王峙宇:追求进步　立志报国 ………………宿州市新四军历史研究会(12)

王试之:俯仰无愧天地 ……………………………………………耿松林(17)

王梦槐:鱼鹰翩跹担使命　湖区风雨慰忠魂 ……………………王德华(25)

云应霖:山河破碎风飘絮　合作抗战志不移 ……………………程周红(36)

卢仲农:为国为民的一生 …………………………………………叶悟松(42)

叶玑珩:魂系皖江 …………………………………无为市委史志研究室(48)

史廷飏:爱国情怀贯始终 ………………砀山县新四军历史研究会(54)

史恕卿:患难之际显真情 …………………………………………刘　攀(57)

冯宏谦:与共产党肝胆相照的忠诚爱国者 ………………………翟邦军(62)

刘汉川：孙中山的忠实信徒　共产党的可靠朋友 …………刘怀德（70）

刘云昭：不徇私情　执法如山 …………宿州市新四军历史研究会（78）

任崇高：抗战教育的一代宗师 …………阜阳市新四军历史研究会（81）

齐丹九：丹心向党　九折不回 …………………………………叶悟松（86）

汤石僧：乱云飞渡仍从容 …………………………………………丁以龙（90）

朱子帆：隐蔽战线上的奇兵 ……………………………………丁以龙（95）

何谦堂：谁云配角是庸才 ………………………………………丁以龙（102）

吕惠生：丹心昭日月　浩气贯长虹 …………………………叶悟松（107）

苌宗商：秀才奋起　闻名乡里 ………………………………张长维（115）

李辛白：中国白话文的先驱 …………………………………叶悟松（122）

李明扬：国民党武人中的"低眉菩萨" ……………………刘怀德（127）

余亚农：皖北大地上的抗日爱国将领 ……阜阳市新四军历史研究会（133）

吴葆萼：赤子情怀　一身正气 ………………………………翟大雷（139）

陆绍泉：茂林贤达 ………………………………………………黄国林（146）

陈冠群：种墨园主人 ……………………………………………陈志宏（152）

杨远源：共赴危难助铁军 ………………………………………朱家托（156）

张节：深明大义　爱国护民 …………………………………黄奏天（167）

目 录

张力化：多次执行潜伏任务的爱国将领 ……………… 戴尉华（173）

汪秀璋：白皮红心赴大义 …………………………… 余顺生（177）

吴华玉：为抗日捐躯的维持会长 …………………… 高兴起（182）

张云川：温温君子度　桓桓壮士心 ………………… 刘怀德（187）

陈次权：困难之际显真情 …………………………… 汪灵友（195）

孟昭潜：性格刚直　善谋政事 ……… 砀山县新四军历史研究会（202）

金稚石：无为的陶行知 ……………………………… 耿松林（208）

金笑侬：从民主人士到共产党员 …………………… 蒋克祚（215）

季嚼梅：国民党爱国中将 …………………………… 王敏林（222）

胡竺冰：党外布尔什维克 …………………………… 蒋克祚（226）

胡治平：隐蔽战线上的斗士 ………………………… 蒋克祚（238）

胡邦宪：智斗敌顽的抗战县长 ……………………… 吴毅安（244）

胡卫中：淮南煤矿铁路守护者 ……………………… 高兴起（252）

钮玉书：大时代的先锋 ……………………………… 孙为忠（255）

章啸衡：统一战线工作的先锋 ……………………… 芮进西（261）

崔徐荣：热心为党奉献的文清嫂 …………………… 章红星（273）

谢立惠：鲜为人知的寻党之路 ……………………… 赵东云（281）

彭笑千:顽强不屈 ·············宿州市新四军历史研究会(290)

释义方:爱国爱教的革命和尚 ·············池州市新四军历史研究会(292)

鲍刚:一代抗日将星的陨落 ·············时光往 时洪平(297)

翟宗文、石锦昭子:抗战中的跨国伉俪 ·············翟光裕(307)

廖梓英:胸怀大义 勇于担当 ·············管德宏(310)

廖运泽:坚决"不与共产党兵戎相见" ·············管德宏(317)

廖运升:坚持"枪口一致对外"的将领 ·············管德宏(325)

廖传枢:郫县起义步坦途 ·············管德宏(333)

戴端甫:无为人民永远怀念的乡贤 ·············耿松林(339)

郑抱真:从爱国民主人士到共产党人 ·············陶余新(344)

褚峻斋:毁家纾难 投身抗日 ·············褚晓梅(351)

马迪民：地下工作的尖兵[①]

王敏林

马迪民（1913－1943），原名马宗善，安徽无为人。少年时就读于桐城浮山中学房秩五先生门下，深受爱国思想的熏陶和洗礼。抗日战争全面爆发后，积极参加抗日救亡宣传活动，全力为抗日组织筹措抗日经费。皖南事变后，全力协助无为党组织建立秘密交通线，帮助新四军第七师部队购买军需物资，掩护新四军和党政干部的交通安全，不断向七师师部传递情报，被喻为保护革命同志的"红伞"。1943年7月，惨遭国民党顽固派杀害。

马迪民

乡村兴学

1933年底，马迪民得悉十九路军的蒋光鼐、蔡廷锴等高级将领在福建举起抗日反蒋旗帜，成立人民政府，感到无比欢欣，毅然弃学，约其友人钱济民一道，不避千里跋涉，奔赴福建，投靠人民政府，甘愿在一个学兵连里当兵。他满腔热情，以为从此可以为抗日救亡贡献力量。不料事与愿违，福建人民政府不数月便被蒋介石搞垮了。这对迪民来说，是一

[①] 参见《安徽文史资料全书·巢湖卷》，安徽人民出版社，2007年8月版，第1274页。

1927年，马迪民求学桐城浮山中学，接受进步思想的熏陶

次很沉重的打击。他经历多少艰难险阻，终于于1935年春带着惆怅的心情回到无为县牛埠。那年秋，无为县在不少较大的村庄都办起短期小学。这些小学学制两年，每所小学只1个班级，1个教师，教师薪金比普通小学更低。当时农村师资极少，城镇知识分子怕苦怕累怕脏不愿下农村，即使下到农村，对教学也是三天打鱼两天晒网，甚至只在短期小学挂个教师牌子，到月向县领工资。马迪民原来学过师范，这时又失业在家，祖居马坝村特聘他回村开办短期小学。从此，他便在穷乡僻壤的马坝村短期小学埋头教学，直到1937年底。在将近3年的时间里，他与马坝村的农民同甘共苦，并为他们排难解纷，代写代算，做了许多教学以外的工作。

抗日义举

1937年冬，周心抚、何际堂、任惠群、刘方鼎和马数鸣常在襄安聚会，自发地搞些抗日救亡的宣传和活动。多次去襄安东边谢家洼村，想以那里为起点搞抗日自卫队。1938年春节期间，马数鸣回到牛埠镇，在知识青年中进行抗日的宣传和串联。迪民热情接待，积极支持，他当天下午即登门通知牛埠镇及附近农村知青，有王光钧、周化云、钱济民、萧继淮以及朱家荡村的周济群等20余人，次日聚集牛埠东郊一个小庙里开会，由马数鸣宣传国共合作抗日的情况，大家都称赞抗日，迪民抗日情绪更高。

1940 年夏季，国民党省政府在无为县西南乡的西河设立安徽省第四货物进出管理检查处，不少同志，其中就有马迪民，都到第四货检处及其所属单位参加工作。马迪民瘦高身材，思想敏捷，性情爽直，说话做事都很干脆。牛埠

1940 年，马迪民到无为县开城镇王家大墩，投奔新四军江北游击纵队

及其附近的知识界都称赞他仗义疏财，好交结人，喜打抱不平。他先担任牛埠、土桥和鹤毛河一线税务所长，接着又改任为第四货检处的税务督导。但不多久，因为他在牛、土、鹤及三官山区熟人很多，有很好的关系，而驻在那一带的国民党顽固派军队中有个队长是他的同学，货检处长唐晓光则认为马迪民最适合在国民党地区搞工作。1940 年冬，马迪民在唐晓光的指示和支持下回到牛埠镇开设规模很大、远近皆知的"小小酒家"茶酒饭馆，馆址设在镇内马氏宗祠（原为合肥李府的当铺，有瓦房五六十间。民国初年，马迪民父亲经手买为马氏宗祠，但迄未改建，除拆除和出租一大部分，中间 10 多间历来都空闲着，马迪民就住在其最后两间小平房里）。迪民则由一个家徒四壁、贫无立锥的知识青年，一变而为生意异常兴隆的"小小酒家"茶酒饭馆的老板。并且由于他正直讲义气，在牛埠的声誉好，很快就被推为商会会长。

秘密交通

1941 年二三月，皖南事变后，突围的新四军指战员先后过江到达无

为东乡汤沟小游击区集结,并在曾希圣、何伟、孙仲德等同志的领导下依据中共中央的指示,酝酿成立新四军第七师。在此以前,先是1940年冬,国民党桂系第七军和许多的地方武装、土匪军,以庐江为后方,渗进无为县,遍布西北、西南和东南各乡(县城和东乡个别集镇已为日寇占领),妄图阻遏新四军军部过江,与皖南国民党顽固派围歼新四军的罪恶勾当相配合、相呼应。继而皖南事变发生,这些军队则疯狂搜捕和袭击新四军突围过江的党政军人员。他们气焰十分嚣张。唐晓光本为国民党顽固派所怀疑,甚至被监视,这时处境更为险恶,他急欲出走,但水陆路线都被严密监控。他在进退维谷的情况下,从牛埠把马迪民找到西河,要他协助赵平同志建立通往无为东乡的秘密交通。迪民慨然承诺。他陪同赵平从西河,经湖陇,过姥山脚下择头戴村。他们想在那比较偏僻又距江边不远的村庄,建立一个可以暂时埋伏又可随时出江的秘密交通点站。哪知土匪军刘子清部正驻在那些村里,他们穷凶极恶,被群众视为蛇蝎。马迪民伴随赵平找熟人,理关系,走家串户,还在那里住过一宿,活动两天终无结果,他们只好回西河。走在路上,马迪民因与当时湖陇区区长朱葆真(后改名朱晞)有些交往,也所了解,遂建议找朱试谈,看他能否助一臂之力。他们见到朱葆真相互寒暄后,赵平先问朱:"我们要到江边去,路上恐有阻拦,你如带着我们一道可不可以去?"朱表示他是现任区长,"可不受留难"。赵平、迪民见朱并不推辞,便进一步说明具体要求,拜托他大力帮助,朱也一口应允。赵平、迪民喜出望外,回去向唐晓光汇报情况。这时赵平还准备再去刘渡与虹家桥之间,经过那里打通一条通往无东的秘密交通。但唐晓光迫不及待,次日即由赵平、迪民护送到湖陇区政府,然后又由朱葆真和迪民护送到白梅陈村附近的江边,雇了船。唐晓光就这样由江路顺利到达无为东乡。不久,皖江抗日根据地建立,唐晓光则为皖江地区财经委员会的主要负责人。

1941年三四月,日寇调动大批兵力,分数路向无为四周以及巢南、庐东大举进犯,紧接着即占领了以上这些地区所有的集镇,许多山头上也筑起碉堡。只有牛埠这个位于三官山脚下的大集镇,地势平坦而开阔,易攻难守,日寇打进去即走了。而驻在上述地区的顽固派军队,大部逃跑了,有一些则和无为县的党政军龟缩到三官山里。从此,三官山冲成为他们的巢穴,牛埠则成为他们的"十里洋场"、匪特的乐园。

情报工作

1941年5月,新四军第七师在无为宣告成立,同时还成立了无为县抗日民主政府、皖中财经委员会及其他许多部门和机构。这期间,赵平已去根据地,是中共无为西南部货检处的负责人。而原国民党安徽省第四货检处许多人员也都成了新四军货检系统或其他部门的干部,只有马迪民留牛埠搞秘密工作。但他一直和唐晓光保持联系,不断地潜往巢无根据地向唐晓光汇报情况,请示工作。那时,从湖陇到牛埠附近已建立了游击政权。马迪民为了避免牛埠一些坏蛋对他怀疑,他每次到根据地去都不是从牛埠向湖陇游击区走,而是从牛埠先向国民党所控制的三官山脚下走去,经汪田、鹤毛河,过黄姑闸附近绕道往巢无地区。他回牛埠也是走此路线,先到三官山下国民党所控制的区域,再回到牛埠。马迪民为新四军购买过好几批武器弹药,有些是马迪民从土桥那边日伪军中买的,有些是他从三官山区国民党军队中买的。

1942年春末夏初的一天,无为西南地区货检处处长徐复初(1943年在沿江的彭泽牺牲),到其所属湖陇货管分局,分局长是马干章。徐复初将所带1万元法币(国民党的货币)交马干章,嘱他送到牛埠附近的中分马村马竹波家交给马迪民。马干章将款送去,马迪民已在竹波家等着。他收了款,还打了收条。当时1石米(合现在市秤约200斤)值10元上下,1万元是笔巨款。那是给迪民购买武器弹药的。马迪民生前为新四军买过很多枪械,有的装到棺材里从牛埠运走的,有的在三官山冲里装

进大毛竹里运走的。

1941年夏季,朱葆真为无为县顽固派所猜疑,他急欲走脱,但一时又未能去根据地,滞留在牛埠,隐居马迪民家中数月之久。此间马迪民视如手足,处处关心,直到他后来去了根据地。

王光钧家住牛埠郊区,早年就与牛埠的许多知识青年相认识,有交往。但抗战开始以后,有的安于家庭快乐,有的胆小怕事,有的到国民党方面做官,大都冷落和疏远了。唯马迪民一如既往。自王光钧参加革命和加入中国共产党后,他对王光钧更亲切、更靠近,处处给予关照和帮助,经常给王光钧提供情报。有时王光钧派马芳银或戴汝谷去取,有时马迪民将情报送出来。1942年春节期间,王光钧回家探亲,去过牛埠。那年春,他又约戴衍芳到牛埠小小酒家碰头,谈工作。当时,王光钧还带着桐东一个会拳术的中年同志在身边保护。马迪民对他们非常热情,亲自将他们安排在较僻静的小房间吃茶。哪知不多一会儿,马迪民带着紧张神情跑去告知王光钧,"军队已向西关开来",并急忙带着光钧等经迪民家里从后门把他们送出去。王光钧在牛埠也很熟悉,他经周化云所住屋后小巷子里向灵璧山方向急奔,刚跑出牛埠镇外,西关的枪声已响了。他后来才知道那是顽固派的预谋,不是迪民的警觉和掩护是很难走脱的。

新四军第七师许多同志都知道马迪民在牛埠开小小酒家,他们对他当商会会长很欣赏。村里往来于牛埠的肩挑小贩(贩卖篾货竹器),对马迪民赞扬备至,说马迪民常为受害者说情、讲理,甚至据理力争。在他们心目中,马迪民是保护他们的红伞,所以他们才敢于来往于牛埠。王光钧、许骥等谈到迪民也都称赞他对革命有认识,积极主动地对革命进行帮助。

惨遭杀害

1943年7月,马迪民惨遭国民党顽固派杀害。马迪民之死是牛埠大商店的大老板、大恶霸戴汝传告密和一手策划的,顽固派县长何国强派特务沈奎、费生胜和秦晓轩等下手的。他们在天刚破晓,闯入马迪民家中,径入卧室将马迪民从床上拉起,不由分说,不让穿衣,绑架到牛埠镇外杀了。他们还留张字条放在死者身边,说是王光钧派他们干的。真是手法太卑劣,用心太可耻!

新中国成立后,反革命分子戴汝传和沈奎等几个特务未能逃脱人民的法网,受到镇压,不但人心大快,亦乃天理昭彰。

马数鸣曾作《悼迪民同志》诗一首,以悼念为革命牺牲的马迪民:

阔别三年信未通,归来相见亦匆匆。

生平抱负驱倭寇,一片真诚向大同。

可恨奸顽逞兽性,但期血泪化霓虹。

难忘促膝谈家国,满腹豪情笑语中。

(作者单位:无为市委史志研究室)

方松山与淮上抗日别动队

管德宏

方松山(1899—1984),早年从教。受其教育和影响,众多学子投身抗日救亡运动,走上革命道路。全面抗战爆发后,投笔从戎,参与组建淮上抗日别动队,任副司令,协助司令方绍舟率部抗日,转战定、凤、怀一带。曾发动夜袭,一举将日军(怀远)刘府据点拔除。

方松山

方松山,名乔年,字松山,1899年生于怀远县洛河镇方家楼(今属淮南市大通区),前清光绪年间拔贡方运之子,乾隆年间翰林方简七世孙。出身名门望族,世代书香。幼时在本地私塾读书,聪敏好学,品学兼优。后考入省立凤阳第五师范学校,1921年秋毕业后开始从教。曾任凤阳女子师范学校教务主任、语文教师,还曾担任过怀远县教育局长、县参议员。1928年,应家乡(洛河)父老柴殿侯、汪执民等要求,经省教育厅批准,方松山被调任洛河小学校长。但因凤阳女师教务工作一时无人接替,直至1930年秋,才得以到洛河小学就职。

这时,方松山面临的学校,其实只有几间教室和几位教师。办学经费主要依靠20多亩学田地租(20余担谷物),远远不能满足需要。经费拮据,困难重重。而问题更为严重的是,上任第二年,即1931年初夏就遭遇淮河爆发特大洪灾,学校全被淹没,房屋倒塌,设施损毁,洪水退后成为一片废墟。万般无奈,方松山遍访地方乡绅,恳请解囊相助。在地方乡绅和富商们的支持下,方松山带领教职员工很快将学校重新建立起来,恢复了教学。方松山办学尽心竭力,洛小生气勃勃,焕然一新,家乡父老交口称誉。

作为一校之长,方松山对提高教学质量十分重视。他亲自授课,引领老师们诲人不倦,不断改进教学,提高教学水平,鼓励学生发奋读书,立志报国,使洛河小学教学质量在全县一直名列前茅。一次,县教育局举行全县小学毕业生会考,结果前10名学生中,洛河小学竟占6名!

1931年秋,日军在东北沈阳策动九一八事变,蒋介石对日军采取不抵抗主义,我东三省迅速沦陷。消息传来,方松山义愤填膺,立即撰写一副楹联张贴在学校大门两旁,楹联曰:"东寇正猖狂试看那黑水白山图入谁家版籍,来日方大难切莫怕欧风亚雨披靡上国衣冠。"以此揭露日本帝国主义侵略罪行,向师生和周边民众宣传抗日。一时间,全校师生抗日热情高涨。课余时间,师生在校园内外,吟唱岳飞《满江红》,激昂慷慨,不绝于耳。受方松山言传身教影响,学生王崇思、段树华等尚未毕业,就秘密加入中国共产党,投身抗日救亡运动。宫万启、陈夕桥两人毕业后投考黄埔军官学校,成为抗日军官。后来,两人分别在陕西省西峡口和峰岭渡对日作战中为国捐躯。方书年等10名学生毕业后相约,前往定远县藕塘新四军根据地报名参军,后来都成为部队骨干。1945年,方书年在新四军某部晋升营长,后调任华野某部电台主任(正团级)。1948年11月,随军参加淮海战役。一天,在战场上发报时,不幸中弹牺牲,时年仅32岁!这些学生热爱祖国,血洒疆场,一个个都是无愧于中华民族的好男儿。

1938年5月30日,日军第三师团由怀远西犯,洛河危在旦夕。方松山不得不忍痛宣布学校停课。在宣布停课的师生大会上,他发表演讲,义正词严,痛斥日寇侵略罪行,带领师生高呼口号:"驱除倭寇,还我河

山！……"全校师生异口同声,愤怒的口号在校园上空回荡。

　　学校停课后,方松山投身抗日运动,与年逾古稀的辛亥革命志士、定远炉桥人方绍舟一起,在定、凤、怀、寿一带奔走呼号,宣传抗日,组织抗日武装,被时驻防田家庵的李宗仁部三十一军收编,号称淮上抗日别动队,方绍舟被委任为司令,方松山被委任为副司令。别动队官兵1500人,编为3个大队和1个直属教导连。正、副司令以下的军官有:秘书长方辑溪,参谋兼教官吴某,副参谋俞少清、郭瑞宁;副官长丁明坤;副官方明定、葛锦州、李清山;第一大队队长杨玉清,第二大队队长郑善亭,第三大队队长方九华;教导连连长方荫五。

　　抗日别动队虽有一定规模,但武器缺乏,全队仅有大盖、捷克式、老套筒、湖北条等步枪300多支,手握式盒子枪10余支,远远不能适应战斗需要。为此,方松山积极协助方绍舟筹集枪支。方家楼方氏族人率先响应,49户人家共捐献用于看家护院的长短枪57支,他们(户主)是:方诗成长枪2支,短枪1支,方守臣长短枪各1支,方献成长枪2支,方希三长枪2支,方献功长枪2支。捐献长枪1支者为:方宝龙、方自亭、方开宏、方其传、方永开、方又新、方德耕、方传顺、方善年、方合年、方玉和、方培富、方春元、方学怀、方学鲁、方学文、方斐卿、方自国、方自海、方自贤、方自如、方立斋、方诗锦、方诗铭、方立辉、方兰芳、方兰义、方诗林、方正法、方诗言、方自珍、方德耀、方镜秋、方德用、方金全、方德华、方宝贤、方宝琛、方宝华、方宝坤、方开启、方东荣、方自舟、方有先、方联先、方宝台。

　　方绍舟、方松山领导的抗日别动队,司令部最初设在龙头坝,后迁至靠山集。1938年春又迁至姚家湾(即今淮南市田家庵区姚家湾)。这支由民间自发组建的抗日队伍,灵活机动地转战于定、凤、怀、寿一带,不断袭击日军,牵制了日寇的军事力量,减少了日寇对这一地区的扫荡和骚扰,有时还给日寇以重创,其中尤以夜袭刘府日军据点,战绩最佳。该据点设在刘府镇大莱烟草公司内,常驻日军约100人。1939年春的一天夜里,方松山和方绍舟,抽调百余名官兵,组成"奋勇队"冲锋在前,大队人马紧随其后,直向刘府挺进。当"奋勇队"进至日军据点附近时,被敌哨发觉。顿时枪声大作,火光冲天。方松山与方绍舟两人冒着枪林弹雨,指挥大家奋勇向前。是夜月黑风高,鬼子对这突如其来的袭击,不知虚实,惊慌失措,抵挡不住,丢盔弃甲,向蚌埠方向仓皇逃窜。是役,打死打伤鬼子10余人,缴获不少战略物资,还打死鬼子3匹战马。次日,方松山与方绍舟一行数人,带着一些战利品,到驻在田家庵的三十一军军部报喜,沿途不断受到军民的欢迎和赞扬。此后,日军刘府据点一直没有恢复。

1939年5月,三十一军西撤,别动队被迫解散,方绍舟西去武汉。方松山回乡后仍热心家乡教育,积极筹建方楼小学。经过两年多的努力,终于建成一所1～6年级的完小。

新中国成立后,方松山归农。务农之余,读书赋诗,以诗会友,乐在其中。作为淮南诗词学会会员,1984年4月,方松山在该会会刊《红叶》上发表诗作两首,其一为《重游八公山》:"西风习习又深秋,山有八公几再游。金谷盈田人庆幸,黄花满地径通幽。当年秦晋今何在,此日工农夺上流。四化宏图齐动手,银灯万户数更筹。"其二为《梦游姑苏(二叠前韵)》:"六十年前曾驻马,姑苏今夜梦重游。虎丘美景依然美,寒寺幽情分外幽。四海文星临胜境,九州墨客尽名流。奔驰同为兴华事,四化宏图共划筹。"期盼四化兴国,溢于言表。是年冬,方松山先生病故,享年85岁。

(作者单位:淮南市新四军研究会大通区分会)

王峙宇:追求进步 立志报国

宿州市新四军历史研究会

王峙宇,名国桢,宿县蕲县集人。峙宇资质聪颖,好学不倦,从小学到凤阳师范毕业都以成绩优良著称。自青年时期就追求进步,不满国民党黑暗统治,立志报国,以改造社会为己任。

追求进步 立志报国

1929年,王峙宇在宿县公立乙商学校二级学习。是年秋,有个改组派教师向学生宣传"改组派"主张:"国民党腐败落后不能救中国。共产党激进不适合中国国情,只有改组派,右手反对国民党,左手反对共产党,才能救中国。王峙宇和王烽午、汪慎思等进步学生,予以反击。并于这年冬季掀起了驱逐"改组派"教师的学潮。

1930年,王峙宇在安徽省立四职学校求学,当时拥护国民党的一批保守派学生,自恃有反动政府和校方的支持,经常对进步学生打击迫害,王烽午就是在他们迫害下退学的。为了同他们作针锋相对的斗争,王峙宇联络进步学生,对其进行一次大讨伐、大反击,以致被校方开除。

青少年时期的王峙宇,爱读进步书籍。在凤阳师范读书时,他和同学常俊亭、黄锡兰、沈道允、汪慎思、张家箴、李适吾等组织读书会,集资购买艾思奇著的《大众哲学》、邹韬奋主编的刊物,认真阅读探索、相互勉励进步。

1935年,王峙宇于凤阳师范毕业,先后在安徽省教育厅、某县教育局任职。1936年底,终因不满国民党政府在东北、华北消极抗战的行动,愤而弃职。为了追求进步,向往革命,他与常俊亭、黄锡兰、沈道允等结伴奔赴延安。1937年初途经山西临汾时,参加了著名爱国民主人士李公朴主办的"青联抗"学习。后因去延安道路阻隔,返回家乡。

组织救亡　转战宿南

卢沟桥事变后,抗战全面爆发。峙宇以爱国报国的满腔热情投入了抗日救亡活动。1937年冬徐子寿等组织宿县抗敌救亡社,峙宇积极参加并负责蕲县救亡分社和民众动员委员会工作,深入农村、学校,热情组织教师、学生、农民参加抗日救亡活动,深得宿南广大人民的支持,为以后开展武装抗敌斗争建立了思想基础和组织准备。

1938年5月宿城沦陷。国民党政权瓦解,一时大乱;7月,峙宇即组织宿南东坪、忠义、蕲县、桃园、南关五个联保的联庄会,任联庄会长。他组织各联保成立20～30人枪的常备自卫队,进行抗日保家活动,有效地安定了沦陷初期的秩序,保护了人民的利益。1938年底,峙宇任宿县民众动员委员会指导员,为了扩大救亡活动,他向省建议并在宿南主持成立了省动委会委托工作团二十九团,委任余小仙、杨腾霄为正、副团长。工作团分两处开展工作,杨在东坪集活动,余在水池铺北宋桥活动。成立联庄会防匪保家,深得群众拥护。

1939年秋,国民党安徽省六专署委任王峙宇为安徽第六抗敌指挥部第六支队长,峙宇接受委任后,积极着手部队的发展建设,到1941年底,六支队发展为7个中队,1个短枪队,约700人枪,活动在宿南一带,打击敌伪。其中缴获较多的战斗就有16次。罗集歼灭战,是峙宇亲自指挥,全歼敌伪军1个中队,缴获长短枪50多支、战马5匹,伪军队长和国民党别动司令葛仲之被当场击毙。奇袭半铺店是一次以奇

制胜的战斗。他令一个中队化装成伪军，由一个会讲日语的战士装扮成日军队长，由指导员沈维金带领沿南坪到宿县的公路北来，到达半铺店时，"日军队长"通知半铺店伪军集合训话，一枪未发，30多个伪军被俘，并缴获30多支长枪。其他如南坪黄庙伏击战、拔除蕲县的伪据点击毙汉奸邱长明、夜袭双堆伪据点等战斗，人民拍手称快，敌伪闻风丧胆。

王崤宇一面在战场上打击日伪武装，一面对各阶层人士广泛开展团结抗战活动。他利用其父兄的社会关系，团结了丁良弼、王铭盘等地方上层人士，并争取了大郢土顽韩金山、湖沟伪军单俊卿等保持中立。在党的帮助下，开辟了宿南抗日游击区。

支持我党　肝胆相照

王崤宇拥护中国共产党的抗战路线。1938年冬，他一再动员常俊亭等北上参加八路军苏鲁支队，并敦劝说："你们先去我后去"，坚定了这些同志北上的意志。

1939年秋，王崤宇率部配合八路军地方游击大队陈凤阳部，攻克公圩子据点，消灭伪军化盘九部，使宿东堤南抗日工作得以顺利向东发展。1940年4月，他派李适吾带领两个中队配合陈凤阳部，协助宿东二区摧毁蒿沟伪据点，击毙伪首赵自魁，开展了二区抗日工作。1941年5月，彭雪枫率新四军四师转移皖东北时，他率六支队全力协助，使部队安全通过津浦铁路，并掩护和安置伤员病员。如对负伤较重的陈玉（曹玉林），他设法护送到宿城民爱医院就医，使其得到及时治疗，恢复健康，走上战斗岗位。他派陈学彬到敌占区为四师购买药物。四师的刘贯一、姚克、段佩明、邵光等都利用其关系隐蔽在蕲县集郊，进行部队转移后的善后联络。对王崤宇的无私帮助，四师给予很高的评价。

王崤宇长期同中国共产党共事。他领导的六支队从建立开始，就有党的组织活动,支队参谋长沈道允、教导员李适吾等是党的支部领导。峙宇对他们推心置腹,信而不疑,委以重任,协力抗战。另外,共产党员赵瑞西、张子才、沈维金等分任各中队指导员。六支队的抗敌斗争,是同党组织的活动分不开的。

壮志未酬　惨遭杀害

1941年5月,新四军第四师转移皖东北后,津浦路西涡河北广大地区为国民党顽军占领。宿南大郢土顽韩金山,湖沟伪军单俊卿,在皖北"剿匪"指挥官夏馥棠(宿县人)拥蒋反共的鼓励下,蠢蠢欲动。形势对抗日活动极端不利。面对严峻的局势,峙宇并没有畏缩。他审时度势,一面继续坚持宿南抗战,力争该区不顽化、不伪化;一面利用曾经协助东北军过境的关系,亲往临泉,面谒东北军将领何柱国,进行团结抗战的呼吁,争取和东北军合作抗日,达到利于坚持宿南抗战。当宿东党的负责人李时庄等向他提出西行要考虑国民党顽固派的反动性,注意行动安全,意在劝阻时,峙宇以国事为重,抗日救亡事大,个人安危事小为辞,坚持西行。11月,他应邀参加了新四军四师参谋长张震召开的小秦家会议后,整装西行。西行途中,在阜阳被国民党军李仙洲部扣押,于1942年3月以"亲共"罪名将其处死,时年29岁。

王峙宇遇难后,宿南形势更趋恶化。顽军张思敏率部由蒙城窜回桃园活动,与地方土顽伪军密谋勾结宿城日军消灭六支队。六支队驻大谢家时,被日伪军偷袭,损失惨重,被迫转移路东一区,休整后,编为宿灵大队的一个连。

王峙宇遇害的消息传来,宿南广大群众无不悲痛惋惜。在皖东北抗日根据地,新四军四师举行了隆重追悼大会,彭雪枫师长亲自主持追悼会并致悼词。悼词说:"王峙宇同志是一个进步爱国志士,他为国家兴亡,民族的生存,奔走呼吁团结抗战,经阜阳被李仙洲以亲共罪名杀

害。这又一次暴露了国民党反动派坚持分裂,反对团结,坚持反共,消极抗战的新罪行。"当时《拂晓报》发表了署名吕振球的文章《王峙宇传略》,表示哀悼。

1979年7月10日,解放军副总参谋长张震建议追认王峙宇为烈士。宿县革命委员会根据张震的指示追认王峙宇为革命烈士。

王试之：俯仰无愧天地①

耿松林

王试之(1903—1960)，安徽无为人。少年时代就读于无为进步人士金稚石门下。辍学后刻苦自学，思想进步。1938年新四军江北游击纵队成立，他奔走呼号，筹粮筹款，为扩大抗日武装力量不遗余力。将3个女儿和1个侄女都送到部队参军。其家庭也是长期以来掩护革命同志的堡垒户。1941年出任无为县抗日民主政府农垦局长。1945年冬任苏皖边区参议会驻会委员。新中国成立后，历任无为图书馆馆长，安徽省文史馆馆员，无为绣溪公园主任。1959年受张恺帆冤案株连，被划成右派。1960年因病去世。

王试之

历史的灰尘终将被清扫而去

1959年，因受张恺帆冤案的株连，王试之先生被补划为右派分子，多次受到批斗，身心遭到摧残，致成重病，于1960年去世，年仅57岁。王试

---

① 参见《百年沧桑话无为》，安徽大学出版社，2006年11月第一版，第407-409页。
《无为文史资料(第一辑)》，无为县政协文史工作组编写，1986年12月，第84-97页。

之的姑表兄弟,当时被下放劳动的张恺帆,得知此不幸消息后,悲愤交加,内疚与怀念交织,写了一首缅怀诗:"不看风向棹孤帆,横逆飞来悔亦难。多少亲朋为我苦,伤心不复见南园。"然而历史的灰尘终将被清扫而去,革命的先驱终将被还以本来面目。1985年,中共无为县委为王试之平反,公正评价了他的一生,认为他虽然不是一名共产党员,但始终不渝地跟党走,是一个为党工作到底的革命者。时在上海市的原皖中抗日根据地和含巢无各县联合行政办事处主任兼党团书记后奕斋,得知王试之的冤案平反昭雪,也吟诗一首,既是对过往共同战斗、患难相扶的深情回忆,也是对失去战友的深切哀悼:"力挽天河洗秽污,干戈患难共支扶。风雷岁月相濡沫,泉下相逢一笑无。"

献身革命作先锋

王试之先生出身于地主家庭,原籍无为县东乡王村,1903年出生于无为县城内北园。幼年丧父,他由母亲抚育长大。少年时就读于无为进步人士金稚石先生门下。20岁时,因家庭事务繁多而辍学,但他仍然手不释卷,抓紧一切可以利用的时间刻苦学习,尤其是爱读鲁迅先生的著作和进步思想书刊,是一名追求光明、追求真理,对旧社会黑暗现实深恶痛绝的进步知识分子。据吴锦章回忆,中共无为县委建立不久,在全县农村普遍建立农协组织,广泛开展群众运动。其中吴锦章、商恩甫等人负责刻印宣传品,因组织上给的经费有限,纸张油墨供应困难。王试之多次予以赞助。有一次拿出5块银圆,当时5块银圆能买到两担米,令吴锦章印象深刻。全面抗战爆发前后,王试之与县里进步人士胡竺冰、吕惠生、倪化黎等交往甚密,思想上更倾向进步,倾向共产党。抗战初期在皖中工委的领导下,由吴锦章任队长、倪化黎任指导员的无为东乡抗日游击队在白茆洲成立,王试之接受委托,在无为城内了解国民党政府对抗日民族统一战线及对抗日游击队的态度。他利用本家王绍宸是县自

1939年,王试之举家逃难至无为东乡王村,曾在河边搭建一间芦苇小屋,成为党的秘密联络点

卫团团长的便利条件,有目的地和县里的头面人物周旋,多次将有价值的情报传递到抗日游击队,对于游击队的站稳脚跟和日益发展壮大,起到了积极作用。

1927年大革命失败后,共产党员张恺帆由芜湖回到无为东乡,秘密从事革命活动,有时也进无为城探亲访友。不少亲友怕连累自己,对张恺帆很冷淡,甚至回避不见面。王试之一如既往地热情接待,多次对张说:"你的路走对了,我如果不是受家室之累,也会和你走在一起的。"1933年张恺帆在上海做党的地下工作,在任沪西区委书记时因叛徒告密而被捕入狱。王试之知道后,托人带口信问候,并送去用的吃的东西。七七事变发生后,1937年7月20日,张恺帆经党组织营救出狱,他和同时获释的外地共产党员黄育贤(桂蓬)、黄先、林李明、林若冰、陈理等五人,辗转回到无为陡沟忠台的家中。王试之闻讯经常前往看望,共商抗日救亡大计。当王试之看到中国共产党的《抗日救国十大纲领》《论游击战争问题》等文件时,十分振奋和激动,竭诚拥护中国共产党的抗日救国主张。他主动向张恺帆提出:"你家住房不多,怎容得下这么多客人,还是请哪两位住到我家里,我家的条件还是可以的。"结果桂蓬(后任新四军江北游击纵队领导人之一)被介绍到王家居住,受到了热情款待。

1938年8月和10月,新四军第四支队游击纵队(亦称游击团)和游击第二纵队先后成立。王试之为了扩大抗日武装力量,到处奔走呼号,筹粮筹款,不遗余力扩军支前。在扩军运动中,他从自身做起,借助后

奕斋的爱人刘芳,巧做自己母亲的工作,将3个女儿都送到新四军的部队。据刘芳回忆,1941年春,她随何伟、孙以瑾夫妇一道,从津浦路东调到无为工作。路上化装成城市知识女性,穿一件夹旗袍,足蹬牛皮鞋,安全通过南京等敌占区顺利到达无为。一天正准备将旗袍剪成短袄时,王试之冲进来说:"别剪,别剪,这旗袍还有用呀!"原来王试之有3个抗战前就上中学读书的女儿,大的叫绪华(王忠),18岁,二的叫绪美(林茵),17岁,老三叫绪言(斯群),也有15岁了。她们都失学在家,非常苦闷。当王试之得知巢无敌后抗日武装要扩充的消息,就准备将3个女儿送去参军。无奈自己的母亲十分疼爱3个孙女,在家大哭大闹,对孙女看管甚严,一般不放她们出门。但老人家一贯尊重先生,最看重知识分子。如果见到穿旗袍的女大学生也参加了革命,一定能改变看法,让3个孙女参加革命。刘芳一进王试之家,就主动到厨房拜望老人家,并夸奖她的3个孙女文雅端庄,家教好,感谢老人家对来客的款待。老人家一高兴,问刘芳她3个孙女能不能再念书,能不能找个小事做做?刘芳趁机介绍自己曾在省城教过书,学生都分配了工作。这次到无为来就是办中学的,吕惠生是副校长,自己是教导主任。老人家对与儿子王试之是莫逆之交的吕惠生很有好感,一听就更高兴了。刘芳观察老人情绪的变化,故意说:"3个姑娘,目前能不能找到合适的事,我还要打听一下,才能给您回话。"在刘芳的策动之下,王试之母亲愉快地同意3个孙女投奔革命。不仅如此,王试之妹妹的女儿李惠如(肖星),年龄只有15岁,也一道报名参加了革命。组织上将她们姊妹四人分配到新成立的无为县政府所属的宣传队,后来改编为新四军第七师大江剧团。王试之的小女儿斯群,1941年5月份入伍,当年8月即加入中国共产党。她曾任南京市文联副主席,《青春》杂志主编,编审。王试之将3个女儿全部送去参军,当即在无为县传为美谈,青年人纷纷报名,城乡掀起了参军热潮。

1941年皖中抗日民主政权成立,王试之当选为皖中参议会议员。

在荐贤举能,扩大抗日民族统一战线,特别是在财经和水利建设方面,所做的贡献尤为显著。无为县抗日民主政府建立不久,县长吕惠生将王试之和倪化黎二人找去,说:"今天我们建立了政权,部队要发展壮大,所需供给要人民负担,我们都是无为人,要多为桑梓做点事情。无为江边荒滩很多,如太白洲、闷湖洲等,如将这些沙滩开垦出来,就可多收粮食,增加抗战力量。政府打算成立一个垦荒局,由你们两位负责,最好从闷湖洲开始。"他们欣然接受了任务,带着一名通讯员,吃住在闷湖洲附近农民家里,建立了农垦局,由王试之任局长,积极筹备开垦闷湖洲的工作。

闷湖洲虽然是沉睡多年的荒滩,全面抗战前多次有人尝试开垦,但由于当地封建势力的把持,始终未能开成。垦荒局代表政府来开垦,但由于政府初建,当地封建势力仍然很猖狂,加上离敌人的据点很近,江面上常有敌舰行驶,随时都可能遭到敌人骚扰和敌舰上的机枪扫射,所以开垦之初阻力很大。农民群众慑于封建地主的权势,又受到地主老财造谣、恐吓等方式的蒙蔽,一个也不肯前来招标开垦。王试之等人针对这种情况,进行了深入细致地宣传。他们深入田间地头和群众交心,夜晚在煤油灯下召集会议,宣传垦荒支持抗战的重要意义,揭露破坏垦荒者的阴谋,宣布政府的垦荒政策:三年不交公粮,不收赋税,并利用社会关系,鼓励积极分子带头招标。封建地主不甘心失败,暗中唆使群众争好地、争近地,策动群众互相打架斗殴。垦荒局有鉴于此,决

1941年,王试之任无为县抗日民主政府垦荒局局长,图为垦荒局开发的第一块土地——闷湖洲

定将垦地按三等论价,分别为70元、60元和50元一亩,对一时无钱缴纳地价的,延期收获一季后再交款,并按招标人住家远近确定垦地位置。对阴谋破坏的地主分子,给予严厉警告。平时为防止意外,王试之和倪化黎始终有一人在垦地现场,组织群众站岗放哨,发现敌情及时组织大家隐蔽。群众中一旦出现争执,及时进行调解,化解矛盾,从而保证了垦荒工作的顺利进行。群众也争先恐后地前来招标垦荒。不到一年时间,闷湖洲荒滩全部变成了肥沃的耕地,成了皖中抗日根据地第一块开垦成功的土地,不仅为无地或少地的农民群众增加了耕地和收入,也为抗战增加军粮做出了较大的贡献。

王试之不顾个人和家庭的安危,经常掩护和接济从事地下工作的革命者。早在土地革命战争时期,王试之家有一幢位于无为城北园的四合院式瓦屋,后院有三间茅草屋,草屋背后是杂草茂盛的小山坡,地形较为隐蔽。据王家子女们的回忆,这三间茅草屋成了土地革命战争时期和抗战初期地下党同志经常秘密活动的场所。孩子们常常看到一些没见过面的叔叔伯伯们来到家里,遇饭就吃,遇茶便喝。当时无东地下党负责人张君武、倪化黎在此一住就是好几个月。桂蓬作为新四军江北游击纵队的负责人之一,也曾在王家住过很久。

无为城沦陷前夕,王试之全家避难到老家王村,老少十多口人挤在三间草屋里。为便于接待和隐藏地下党同志,王试之在正屋后外人不易察觉的水塘边上,搭起一间芦苇草屋,成了地下党和游击队同志们的活动场所。1940年,新四军江北游击纵队一部,于中秋节南渡巢湖,回师巢无地区。淮南津浦路西各县联防办事处,和含巢无各县联合行政办事处都设在无为东乡。在敌、我、顽错综复杂的环境中,王试之总是积极支持、拥护我党我军的革命活动。当年初冬,由后奕斋陪同,中共中央军委委员、新四军副参谋长曾希圣,来到无为东乡调研。党组织为了不暴露目标,只派了两位便衣警卫随行。后奕斋找到王试之和另一位开明绅士,在他们两家轮流居住。王试之一再恳切地表示,"有我们全家在,就有你的朋友在,要住多少时候,就住多少时候(其时王试之不知曾希圣是何人)"。其间,曾希圣和他们亲如家人,直到皖南事变发生后才离开。1941年皖南事变后,不少同志偷渡到江北无为后,曾在此小屋歇过脚。原南京市委书记刘忠,1940年底从皖南到达江北后,曾在此芦苇小屋里住过,还把一部电台藏在小屋东边的草垛里。

1945年抗战胜利后,王试之一家搬回无为城,在南园居住。不久新四军第七师北撤。当时一般人对共产党能否取得全国胜利抱怀疑态度,甚至悲观失望。王试之却坚信共产党必胜,毅然决然随军转移到苏北、山东等地,历尽了艰辛。苏皖边区政府成立时,王试之当选为边区参议会议员。在国民党背信弃义发动全面内战,人民自卫战争极度紧张之际,我党急需派人到蒋管区和地下党联系,王试之自告奋勇,扮成商人模样,与其他同志一道,冒着很大风险,由烟台辗转到青岛、南京、芜湖等地,完成了组织上交给他们的使命。他还利用社会关系,掩护和营救了一些被捕的同志。1947年底,王试之受党的委派,南下寻找吕惠生烈士的遗骸。但因为吕惠生烈士牺牲的地方靠近南京,国民党白色恐怖严重,来到南京、和县等地的王试之,寻找终无结果。王试之乘此便利,将在无为的两个孩子王绪希、王绪奇送到中原皖西军区四分区临江大队当兵去了。

勤恳工作,俯仰无愧

1949年渡江战役前夕,王试之潜回无为,积极参加支援大军渡江的工作和地方政权建设。新中国成立后,他历任无为县图书馆馆长、省文史馆馆员,县第二届人民代表,县第一、二届政协常委,县绣溪公园主任等职务。他从不计较个人地位和报酬,总是勤勤恳恳,工作尽职尽责。尤其是在担任县图书馆馆长期间,奉县长潘效安之命,将105方刘秉璋家"有裴斋"珍贵碑刻妥善收藏,嵌入县图书馆四壁,收到了文物保护和文化传扬的双重功效。

1959年,王试之因受张恺帆冤案的株连,被补划为右派分子。这对他的打击十分深重,1960年因病去世。诚如张恺帆在回忆文章里所说:"俯仰无愧天地,褒贬自有春秋。"王试之对革命的巨大贡献,将永远铭记在人们的心中。

(作者单位:无为市人大常委会)

王梦槐:鱼鹰翩跹担使命
湖区风雨慰忠魂

王德华

王梦槐(1911—1949),名玉燕,字梦怀,又号致白。1911年农历六月初九出生于宿松县湖区的下仓镇九成村(俗称九成畈)王家墩。使双枪,长期从事地下革命工作,曾任宿望湖区办事处副主任、宿松县长宁行政公署副主任等职。1949年农历八月二十八日牺牲,享年38岁。王梦槐一生心系革命事业,践行初心使命,光明磊落,克己奉公,时刻把党和人民的利益放在首位,在人民群众心目中享有崇高的威望,被称为"湖区鱼鹰"。

赤地润丹田 走上革命的道路

宿松湖区抗日根据地,是皖江抗日根据地的组成部分。根据地东起宿(松)、望(江)边,西至五里墩,北临太湖,南滨长江,与江西彭泽隔江相望,南北长40余公里,东西宽30多公里,陆地面积500余平方公里,人口10余万。根据地内含泊湖、黄湖、大官湖,水路与长江相连,湖中有小岛,四周有湖汊,沿江地区农业较发达,加之水面辽阔,水产资源丰富,水上交通方便,经济比较活跃。

湖区九城畈,"地洿下,四周皆水,此高平,明季避寇于此,多余活"(《道光·宿松县志》)。它西临长河、南抵黄湖,北枕泊湖、东依皖江,是宿

松、望江、太湖三县交界之处。这里四周皆水,水道如网,出入方便。广阔的湖地上散布着众多大小不一的土墩,其中有一大墩位于长河东岸,隔河与金塘碧溪咀(杨学源故地)相望,名曰王家墩。王家墩土地肥沃,户户有船,百姓忙时务农、闲时捕鱼,经济较好,商贸活跃;周边河湖港汊众多,蒿禾丛生,水草密布,墩上树林茂盛,行走运输全靠船只,水路直通长江,易守难攻,且敌人来时可及时撤退、隐蔽,具有作为根据地中心的有利地理条件。王家墩世代崇儒尚学,许多青年人都曾到外地求学,年轻人中以知识分子居多,他们较早接受了共产主义思想,有着高尚的政治觉悟,这些都为后期王家墩成为宿松湖区抗日游击根据地反顽斗争的指挥中心奠定了坚实的经济基础、思想基础和政治基础。

王家墩曾是中共赣北特委、中共鄂皖地委机关的驻地,是宿松县抗日民主政权——宿(松)望(江)湖区行政办事处机关所在地,是宿(松)望(江)湖区独立大队、新四军第七师挺进团团部、宿(松)望(江)独立团的驻地。它在保卫和建设根据地、打击敌、伪、顽的斗争中建立了不朽的功绩。张体学、林维先、何秋澄、傅绍甫、王平发、周静轩、严有富、刘宗超、孙冠英、詹大金、米济群……都在这里战斗过。同时,在王家墩既有许许多多普普通通的像严大娘、杨大妈那样拥军爱军的群众,又有如王相亚、王象盈、王凤亭那样的革命志士,他们为湖区革命做出了巨大的牺牲。

在中共赣北特委机关、中共鄂皖地委机关、新四军第七师挺进团团部、宿(松)望(江)湖区行政办事处驻地原址上重建的王氏祖堂

这片红色的土地也孕育着湖区革命的杰出领袖,抗日民主人士——王梦槐。

王梦槐祖父王心海(1857—1925),字馀香,学名享华,国学生,聪慧精悍,睦邻乡里,为民请命,一代乡贤。父亲王足有(1894—1913),字凤亭,学名德荣,聪明出众,18岁即考入江西宪兵学校,追寻救国救民道路,积极投身革命活动,结婚不到三个月毅然奔赴革命前线,不幸于1913年农历五月十八日在江西河口剿匪之役中阵亡,被列为烈士。母亲沈

王梦槐遗孀

宝娘(1895—1923),聪慧贤达,节孝仁慈,能针善织,能书善画,相夫教子,有"薛灵芸三绝"之称。父辈的这种家国情怀对王梦槐走上革命道路产生了重大的影响。王梦槐娶妻杨二娘(1911—1939),为宿松县金塘庄碧溪咀杨学源房族杨兴山次女,婚后,育有一女名春观。杨氏出身名门,思想进步,积极支持王梦槐革命事业。因兄长过世较早,王梦槐将兄子王乐焱(现居江西省彭泽县龙城镇茅屋街)和兄女带身边抚养。杨二娘去世后,王梦槐在洲区革命斗争中结识了洲头进步人物徐长浩次女徐宜仙(1922—2009),婚后育有一子一女名水龙、水凤。

求学觅真知,播撒革命火种

据王家墩老一辈人介绍,王梦槐小时在王家墩接受私塾教育(私塾先生亦为当年教授杨学源老师),后到宿松私立北山中学及其附属"北山

私立高级小学"就读。北山中学以奉献、创新、育人之理念,不仅教授国文、数学、物理、化学等自然科学和社会科学外,还积极倡导思想解放,鼓励西学东用,培养了大批栋梁之材、爱国英才,是宿松近代新文化运动策源地和马克思主义传播地。王梦槐在这里遨游在中西知识的海洋,接受进步思想的熏陶,积极组织参与了学校声讨北洋政府卖国罪行并罢课活动、声援北京五四爱国运动,编辑学校刊物,宣传新思想。毕业后外出无为、安庆学堂求学。在外地求学期间,王梦槐进一步接受了共产主义思想洗礼,经常思考中国革命的前途和命运问题。更为可贵的是,通过同乡、后为太宿望中心县委书记、红十军游击司令的杨学源,结识了许多胸怀革命理想、立志救民于水火之中的青年才俊。并经杨学源介绍,认识了其同族同屋金塘碧溪咀杨兴山的次女杨二娘。这也为王梦槐经常往返碧溪咀与王家墩提供了掩护。因为当时的革命形势,王梦槐像许许多多的地下工作者一样,一直以来都隐藏自己身份,外人都只知道他是渔民、农民。

在杨学源的影响和领导下,王梦槐在王家墩建立群众组织,开展革命斗争,进行革命活动。在湖区王梦槐以王家墩为中心发动农民抗租抗息,极大地推动了湖区革命向前发展,同时也使王梦槐在群众中享有很高的威望。1930年前后,在王相亚、王梦槐等组织下,九成地区成立了一支25人的湖区赤卫队,为正规红军提供补给。游击队员一般白天参加生产劳动,晚上开展武装活动,惩治反动势力,解决活动经费。1930年5月,中共太湖县委下属的许岭特支,下设许岭、洪岭、下仓支部和九成直属小组。作为九成直属小组成员,王梦槐积极协助九成直属小组,在九成地区建立农、渔民协会,举办贫民夜校,宣传发动农、渔民抗租抗税抗课抗息。1930年初,率农、渔民协会20多人,借打"干旱鬼"为名,攻打封建反动组织"同善社",捣毁了下仓、金塘、九成、许岭等地的"同善会"香灯的房屋。1931年王家墩有一户地主拒不减租,贫民会上门说理,把这家地主狠狠训斥了一顿,迫使他接受了佃户的要求。

1931年5月,中共宿松特别区委书记杨学源以举行婚礼为掩护,召集革命者参加会议,王梦槐以姻亲身份参加了婚礼。这次聚会他们分析了国际国内形势,部署了组织发展工作,王梦槐因为没有暴露,所以继续隐蔽起来,以农民和渔民身份活动,在当地建立贫农会、互济会等群众组织,开展抗租抗息斗争。

1932年4月,中共太(湖)宿(松)望(江)中心县委在长河口三角墩成立,县委书记杨学源。下设太、宿、望三个特别区委。宿松特别区委在严仲怀、杨孝环、王梦槐、王相亚的领导下继续坚持巩固和发展贫农会、互济会等群众组织,领导农、渔民开展抗租抗息斗争。1932年以后,在革命转入低潮下,严仲怀、杨孝环在王梦槐的帮助下秘密转移到王家墩王相亚家活动。在湖区党组织受到严重破坏后,许多共产党员通过王家墩的王象盈、王梦槐与太宿望中心县委书记杨学源保持联系,坚持地下斗争。

抗击敌伪顽,保障湖区安全

卢沟桥事变后,日本帝国主义发动了全面的侵华战争。1938年春,土地革命时期就参加了革命活动的詹大金成立了湖区第一支抗日武装——泊湖地区人民自卫队,王梦槐协助詹大金进行抗日宣传,同时以粮商身份暗中为这支武装力量筹粮筹款。通过长期与当地工商户的良好关系,从金塘、许岭、朗岭、程岭、东洪等地的一些工商户手中,搞到长枪、土地、大刀、长矛等武器,有力支持了抗日武装。

1938年3月,新四军江北游击纵队司令部警卫连副连长商群到达宿松,在湖区组织成立了群众抗日组织"抗敌十人团"。1940年3月,新四军军部在太(湖)宿(松)望(江)湖区成立长江游击纵队。 1940年上半年,在洪家墩正式成立了抗日民主政权太宿联乡办事处。这一时期,王梦槐协助长江游击纵队和太宿联乡办事处宣传党的政策法令,打击汉奸

和不法地主,筹集各种军用物资,动员青年参加各种抗日武装。各项活动开展得轰轰烈烈。在活动中,王梦槐与商群、米济群建立了良好的私人关系,同时王梦槐自己在群众中的威望也日益提高。

1940年,"团岭头事件"发生后,游击纵队遭受严重的挫折,湖区抗日根据地经受了重大的打击。新四军鄂皖挺进纵队(新四军五师前身)鄂东独立团张体学派曾少怀来湖区。曾少怀、米济群到达湖区后,白天他们隐蔽在水草丛生的河湖之上,熟悉湖区环境,商量斗争方案,晚上以生意人做掩护上岸到王梦槐家吃饭以打牌、交易为名进行革命活动。据王乐焱老人回忆,当年老曾(曾少怀)、老米(米济群)几乎每晚都来,总是吃完饭后,坐在一起边玩纸牌边商量事情。

为稳定湖区群众情绪、鼓舞斗志,曾少怀、詹大金在王梦槐的帮助下,准备在王家墩小峦坝附近设伏,攻打国民党顽固派梁金奎水警大队某部。由于他们地形熟悉,群众关系好,再加上指挥得力,在王家墩附近,他们打死梁匪20多人,俘获6人,缴长枪12支,手枪2支,手榴弹5枚,子弹4箱,装满子弹的子弹带10余条。战斗结束后,王家墩的群众站在柴堆上欢迎他们胜利归来。

建立民主政权,巩固湖区根据地

1941年初,中共赣北特委(驻江西波阳北部山区)因景德镇市委遭破坏转移到宿松湖区,驻王家墩,直接领导宿松湖区人民的抗日斗争。中共赣北特委机关到湖区后,即在王家墩成立了县级抗日民主政权——宿(松)望(江)湖区行政办事处,由中共宿松湖区支部书记米济群兼任办事处主任,王梦槐因在群众中享有很高的威望,任办事处副主任。宿望湖区行政办事处管辖原太宿联乡办事处下辖的赤汗、湖滨、许岭、大湖4个乡和套口、詹峦等沿江一带洲区。

1941年皖南事变后,为执行新的战略部署,新四军第七师挺进团分四批进驻宿松湖区及王家墩,同时在王家墩宣布成立中共鄂皖地委,并把地委机关和挺进团团部设在王家墩。后又成立中共宿松县委,书记沈青之,亦驻王家墩。1941年6月,为适应根据地建设的需要,撤销宿(松)望(江)湖区行政办事处,在湖滨乡金塘护云庵(现为宿松县东洪初级中学金塘教学点)成立长宁行政公署。由中共宿松县委组织部部长米济群兼任主任、主抓军事斗争,王梦槐任副主任、负责政权建设。管辖范围包括原办事处

长宁行政公署机关遗址

下辖的赤汉乡、湖滨乡、许岭乡、大湖乡和在沿江洲区新建立的边江乡。

在这期间,王梦槐表现出高尚的革命情怀和非凡的组织能力。宿松抗日民主政权在王梦槐领导下,有力开展政权建设,在乡以下利用国民党保甲政权为抗日民主政权办事,建成了一套完整的根据地抗日民主政权建成,并在斗争中逐步巩固、完善,极大促进了湖区经济社会发展和根据地建设。

接应新四军第七师挺进团。为巩固和扩大以泊湖为中心的抗日游击根据地,1941年夏秋之际,新四军第七师挺进团执行师部新的战略部署,分四批陆续进驻宿松湖区。第一批,挺进团第三营第七连,于6月间,由岳西、潜山出发,在徐家桥乘船到下仓埠一带,与新四军第五师独立第五营和赣北特委、湖区独立大队会合。第二批,挺进团第一营的1个连,于7月间,由桐西蒋铁出发,到宿松泊湖后梢石屋乘船到达王家墩,与黄先、刘宗超等赣北特委领导和先期到达的挺进团第三营的同志会合。第三批,7月间,李丰平(中共鄂皖地委书记兼挺进团政委)、袁大

鹏(挺进团参谋长)、赖正刚(挺进团第一营教导员)率团部和第一营的2个连,由桐南菜子湖出发从河湾、沙嘴乘船到达王家墩。第四批,挺进团团长林维先率领挺进团第三营第九连,于9月间,由桐西出发,经潜山、望江,在鸦滩抄掉1个顽乡公所后,来到河湾、沙嘴,乘3条渡船到达团部王家墩。为配合新四军的此次战略部署,王梦槐带领湖区游击队员、农渔民在湖区党组织领导下,做了大量卓有成效的工作:(1)对挺进团路线进行侦察布防,并安排交通员将情报送到挺进团手中;(2)各方调集船只以挺进团乘用,并对各个船夫逐一审查,确保可靠有力;(3)对进驻后新四军官兵住宿、吃饭、办公地点等后勤工作多方联络,精密安排。

着手筹备召开参议会。长宁行政公署建立后,王梦槐指导各乡举行了参议员选举,并着手筹备召开参议会。同时根据革命的需要,广泛发动群众在根据地相继建立了县乡抗敌协会、青年抗敌协会、妇女抗敌协会、儿童团和集镇的工会、商会等抗日群众组织。各抗日群众团体在党组织和县乡政权领导下,积极开展站岗放哨、防匪防特、努力生产、援军参军等活动。

推行减租减息。为解决农民问题,改善人民生活和团结一切抗日力量,长宁行政公署1941年秋颁布《减租减息条例》,推行减租减息,规定佃农按原租额50%减租;洲区地租原为三抽一(东家得一,佃户得二),后规定减免原租额25%。减息也定了具体标准。据统计,仅湖滨、许岭、大湖3个乡,1941年共减租19万千克粮食,减息25000余元。同时,对一些汉奸劣绅和抗拒减租减息政策推行的恶霸地主,分别按罪行大小、情节轻重给予不同处理。《减租减息条例》的实施,大大地提高了农民、渔民群众的生产积极性,促进了根据地农业、渔业生产的发展。

组织税收。为解决抗日经费的不足,1941年6月,长宁行政公署在长河口西岸老虎湾成立了"宿望湖区货物贸易检查所",内设总务股、会计股,所内配有20余人的税警队。与此同时,在昌风嘴、王家墩、下仓埠设了分所。每个分所配有所长、裁票员。同年11月,该所奉命改为"皖中第七货物检查处",配有20多人的税警队。同时在边江乡又新成立了一个税务所。该所下辖3个分所。各级税收机构建立后,即根据华中局颁布的货物征收税率,坐商发给税照,按章纳税;行商税主要是征收湖区货物进出税。由于税收政策好,税率公平,深受群众拥护。同时,巡湖部队经常打击土匪骚扰,保护商人和商品安全,接送商船,维护合法经营,因此,连沿江大城市的过往商人也称:"到了长河,就像到了家,再安全也没有。"并能自觉按规定纳税。开始,根据地每天只能收到法币一二百元,后发展到每天能收近千元。税务收人是根据地军政部门给养的主要来源,按各部队、单位人数分配,每月向行政公署报表,年终结算,有效解决了部队及机关给养。

积极筹粮筹物。长宁行政公署还在当时的思循小学设有粮栈,备有木板刻印的由单(通知)和粮串(收据),征收适量公粮。另外,还针对不同情况采取没收、摊派(先给收条,后抵公粮)、现钱购买等方式筹集粮柴,募捐寒衣、布匹、现金。据统计,1940、1941两年根据地共筹军粮70余万千克,柴200多万千克,军衣近2000套,军鞋20000多双,有力支援了根据地建设和湖区革命。

发展教育事业。组织发动湖区抗日根据地一些知识界的爱国人士,兴资办学。除办好原有的宿松县第五高等小学外,还在东洪、下仓、滴露等处办起了多所中心国民小学。各族祭会也以抵交"大户役粮"为办学经费,办起了保一级小学。如许姓的铸英小学、吴姓的萃英小学、高姓的养正小学、杨姓的思循小学。这些学校设有文、史、地、数、音、体、美、社会及公民等课程,许多课文对宣传抗日救亡起了一定的积极作用。如初小国文中有这样一段课文:"张大哥、李二嫂,不用啼哭不用跑,张三拿锄头,李四拿铡刀,你砍鬼子头,我砍鬼子腰。"当时这类课文不仅学生喜欢传诵,也激发了人民群众的抗日热情。在根据地除办好小学教育外,还抓了大众文化教育。长宁行政公署聘请第七师挺进团干部战士讲课,在各地办起了男女青年识字班,一方面进行抗日宣传,一方面教男女青年

学文化。

加强文化文艺宣传创作。通过快板、评书、墙头报、扭秧歌等形式，根据地的文化宣传、文艺活动开展得有声有色。如边江乡副乡长李问樵编了《抗敌歌》《儿童歌》《抗日救亡歌》等抗日歌曲，在群众学生中教唱。这些歌曲当时流行于根据地，家喻户晓："抗敌救亡，人人要拿枪，打倒日本鬼，一起来救亡。敌国小，人又少，战线又延长，我们要有觉悟性，不怕敌人强。"

由于长宁行政公署的一系列政策措施深受群众拥护，使得湖区抗日根据地得到了巩固和发展，并且向敌后、顽后扩大了游击区，整个湖区形势发生了可喜的变化。

隐转伤病员，魂归泊湖葬故里

湖区抗日根据地的巩固和发展，引起了国民党反动派的极端仇视，1942年初，敌、顽势力迅速纠集在一起，向湖区抗日根据地发起疯狂的进攻。经过沈家二房屋战斗、许家岭战斗后，新四军独立团团长刘宗超、代团长孙冠英等先后牺牲，情况十分危急。为保留革命火种，根据地党、政、军领导人研究决定，地方党政机关部分人员分散转移到江南的彭泽地区坚持斗争，湖区本地人员迅速隐蔽起来进行地下活动。

部队撤离湖区的前一天，中共鄂皖地委书记李丰平找到宿松县委书记沈青之（负责党）、长宁行政公署主任米济群（负责军）、副主任王梦槐（负责政），指示他们留下来坚持斗争。王梦槐的主要任务是将战斗中负伤的伤员和病员进行撤离隐蔽治疗，米济群则带一支游击队专门保护伤病员，为他们治病疗伤。

原安徽省总工会副主席杨震（又名王平发）在其回忆文章《难忘的岁月》里详细叙写了当时的情形：王平发在一次战斗中受伤，被秘密安置在王家墩的严大娘家养伤，严大娘为了新四军战士早日恢复，将家养的十几只鸡大部分炖汤给王平发喝了,使他的伤势逐渐好转。1942年,在敌、顽疯狂进攻下,王家墩已经极不安全。挺进团被迫向泊湖东转移,伤病员全部交给了王梦槐,由王梦槐安插在王家墩老乡家养伤。1942年1月8日,在王梦槐的安排下,两个医生和两个护理员以及40余位伤病员由王家墩向长河西边的洪家岭湖边转移,伤员转移后,王梦槐派交通员每天往船上送吃的,如新四军第五师第六团的王安仁(王家墩人)就曾多次执行后勤任务。

部队撤离后,王梦槐按照组织要求,留在宿松湖区,利用王家墩本地人的身份作掩护,吸纳被打散的士兵和收治战斗中受伤的人员,对他们进行治疗和转移。因国民党反动派的疯狂镇压,王梦槐的叔伯叔兄弟为保护王梦槐,独自到国民党政府代他"自新"。因王梦槐真实的身份一直没有暴露,所以国民党政府也就没有对他进行追查。此后王梦槐又开始以渔民和粮商身份活动。他与同房族的两个兄弟购买了一条大船,以在黄湖和泊湖打鱼为名,继续在湖区为新四军筹粮筹款。

1949年8月,王梦槐又一次召集同族两个兄弟以打鱼为名,驾船外出筹粮筹物(一些现已去世的知情者曾说是外出找黄先)。到达泊湖时,风急浪高,王梦槐的渔船不幸在泊湖积水沟侧翻。王梦槐为湖区革命献出了自己的生命,其遗体被运回后,由本族亲友葬在王家墩西边小峦坝这个他曾经战斗过的地方。

王梦槐这位优秀的民主人士,虽然人生非常短暂,却为新四军、为湖区革命、为湖区抗日根据地的建设立下了杰出的功勋。据王梦槐侄子王乐焱回忆,原江西省委常委、副省长黄先,1990年离职休养后,多次到九江彭泽看望他,并对他说:"你叔父是一个大好人,他是一个真正的英雄。"

(作者单位:宿松县政协)

云应霖：山河破碎风飘絮
合作抗战志不移

程周红

云应霖（1896—1975），海南文昌人，广东省人民政府监察厅副厅长，原国民党军第七十八师少将师长。早年投身国民革命，参加过北伐战争。1975年5月10日在广州病逝。抗战时期，云应霖任第5战区176师参谋长，任上一直坚持"联共抗日"的主张，1940年蒋介石严令国军部队不得与中共部队合作，然而云应霖依然与新四军密切往来，还给新四军送了不少武器弹药。事后被国民党军法处判处12年有期徒刑。

云应霖

从北伐征战到抗日战场

1926年，云应霖参加国民革命军第十九路军，在蔡廷锴将军领导下参加北伐。青年时期的云应霖与同时代的精英一样，背负百年国耻，又受五四精神熏陶，以反封建专制、强国富民为己任，以此决定其一生行止。他将北伐视为反对封建专制军阀的革命，因此，他奋勇作战，在北伐战争中屡建战功，至1931年升至上校团长。同年，云应霖参加了由国民党左派领导人邓演达、黄琪翔、章伯钧等人创立的中国农工民主党（简称农工党，于1930年8月9日在上海创立）。此后，云应霖一直保持该党党员身份(1943年随该党加入中国民主同盟)。

1932年1月初,日军在上海不断制造事端,借故以保护侨民为由加紧备战,并从日本国内向上海调兵。1月28日夜间,日军由租界向闸北一带进攻,随后又进攻江湾和吴淞。十九路军在军长蔡廷锴、总指挥蒋光鼐的率领下奋起抵抗,开始了淞沪抗战。敌军司令盐泽曾狂妄叫嚣:"一旦发生战争,4小时即可了事。"然而战事第一周,敌人向闸北防地的数次进攻都被击退,还被截获铁甲车3辆。进攻江湾的日军一个联队(团)也被包围歼灭。盐泽做了败军之将,被免了职。一·二八抗战期间,云应霖亲临前线率部与日军血战,中弹受伤。他英勇抗日的表现,得到上海民众的高度赞誉,上海爱国人士丁鸿文特地定制了一个金牌赠予他,金牌上刻着"一·二八抗日纪念,云应霖团长杀敌保疆"。

1933年8月,云应霖升任第十九路军独立旅旅长。

一·二八淞沪抗战

一·二八淞沪抗战结束后,蒋介石将十九路军调往福建"剿共"。李济深、蒋光鼐、蔡廷锴等十九路军领导人因反对蒋介石将十九路军调往福建"剿共",遂起义反蒋,宣布成立福建人民革命政府。1933年10月,云应霖被任命为十九路军第七十八师少将师长,兼任马尾要塞司令。其间,云应霖与中共代表取得联系,积极进行反蒋活动。福建事变,十九路军虽是正义之师,但因势单力薄而失败。

固守炉桥,激战安庆

福建事变后,云应霖蛰居广州、香港。1937年七七事变后,全国抗日

爆发。云应霖为赴国难,再次出征参加抗日作战。1938年赴安徽参加徐州会战,任第五战区第一七六师参谋长(师长区寿年,蔡廷锴外甥)。一七六师由原十九路军三个师余部在1937年合编为一个师,隶属桂军第五军,参加淞沪会战,淞沪会战结束后,一七六师隶属第二十一集团军第四十八军(区寿年升任副军长兼一七六师师长)。

1938年初,第四十八军暨一七六师参加徐州会战,阻击日寇进犯武汉。2月3日,日军第十三师团攻占安徽临淮关、蚌埠。2月9—10日,日军第十三师团主力分别在蚌埠、临淮关强渡淮河,向北岸发起进攻。第四十八军暨一七六师在淮河南岸固守炉桥地区,与日展开激战,成功地牵制日军,使中国守军第七军协同第三十一军得以迂回攻击定远日军侧后,迫日军第十三师团主力由淮河北岸回援。中国守军乘势反攻,由淮河南岸向北岸集中,至3月初恢复淮河以北全部阵地,与日军隔河对峙。5月16日,第五战区命令各部队分别向豫、皖边界山区突围,一七六师即奔赴鄂东,移师蕲春,转战英山、霍山一带,其间一直与日军连续作战。

武汉会战开战之初,在正面战场上的中国军队第五、第九战区部队,按照蒋介石拟定的"保卫武汉但不战于武汉"的战略部署,以武汉地区为中心,在鄂、豫、皖、赣等广阔地域节节抗击日军。

1938年5月,日军大本营陆军部计划以华中派遣军主力沿淮河进攻大别山北面地区,另以一个军沿长江向西夹击,企图一举攻占武汉,逼迫中国政府屈服。5月26日,日军华中派遣军命令第三、第十三师团攻占安徽寿县地区。至6月5日,凤台、正阳关、淮南煤矿、寿县等地相继失陷。

为阻止日军前进,蒋介石下令在郑州东北花园口附近炸开黄河大堤,河水经中牟、尉氏沿贾鲁河南泛,淮河亦构成泛滥。日军被迫向黄泛区以东地区撤退,并改变作战计划,停止沿淮河的攻击,转而以主力沿长江两岸,由安庆—潜山—太湖一线向武汉进犯。至此,长江下游左岸的安庆地区(时属第五战区),即成为阻击日军西进的最前沿阵地。6月12日,日军在安庆登陆作战,武汉会战正式打响。

1938年6月12日至10月25日,侵华日军北沿大别山北麓南下,东沿长江溯江西进,全力进攻武汉。6月19日,第四十八军一七六师在石牌(原怀宁县城)重创日军,致敌伤亡1000多人。一七六师后转移潜山源潭铺山区继续对日作战。

7月中下旬,第五战区代司令长官白崇禧,命"第四十八军及第七军在六安、霍山、管家渡、磨子潭、岳西间地区集结,准备向合肥、舒城、桐城、怀宁方向攻击"。云应霖即随四十八军暨一七六师司令部在黄梅、广济间抗击日本第六师团的进攻,在抗战前线浴血奋战。

与新四军合作抗日

抗日战争全面爆发后,安徽沿江的怀宁、太湖、宿松及江西湖口等地抗日游击武装似雨后春笋迅速兴起。1938年10月,武汉弃守前夕,二十一集团军四十八军进驻大别山腹地岳西。区寿年任大别山东南分区司令,辖11个县。

1939年3月,原国民党安徽省第十三游击纵队改为第九游击纵队,区寿年任命云应霖为第九游击纵队少将司令。1939年夏初,云应霖奉命率"九游"由宿松、太湖开赴怀宁,司令部先后设于石牌西郊邱家巷、下石牌的潘家祠堂和董家祠堂等处,在石牌江镇等地布防抗日。同年5月,云应霖亲率"九游纵队"袭击日军在安庆的据点。5月5日,第九游击纵队、一七六师某部和县府武装,由反正伪军郝文波部为内应,深夜攻入安庆城内,焚烧日军飞机场及其机关多处,毙敌百余人。这次战斗,对日军的嚣张气焰是一个沉重打击,对抗日力量是极大的鼓舞。此次作战得到中共地下党组织怀宁区委的帮助,包括组织运输队,运送弹药,救护伤员。战斗后,石牌区区长查化群(中共地下党员)在石牌镇召开千人大会欢迎"九游纵队"胜利凯旋。

1937年11月,国民党新桂系领导人李宗仁就任第五战区司令长官,不久又兼任安徽省主席,开始了新桂系在安徽的统治。新桂系对中国共产党的态度,以1939年为界,前期接受中共主张,建立了动委会这样国共两党合作的统一战线组织,并且起用一批共产党员和进步人士担任县区级行政负责人。1939年1月,国民党五届五中全会,决定了"溶共""防共"和"限共"的方针。新桂系政策转向右倾,不断制造反共摩擦事件。

从1940年开始,蒋介石严令国军部队不得与中共部队合作,然而云应霖毫不理会,依旧我行我素,与新四军密切往来,还给新四军送了不少武器弹药。国民党特务将这一情况报告给了蒋介石,蒋大为光火,将云应霖部视为"叛军",下令谭何易率领4个团的兵力,对云应霖部进行打击。

1940年1月底,国民党一七六师奉国民党安徽省主席李品仙命令,将九游纵队调离怀宁,开赴潜山水吼岭整编,处于一七六师控制之下,并编为一七六师补充团。4月1日,补充团(原九游纵队)在团长云应霖、副团长李伟烈、政治部主任华兆江(中共党员)率领下被迫提前起义。补充团由潜山向岳西、舒城交界疾进,准备到无为投奔新四军。但在岳西、舒城交界处,遭一七六师围堵,云应霖率部顽强抵抗,不过,最终还是因为寡不敌众,在抵抗了一个月之后,补充团起义失败,李伟烈、华兆江英勇牺牲,云应霖被捕。云应霖被关进了第五战区军法处的监狱中,当时蒋介石授意军法处对云应霖严惩,军法处判处云应霖12年有期徒刑。

云应霖在监狱中被关押了一年之后,军法处新来了一位军法执行监,此人便是林少波,林少波同样也是海南文昌人,两人从小就认识,私交甚好。林少波有意要将云应霖释放出狱,但是又不能直接下令释放,于是便以"保释"为名,将云应霖放出了监狱。

被拘禁三年,再得释放,回到了广东,他找到李济深、张文,继续抗日运动与民主活动,加入了中国民主同盟。解放战争时期,云应霖组织领导了对国军将领的策反活动,他曾派谭伯棠等人打入海南岛的国军之中,秘密策动起义,为解放海南岛立下了汗马功劳。

海南解放后,成立了海南行政公署,他又为海南省的民主政权建设贡献出了自己的力量,历任广东省第一届人民代表大会代表,政协广东省第一届委员会常务委员,农工民主党中央委员广东省第一届委员会副主任委员,海南行政公署副主任兼农林处处长,广东省人民政府监察厅副厅长等职。1957年被错划为右派分子,后来平反改正,恢复了政治名誉。1975年5月10日在广州病逝,享年79岁。

（作者单位:安徽省怀宁中学）

卢仲农：为国为民的一生①

叶悟松

卢仲农（1877—1942），名光浩，1877年出生于安徽无为县无城。家学渊源，从小知书识理。1899年考入南京陆师学堂，后东渡留学日本东京早稻田大学。学成回国后致力于办学，曾创办长沙安徽旅湘公学，安徽甲种实业学校（后改为公办省立第二甲种农业学校，简称"二农"），于芜湖创办私立职工学校等，培养了大量工农学科技术人才。卢仲农是同盟会员，反清志士。抗战爆发，在安徽省参议会中积极参加抗日活动，针砭时弊，支持共产党领导的新四军在抗战中的斗争活动。是共产党与新四军挚诚以待的良友。1942年，卢仲农因病医治无效，在立煌（今金寨）逝世。

卢仲农

求学办学育人才

卢仲农出身名门，父亲卢乐三，光绪年间授予县"考廉方正"，县首届劝学所所长。母亲朱氏，出身书香门第，读书识理，是芜湖第二女子中学创始人之一。其妻潘氏，是芜湖海关道潘赞化的姐姐，在卢仲农的帮助

①参见《安徽文史资料全书·巢湖卷（下）》，安徽人民出版社2007年8月版，第1310页。

支持下,创办了无为县第一所女子小学,并担任校长,为无为妇女接受教育寻求解放开了先河。

1902年底,卢仲农从日本回国,应聘在长河湖南高等学堂任教师。在校期间,结识了该校历史教师李光炯,李光炯是安徽桐城人,与卢仲农一样都有反清革命思想,二人志向一致,即成为志同道合的好朋友。1904年3月,为方便在湖南求学的安徽学子读书学习,由卢李二人发起,在长沙共同创办安徽旅湘公学,卢仲农主持校务。开学后,黄兴、赵声等反清人士到校讲课,宣传反清,组织华兴会,学校遭到清政府迫害,在长沙难以维持,于是,1904年底学校迁至安徽芜湖二街留春园米捐巷,更名为安徽公学。

安徽公学开课后,国内名师如刘师培、谢无量、苏曼殊、柏文蔚、陶成章、俞子夷等都先后应聘在公学执教或讲学。这些满腔热血的革命志士,在课堂上向学生灌输革命思想,播下反清的革命火种。

1908年11月,同盟会安徽分会成立,卢仲农和公学师生80多人入会。安徽公学当时成为安徽辛亥革命的策源地,长江流域革命活动中心之一。

1910年初,安徽公学由芜湖米捐巷迁至东门外校场村新址。辛亥革命后,为培养农业人才,卢仲农与李光炯相商,将安徽公学改为私立甲种实业学校,分农、商二科,卢仲农任校长。

1914年,学校改为公办,改名为安徽省立第二甲种农业学校,简称"二农"。二农继承和发扬了安徽公学的革命传统,在第一、二次国内革命战争时期,学校师生一直站在革命

1915年,卢仲农在芜湖创办"安徽公学",1922年更名为"省立第二甲种农业学校",大量吸收共产党员参加校务管理

斗争的最前列,涌现了不少英雄模范人物和共产党的重要人才。二农很多学生参加黄埔军校一至四期和广州农民讲习所学习,陈原道等同学还被中共中央派至苏联留学。二农有20多人在红军中担任团师级以上职务,许多人为革命献出了宝贵生命。

1919年秋,卢仲农与李光炯、刘希平等人,于芜湖东门外创办了私立职业学校,培养安徽急需的工业技术人才。卢仲农被公推为董事长,任命时绍武为校长。学校设染织、机械、木工三科。1920年,卢仲农辞去二农校长职务,出任屯溪茶厘局局长,设法从茶厘税中抽出一部分资金资助职业学校,他本人的薪俸,除去必要的生活费外,全部捐给学校。使学校有经济基础聘用有专长的师资,添置教学机械设备。学校成为安徽最早的、具有一定规模的、唯一的培养工业技术人才的基地。

参加反贿选,建共青团组织

1921年,安徽省选举第三届省议会,此时军阀当道,贿选成风。卢仲农与朱蕴山等决定,采取合法斗争,反对贿选。当时省议会选举法规定:省议会选举若有一县无效,全省即告无效。卢仲农与朱子帆、朱大猷等回到无为,准备以无为县为突破口,搜集捏造选民假票的证据,公开揭露贿选内幕。1月5日,县长李懋延公布选民榜,在无为城乡张贴了几十张。无城西门夫子庙黉门两边墙上贴的一张有几丈长。朱子帆、唐宗平、翟树华等人用水洒在榜上,待纸张浸润之后,慢慢揭下,然后,针对选民榜上的名录,认真核查,发现其中有死亡者、未成年者、精神病患者、妇女(当时妇女无选举权)、一名双报或一名数报,漏洞百出,让人啼笑皆非。1月10日,朱子帆与卢仲农、胡竺冰等人手持揭下的黉门选民榜,列举贿选罪状,向法院提起公诉,一纸诉状告上芜湖地方审判庭,朱子帆当庭举证,推事陈鄂迫不得已,勉强表态,无为省议员选举无效。知县李懋延不服判决,上诉省高等审判厅。朱子帆、卢仲农等据理力争,最后,省高等审判厅作出"上诉一并驳回,维持原判"的终审判决。依据选举法,省长许世英宣布贿选议员无效,拒绝召开省三届议会,取得了反贿选斗争的胜利。

在卢仲农的开明与支持下,1922年,芜湖二农校内首先成立了共产主义青年团组织,它是安徽建立较早的团组织之一。

投入抗日斗争,为新四军鼓与呼

七七事变后,卢仲农加入了抗日行列,赴立煌县(现金寨县,时为安徽省政府临时所在地),在安徽省临时参议会担任驻会参议员。卢仲农在参议会会议上多次提出有关战时建设或针砭时弊的提案,如加强国共合作、军民合作、设立省立临时中学、救济难民、整饬军纪、禁军扰民等。其中有些提案被国民政府采纳实施。

1939年,国共合作形势逆转,波及无为地区。无为著名爱国人士胡竺冰被列入黑名单,卢仲农得知后,立即派人通知胡竺冰等人迅速转移,免遭敌手。

3月22日,国民党安徽省保安二支队司令吴绍礼命所部在无为县刘家渡,无故扣押从皖南渡江抵达北岸的新四军参谋长、江北指挥部指挥张云逸的夫人韩碧及儿子,同时过江的新四军三支队政治部主任唐绍铭等一行20余人亦遭关押,并无理扣押他们所携带的新四军军饷7万元。事发后,新四军江北游击纵队派参谋田丰

1939年,卢仲农在立煌(今金寨)当选安徽省临时参议会参议员,发表"檄讨赵鉴书、吴绍礼暴政案",遏止国民党顽固派围堵新四军江北纵队的疯狂气焰

前来无为和吴绍礼谈判，责令吴部立即释放被无故扣押的人员和返还扣押的军饷，吴绍礼不得不将韩碧和孩子释放，但将田丰和警卫员强行关押，数日后，惨无人道地将田丰和警卫员、开城区区长朱麻(朱志范)三人秘密活埋于无城张家山。

吴绍礼还经常派部队对石涧、严桥一带新四军抗日根据地进行"扫荡"，纵兵抢劫农民财物，残杀无辜农民群众与我方战士和家属。7月22日，日军进犯无为，吴绍礼与县长赵鉴书不放一枪，率部逃跑，日军不费一枪一弹占领无为地区。

卢仲农身在立煌，十分关注家乡的情势。对吴绍礼与县长赵鉴书之流积极反共，不事抗日的丑恶行径，十分气愤。在省临时参议会第三次大会会议期间，他邀集参议员邢元伟等七人，联合向大会提交议案："请彻查擅弃无为县城之吴绍礼、赵鉴书，以肃纲纪。"此案由卢仲农口述，朱子帆笔录整理，由卢德威誊写并送请其他参与提案的参议员签名，然后送交大会秘书处。此提案经大会审议获通过，并将提案全文刊登于《皖报》。

卢仲农等人的提案中列举了吴绍礼、赵鉴书残杀抗日军民，破坏抗日，收受巨额贿赂，纵兵殃民。不放一枪一弹擅弃无为城，并捏造战报欺上瞒下等一系列罪状，严正要求国民政府予以彻查。提案经报刊公布后，群情激愤，市民愤怒声讨吴、赵之流的罪恶行径。当时在立煌工作的皖籍、无为籍人士无不拍手称快，奔走相告，大家高兴地称此提案为"讨吴、赵檄文"。此提案的通过和公开发布，揭露了国民党当局真反共、假抗日的嘴脸，针对在吴、赵之流的身上，血出在国民党当局。为了掩大众耳目，平息民众之愤，国民党政府不得不对吴、赵之流予以训诫之类，草草处理了之。此事件的揭露，体现了卢仲农坚持正义，不畏强权，为坚决抗日的中国共产党人鼓与呼的高贵品质，爱国家爱家乡的高尚情怀。

卢仲农在立煌时，身体多病，肺部疾病又日益加重。眼睛又患白内障，视力下降接近失明。但他的革命热情丝毫不为疾病而减退，仍然坚持读报听广播,关心抗日斗争的进程。他的学生朱子帆常去看望省视,把国内外大事传达给卢仲农,二人常常畅谈时事、废寝忘食。还常邀集志同道合的至交好友议论时局,抨击时弊。因子女不在身边,为了照顾好卢仲农,朱子帆特地安排卢先生的族孙卢德威任参议会文书,以便陪伴卢仲农,照料生活起居,侍奉汤药。卢仲农虽在病中,仍关心国家局势,听卢德威读报,口授各地来函书信的复函。

1942年初,卢仲农病重,治疗无效,在立煌逝世,终年65岁。遗体无法运回老家无为,好友相商,暂葬于省临时参议会办公楼后面桂家湾山上,象征着卢仲农去世后,仍然和参议会的同事们战斗在抗日战争的大后方。

卢仲农先生是一位坚定的爱国者,为国为民呕心沥血。终身致力于教育事业,是安徽省最早创办新式中等专业学校的开拓者之一。是身体力行的教育家,为安徽省培养了一大批工农业技术人才,为中国共产党、人民军队培养了一批有知识的将领和军事人才,他不畏强权,同情和拥护中国共产党的抗日主张,对反共消极抗日的国民党当局深恶痛绝,敢于揭露抨击。卢仲农先生是中国共产党多年如一的挚友,他的爱国情怀,道德文章将被后人永远铭记。

(作者单位:无为市委史志研究室)

叶玑珩:魂系皖江

无为市委史志研究室

叶玑珩(1902—1943),无为市泥汉镇叶闸行政村人。1902年11月12日出生。抗日战争时期,历任皖中参议会驻会参议员,后又兼任皖中水利委员会副主任委员(主任委员由行署主任吕惠生兼任)。1943年3月17日,日军对皖中抗日根据地中心区进行"扫荡",叶玑珩在反"扫荡"斗争中壮烈牺牲。

叶玑珩

宣传抗日

叶玑珩自幼在家乡叶家闸私塾读书,青年时期到芜湖皖江中学(省立第五中学)学习。其时,皖江中学是芜湖早期革命思想的摇篮。1918年,叶玑珩参加了皖江中学学生会成立的反封建反暴政的进步团体"安社",担任该社出版刊物《自由之花》编辑部编辑,推动新文化运动的发展。五四运动爆发以后,叶玑珩和皖江中学2000余名学生一起罢课,走上街头游行示威,开展抵制日货运动,由此提高了民主革命的觉悟和积极性,民主革命思想也进一步为叶玑珩所接受。

---

①《岁月留痕》,中共党史出版社2012年9月版,第94-95页。

1922年,叶玑珩在皖江中学毕业以后,回到家乡办了两年私塾,又回到叶闸小学任教。叶玑珩酷爱读书,会作诗、善书法,颇有学问。特别是他为人正直,乐善好施,广结广交,时常接济穷人,当地群众都很尊敬他,称他为叶先生。

1924年,叶玑珩在家乡叶闸小学任教,同时从事革命活动

1937年7月7日,卢沟桥事变爆发,大片国土沦丧。由于叶玑珩青年时代就受到了革命思想的熏陶,此时,他更为关心国家大事,为民族危亡而担忧。1938年11月,新四军江北游击纵队民运工作队,陆续派员来泥汊开展抗日救亡工作。在他们的影响下,叶玑珩激情满怀,日夜为抗日事业奔忙。

叶玑珩是个知识分子,但他作风朴实,平易近人,没有一点架子。因此,更加容易接近群众,他常常利用帮旁人写信,写对联的时候,趁机宣传抗日救国的道理与主张。由于他的出身和社会地位有着很大的号召力,在他的影响下,叶家闸及周边地区有不少贫苦青年纷纷走出家门,积极投身到抗日救亡运动中去。

支持抗日

1939年1月,中共无为二区区委成立,郑康(阮振础)为书记,开始在泥汊、襄安一带展开活动。区委指示叶玑珩在泥汊开展统战工作。叶玑珩深知全面抗战,必须团结地方上的开明士绅和一切有识之士加入抗日斗争行列。他在各乡发动群众的同时,也努力与各界士绅交往,做朋友,号召他们支持农民抗敌协会,支援新四军江北游击纵队,努力化消极因素为积极因素。为扩大和巩固抗日阵线,最大限度地孤立和打击敌人而

竭尽全力,促使这些人的态度和立场发生了明显的转变。

叶玑珩所在的泥汊叶家闸,叶姓人家聚族而居,家境颇为殷实。抗战初期,新四军江北游击纵队的给养十分困难,叶玑珩毫不犹豫地变卖了自家的全部家产,悉数交给江北游击纵队用作军费开支。又不遗余力深入泥汊镇所有商号、店铺,动员他们捐献钱粮衣物,为抗日部队提供后勤支持,展现出叶玑珩无私无畏的抗日情怀。他也因此深受无南一带广大群众的拥戴与好评。

1941年5月,无为县抗日民主政府成立。为了抗日部队的发展,减轻人民负担,抗日民主政府决定成立垦荒局,开荒种地,发展生产,以增强抗战力量。垦荒局长由民主人士王试之担任,他亲自前往闷湖洲、太白洲一带组织垦荒,亦将在泥汊一带荒滩的开垦任务交给了叶玑珩。泥汊境内有多年淤积的荒滩,位于长江无为大堤的外侧。那是芦苇丛生、江滩茫茫,旱年一片荒芜,叶玑珩接受任务以后,接二连三地到群众家里交心换心,宣传抗日民主政府垦滩意义和政策,鼓励群众纷纷前来投标垦荒。不到一年时间,使泥汊江边一带百年沉睡的滩涂成为肥沃的耕地,叶玑珩也因此受到抗日民主政府的嘉奖。

参加水利建设

1942年7月,皖中参议会在无为县恍城区召开。会议选举民主人士金稚石为议长,选举周新武、陈可亭(民主人士)为副议长。选举叶玑珩等14人为驻会参议员。民主人士叶玑珩之所以能够当选驻会参议员,一是他在抗战初期所作的杰出贡献,二是因为他的人品与学识出类拔萃,可谓实至名归。叶玑珩由皖中行署主任吕惠生提名,兼任了皖中行署水利委员会副主任。

皖中抗日根据地中心区无为,襟江带湖,水患频繁。根据历史记载,明末以来近300年间,无为大堤曾出险96次,严重地威胁着皖中地区人民生命财产安全。抗战时期,严重的水旱灾害给根据地的农业生产造成巨大破坏,以致根据地粮食匮乏,物资短缺,危及根据地人民的生存,为了治理水患,1942年7月,皖中行署成立了水利委员会,由行署主任吕惠生兼任主任委员,他又提名叶玑珩担任副主任委员(主持工作)。在叶玑珩实际主持水利委员会期间,水利工程采取以工代赈的办法,从1943年起,开始了对无为所有内河水道堤坝进行加高培厚,增强圩区人民抗灾夺丰收的信心。叶玑珩多次在皖中参议会上,提出了加强水利建设的议案。根据战争环境下水利建设的特殊性,积极探索水利建设的方式方法,将群众动员、水利贷款、生产互助等多种方式相结合,极大地提高了军民抗灾及水利建设的积极性,对于生产的恢复与建设产生重大影响。在实际工作中,叶玑珩反复向群众宣传水利对于增加生产的意义,他把群众利益与抗战利益相结合,动员群众克服困难,修筑堤防,防止水旱灾害,增加生产。叶玑珩身体力行,在宣传教育中采取各种各样的形式,如谈话、黑板报、水利诗歌、文学作品、群众力量、奖励表扬模范等等。由于叶玑珩一系列水利建设方式的推广与运用,促进了皖中水利建设的开展,为抗战提供了物资保障,形成了军民团结建设水利的新局面。

壮烈牺牲

1943年3月中旬,日军调动南京、江浦、铜陵的第一一六师团为主力,配合一一五师团一部,兵力8000余人,发动远途奔袭,以分进合击的战术,包围皖江抗日根据地无为中心区,进行梳篦式大"扫荡"。17日晨雾之际,日军对中心区党政军群机关驻地牌楼、大余岗发动闪电式攻击。虽然第七师早有防备,但主力部队分散各地,只有师直独立团难以进行正面抗击。第七师师部因此决定党政机关及师部后勤人员一律就地分散隐蔽。皖中参议会参议长陈可亭、参议员兼水利委员会副主任叶玑珩一行,根据师部部署,前往南岳乡(现红庙镇海云行政村)大汪村埋伏。

不料行进到大汪村后岗时,被敌军哨兵窥见,即用机枪疯狂扫射,他俩不幸中弹牺牲。噩耗传来,正在转移途中的行署主任吕惠生不禁潸然泪下,他沉痛地在日记中写道:"……唯参议会及水利委员会负责人陈可亭、叶玑珩两先生殉难为最大损失。"表达了对两位仁人志士的深切怀念之情。

日军退出根据地中心区以后,皖中行署随即举行追悼大会,会场就设在两位烈士的牺牲地。场内架起高台,挽幡低垂,挽联挂满,气氛庄严肃穆。参加追悼会的干部、群众、第七师指战员有数千人。叶玑珩是父子同时殉难的,婆媳俩白衣素孝,啜泣跪拜入场,双双吊唁夫君,与会者无不动容落泪。追悼会由皖中参议会副参议长周新武致悼词,他盛赞两位烈士秉承民族大义、拥护中国共产党、抗日报国的博大胸怀,追思其不朽业绩,表达了无限悼念之情。追悼会会场周围悬挂着第七师、行署参议会送来的挽联,字里行间,饱蕴着各界人士对两位先生的哀思。

中共皖江区委和新四军第七师挽联,文曰:"参议识大体,治水立丰功,乃竟中道成仁,痛当时雏凤追随,然饮倭刀留正气;致奠来生易,望风挥热泪,已赋同仇敌忾,待他日黄龙直捣,再浇浊酒慰英灵。"

区党委宣传部部长兼皖中参议会副参议长周新武挽联,文曰:"与君挚民主旌旗,正义动人,赤诚感我,碧血溅尘河,八皖同声歌菲露;矢志作国家堡垒,热心杀敌,奋勇锄奸,裹尸为马革,三军挥泪染榴花。"

皖中行署副主任张恺帆挽诗,文曰:"试看千山万壑中,几多劲草不因风;人言五月榴如火,热烈还应

1943年6月,在陈可亭、叶玑珩二烈士追悼大会上,皖江行署副主任张恺帆发表祭诗

让二公。"

参议员万鹤龄挽联,文曰:"忧先天下,尔后天下,天下进大同,公每谈天谈政治;生爱国家,死报国家,国家正多难,我将哭国哭诸君。"

挽联、挽词句句铿锵,字字喋血,彰显出抗日志士的赤子之心,饱蕴抗日战友之间的深厚情谊。

叶玑珩先生的革命道路虽然不长,但他的一生,堪称壮怀激烈,他的英名永远镌刻在皖江抗日根据地的历史丰碑上。

史廷飏：爱国情怀贯始终

砀山县新四军历史研究会

史廷飏，名忠思，字耕岩。生于1875年，砀山县玄庙镇史新庄人。先生幼读私塾，后入天津北洋工业学堂就读。毕业后，先后在天津女子师范、北洋高等女子学堂任教。1910年，史廷飏怀着科学救国的理想，在天津和挚友张相文（江苏泗阳人、地理学家）成立最早的中国地理学会，并编辑出版《地学杂志》。在这期间，史廷飏翻译了《极光之成因》（日·中村清二著）、《梅雨发生论》、《钱塘江沿岸之地质》等著作，先后发表在《地学杂志》上。梅雨主要发生在中国长江中下游地区，钱塘江在中国境内，而研究这些地理学的是日本学者。史廷飏认为科学救国必先从地学开始。学西学距离遥远，从学东学开始。这是他积极参与办地学杂志，翻译日本学者著作的初衷。

史廷飏有一位表兄叫李厚基，江苏丰县人，北洋军阀时期在福建省当督军兼省长。1922年应表兄之邀，史廷飏赴福建谋职，先后任省署副官、省警务处长、财政厅长等职，在当地力谋公共福利事业。与周醒南合作设计并建造了厦门货运港；修建了厦门至漳州公路；在福州开办了一所医院等，为民办了诸多好事。后因在军阀混战中李厚基兵败失势，史廷飏遂回天津开办贸易公司，走实业兴国的道路。1931年九一八事变爆发后，其经营的公司破产，返回家乡砀山居住。

七七事变后，日军加快了侵略中国的步伐。史廷飏竭诚支持中国共产党抗战的主张，发动儿孙及乡邻变卖家资，组织三十几人枪，加入了中国共产党领导的游击队。中共徐西北领导人郭影秋深受感动，登门拜访,共商抗战大计,史廷飏被推举为砀山县动委会委员。其儿子史晓昭1938年加入中国共产党,是中共砀山抗日武装的领导人之一。

史廷飏是一位开明人士,乐善好施,在苏鲁豫皖交界的四省七县中,群众威望很高,且精通日语,是个知日派。1938年5月,砀城沦陷后,日军曾多次派汉奸找史廷飏,劝其出任徐州道尹,均遭断然拒绝。对此日军十分恼火,始则诱胁恫吓,继之焚烧其家园,并多次派兵包围史新庄,抓捕史廷飏,多亏村邻掩护,才免落虎口。史廷飏虽屡遭险情,但始终坚贞不屈,与日寇斗争,表现出高尚的民族气节和爱国情操。他拥护中国共产党的抗日路线,坚定地站在中国共产党一边,为抗日不惜倾家荡产。

在抗战期间,中共湖西地委、单县中心县委驻单县东南部张寨一带,紧靠砀山北部。当时,在日、伪、顽的反复进攻下,我党、政、军的补给十分困难。史廷飏家磨面碾米推油,全力支持。家里粮食不够时,到集市上去买,套上太平车,送到张寨。据史新庄的邻居讲,那几年,史家到底给共产党送了多少东西,谁也说不清。部队需要啥送啥,吃的、穿的、用的都送。

1939年冬,深受“湖西肃托”之冤影响的八路军苏鲁豫支队官兵无棉衣御寒,被冻伤冻病的不少。史廷飏知道后,将家中现存的布匹和200亩地产出的棉花全部拿出来,不足之数派人到附近集市上购买,而后打包装车,套上牲口用太平车送往部队,一共送了40多车,以解燃眉之急。而他本人冬天连件棉袍也不舍得做,只穿件短袄过冬。部队打了胜仗,他令家人杀猪宰羊劳军,救护伤病员,动员青年参军参战,终日为抗日大计操劳。苏鲁豫支队长彭明治、副支队长梁兴初及全体战士对史廷飏爱国、爱共产党、爱军队之痴情深表敬意。

“肃托”事件给湖西抗战造成极大的损失,史廷飏与孟昭潜等13位贤哲披肝沥胆,联名上书毛主席,力陈“肃托”的严重危害。毛主席十分重视此不幸事件,使冤案得到妥善处理。

1941年冬季,史廷飏终因忧国忧民积劳成疾,不幸与世长辞。临终前嘱咐家人:“我对子女没有更多的牵挂和要求,我死后千万不要进行厚

葬。最重要的是,当把日本鬼子赶出中国国土之日,你们到我坟前告知,我在九泉之下,心安矣。"

1944年9月,砀山县抗日民主政府成立,史晓昭任县长,并兼任县大队大队长。新生的砀山革命政权主要活动在砀北史新庄一带。全家人继承史廷飏的遗志,倾其所有,资助我抗日武装。当时,抗日民主政府的主要任务是发动群众,减租减息,巩固根据地。遵照史廷飏的遗愿,经请示湖西地委同意,召开群众大会,全家人将20顷地分给当地的贫雇农耕种,并将全部地契当众焚烧。这一行动,有力地推动了全县土地改革和各项群众工作的开展。

"文化大革命"期间,在北京铁道部任职的史晓昭被隔离审查。专案组的两个人隔三岔五就来史新庄调查,群众就讲史廷飏如何支持抗战,儿子史晓昭如何带领县大队打鬼子。在两个月的时间里,调查组来了有十多次,最后出声了,说道:"我们问你们十个人,你们十个人都说好,他们家那么大的地主,难道就没有一点恶行吗?"群众讲:"他爷们没恶行,我们不能说瞎话。他们家虽然是大地主,但连东西加人都交给共产党了。现在史新庄没有史家的一草一木,没有一个姓史的,连他的亲戚们都跟共产党闹革命走了。"

史廷飏是生活在旧社会的高级知识分子,具有强烈的家国情怀,舍小家,保国家,倾全力支持共产党抗战。鉴于先生对革命的特殊贡献。1997年,由砀山县人民政府出资,镌刻"民主爱国人士史廷飏纪念碑",立在史廷飏坟前,以激励后人。

史廷飏先生纪念碑

史恕卿:患难之际显真情

刘　攀

史恕卿(1869—1942),学名推恩,号大化,桐东史家湾(今属枞阳县)人,晚清秀才,一生追求真理,投身革命;抗战时期任安徽省参议员,不仅自己积极参加中国共产党领导的抗战斗争,还把五个子女送到了新四军、八路军队伍,为中国人民的解放事业奉献了自己的全部力量。

筹经费,殚精竭虑办教育

1902年,吴汝纶赴日本考察回国后,在安庆创办了桐城中学堂,后迁到桐城县城。学校经费来源,系由桐城县城区及东南西北四乡筹集,他为筹集资金任董事会董事长,亲自督征北乡姚王集牲畜市场税收和南乡七家岭华佗庙香火捐。这两项捐税收入素为当地宗族权绅把持,不准他人插手。1910年秋的一天,先生由县城回家,路过庵前,有暴徒多人,追踪而来,将其捆绑,打得遍体鳞伤,最后还用朱砂灌之,几乎殒命。但他仍坚持斗争,终将这两处收入提归学费使用,年上缴额4000银圆。这样一来,桐中教育基金充足,后成为我省历史最久、办得最好的一所中学。

枞阳的浮山中学,系房秩吾创办,先生积极支持,倡议在东乡田赋上增收学捐,又将全县的屠宰税划归教育经费,为增加浮山中学办学基金,做了不少工作。

1923年,皖省筹建安徽大学,公推蔡晓舟为筹备主任,史恕卿参与协

助。他与汪同菊、戴荣生、史沛然计议,筹款兴建东流、贵池两县交界的万兴圩,作为"安大"校产基金。工程正在展开,不料反动军阀勾结土豪劣绅诬控陷害,科以侵占田产罪将他逮捕,安庆广大青年学生激于义愤,冲进监狱将其救出,史恕卿曾任留日学生监督处留学生经理,专为留学生筹措经费,他认为这是培养青年学生革命救国的良机,遂选送一批又一批优秀学生出国深造。唐明、史逸、翟宗文、朱子帆等学生回国后,不少人参加了中国共产党,有的还成了革命栋梁之材。史逸就是由朱德同志介绍入党,后来在广州起义中英勇献身。

勇当先,奋不顾身为革命

19世纪后期,国事纷乱,民族危艰,清朝官府与豪门互相勾结,横征暴敛,百姓苦不堪言。青年史恕卿激于义愤,身揣十万字诉状奔赴南京,在两江总督端方面前拦舆投诉,使"里税被减"。辛亥革命前后,他一直追随孙中山先生,与革命志士韩衍一起加入同盟会。1911年武昌起义胜利消息传来,他即与吴旸谷、韩衍、管鹏等谋划安庆起义,熊成基马炮营起义失败后,与韩衍、易月村等组建了以富于革命激情学生为主体的"青年军",并亲任第二队队长。青年军成立后即举兵攻打清兵江防营,守桐城,下六安,战绩辉煌,为剿灭清军残余势力,稳定皖省形势起到了积极作用。为有效控制当时混乱局面,他还与韩衍、李光炯、史沛然等在测绘学堂建立"皖省维持统一机关处",开展安庆独立后的皖省政务工侨。1911年12月21日,孙毓筠到达安庆后正式成立军政府,遂推孙为皖省督军,史恕卿为军政府财政司长。1912年夏天,孙中山巡视安庆,他随朱蕴山、光明甫等前去江边迎接,并由柏文蔚率领晋见孙中山,聆听教诲与皖省革命大计。讨袁失败后,袁世凯命爪牙倪嗣冲督皖,倪一到安庆,旋即逮捕他,他大义凛然,毫不畏惧,后经各界多方营救,乃脱险祸。

1912年柏文蔚任皖省都督时,光明甫任教育司长,史恕卿任财政司长。后倪嗣冲来主皖政,其侄倪道烺和亲信马联甲等相继把持军政大权,压榨人民,怨声载道,他不忍坐视,凡是爱国革命运动,都热烈赞助,积极支持。

1921年6月2日,安庆爆发学潮,因北洋军阀安徽督军倪嗣冲卧病,倪道烺继承他的权势,马联甲任皖南镇守使兼安徽军务帮办,大肆贪婪,搜刮民脂民膏,以致造成安徽教育经费极端困难,皖省校联会、学联会、教育会联合呼吁增加教育经费,遭拒绝。那时督军署在蚌埠,倪嗣冲抱病在床,爪牙们欲为他祝寿并建生祠,预定6月7日举行生祠落成典礼。省议员们闻讯,拟集合前去祝贺,内定3日出发,安庆各校师生闻悉,怕他们一走,增加教育经费预算便遥遥无期了。2日晚间,倪、马二人与议员们在省议会内设宴时,闻悉学生请愿,倪、马当场叫部下武装镇压,死伤学生多人,酿成六二惨案。史恕卿会同光明甫,亲自奔走支援,慰问死难学生家属和受伤学生,使全城学生和群众受到很大鼓舞。

在反对第三届省议会贿选期间,教育界人士李光炯、光明甫、刘希平、朱蕴山等,以六二惨案后援会为基础,联络省教育会、省总商会、省农会、律师公会、报界公会、公立法政同学会、县自治联合会、教育改进会、怀宁县教育会、西医学会等十大团体,发起成立安徽省各界澄清选举团,设澄清选举办事处,发表"澄清省选宣言"。澄清选举办事处还编印《平议报》作为反贿选斗争的宣传工作,用以组织指导运动。当时在桐城负责的为史恕卿。为反对贿选,他一方面发动群众砸碎票柜,焚毁选票,提起控诉,要求法院依法判决贿选无效;一面动员各界人士,以实际行动驱逐省长李兆珍,将推翻三届贿选省议会议员等一系列斗争进行得如火如荼。

历风雨,患难之处显真情

在第一次国共合作中,史恕卿坚定站在国民党左派一边,积极推动皖省第一次国共合作。1926年1月,国民党中央指派光明甫、周松圃、朱

蕴山、沈自修、常恒芳、史恕卿、黄梦飞、薛卓汉、周范文9人为国民党(左派)安徽省临时党部执行委员。2月,临时党部成立,史恕卿任工商部长。1927年3月,蒋介石在安庆,亲自策划了反革命的三二三事变,导致安庆陷于白色恐怖中。省、市国民党党部和各公团数百人衣食无着,左派进步人士和共产党人更因经济拮据,步履维艰。史恕卿筹款7000大洋(其中部分为夫人嫁奁出典所得),解决了生活与经费之需。大革命失败后,史恕卿隐居桐城,以看风水为名,漫游皖中各地,开展革命工作。1930年,在著名的欧家岭起义中,史恕卿主动与起义主要领导人陈雪吾、江澄取得联系,协助解决起义中的一些问题,对太湖刘山铺、新仓、凉亭、张家下门牌楼以及望江华阳、长岭等地的党组织活动也极力声援。当时共产党人在上海、安庆难以存身,他与房秋吾关系密切,许多共产党人和进步青年都由他介绍到浮山中学避难。浮山中学当时已有共产党组织,加之外来革命势力,形成了桐庐地区党组织活动中心。

全面抗战爆发后,史恕卿奔走呼号,鼓励动员进步青年参加抗战。每天清晨,他都到桐城县城东门紫来桥上向过往群众和各界人士宣传共产党全民抗日主张。桐城中学在大操场上举办演讲和文艺宣传活动,史恕卿特地去演讲,感召力很大。1938年5月,在高敬亭率领的新四军四支队东进舒(城)、桐(城)、庐(江)一带活动期间,史恕卿利用自己的地位和条件,先后搜集了数份国民党广西军驻桐城县王均部一七六师的有关情报,派他的随从史世标(先生侄孙,抗日青年)送给了高敬亭。1941年蒋介石制造了震惊中外的皖南事变,滥杀共产党人,发动了第二次反共高潮。其间,史恕卿出任省参议员。在第一次会议上就明确提出:搞好国共合作,事关民族存亡,呼吁会议作为首要议题展开讨论,引起省党主席李品仙和一些CC分子不满。不久,他退居桐城。1941年4月,史恕卿与史世标根据党的指示,将新四军七师李丰平(七师除奸部部长)、文芸、王宇三同志由伪省政府所在地的卫煌县(今金寨县)经桐城县安全护送到无为根据地,途中历经风险,历时一个多月的时间。6月,新四军七师锄奸部确定利用史恕卿的影响作掩护,在桐城县大关建立一个地下秘密交通联络站——复兴商店;史恕卿还在桐城中学图书馆设一秘密联络点,这两个联络点在战争年代为掩护新四军干部进出大别山起到了十分重要的作用。抗战期间,桂林栖在潜山、太湖两地进行工作,常来安庆史恕卿家中,有一次出外,国民党反动派特务认为他形迹可疑,跟踪追捕,桂林栖见情形不对,机警地跑到史恕卿家中,幸免被捕。夜间,先生雇船亲自送他过江到黄溢,始得安全无恙。桂林栖留有诗句如下:好风惠我到江南,万户无声犬不扬。恕公掩护多辛苦,旗鼓重整搏战场。

明大义,子女五人同抗敌

史恕卿的子女,大都在他的教育下投身革命事业。三子史伟(俊宽)、四子史照(洪宽)在北平大学读书期间,因受父亲革命思想影响,史伟在抗战爆发后就参加了中华民族解放先锋队,编辑《我们的生活》进步刊物;史照及四妹洛明(佩芸)先后奔赴延安参加了八路军;三女史迈(佩蘅,原省政协主席张恺帆之妻),六子史康(顺宽)当时年龄虽小尚在中学读书,但史恕卿仍将他们送到皖东参加了新四军。1938年春,史伟在山东临清县率领抗敌自卫队与日军战斗,当马蹄踏烂他的身体时,他仍高呼:"打倒日本帝国主义,中华民族解放万岁!"英勇牺牲,令人震撼。这个消息传到史家湾,史恕卿正坐在桌旁,闻后起身仰天大笑:"我儿足矣!"足见其爱国情操之高尚。

1942年,史恕卿病逝于桐城南乡小李庄。

注:本文系据吴宝苍《史恕卿先生事略》、史良高《民主志士史大化》、《桐城县志》等资料编写。

(作者单位:桐城市委史志室)

冯宏谦:与共产党肝胆相照的忠诚爱国者

翟邦军

冯宏谦(1904—1993),巢湖市夏阁镇竹柯村人,是著名爱国将领冯玉祥将军的堂侄。他先后就读于南京初级中学、浙江省立蚕桑专科学校,开始接触并接受进步思想,后回乡从事教学工作。全面抗战爆发后,他追随冯玉祥将军抗日救国,先后担任国民政府巢县、蒙城县县长等职。他坚持抗日民族统一战线,与共产党真诚合作。新中国成立后,他参加西南军政大学研究班学习,先后担任过民革、政协合肥市、安徽省和中央有关委员会领导等职务。

冯宏谦

满腔热血参军,欣然领命改名马忍言

九一八事变后,冯宏谦再也按捺不住一腔激情,不顾父母的阻挠,毅然投奔到堂叔冯玉祥身边,要求当兵,报效国家。而冯玉祥将军又是一位顶天立地的英雄,不愿凭借自己的权势给任何亲属以特殊照顾,他把冯宏谦叫到眼前,拿出50块银圆对他说:"我不能凭自己的权力,给你什么官做;到队伍上去当兵,你可能吃不消那份苦。因此,你还是回去吧!"

冯宏谦向叔父苦苦哀求,表示只要能抗日,什么事都愿做,什么苦都愿吃,并保证:"当伙夫、马夫都行。"冯将军见他意志这么坚决,便答应了他,对他说:"一个人要有出息,就要凭自己的气力到最苦的地方去摔打,不能靠后台,更不能靠侥幸来取得成功。你到队伍上去,不能说自己姓冯,因为你是安徽人,容易被人识破你是我的家族。你把冯字旁边的两点水暂时去掉,改姓马,名字改作忍言。到部队要少讲话,多做事。"就这样,冯宏谦便改名马忍言,踏上了抗日斗争的前线。

经过一年多军旅生活的摸爬滚打,冯宏谦已由一名普通士兵成长为一名少尉排长。冯玉祥看到站在自己面前的侄儿,由衷地高兴,对他说:"你算有志气,能吃下部队生活这份苦,干得不错。但一个人光有志气还不行,还要有知识,才能更好地报效国家。你现在不用回部队了,我送你到西北军校学习去。"冯宏谦后来曾跟别人说:"冯先生这个决定,对我一生至关重要,它体现了冯先生对我的关爱。"冯宏谦通过军校的学习、锤炼,终于成为一名合格的军人。

返回家乡抗日,举办青年干部训练班

1933年8月,冯宏谦军校毕业,来到冯玉祥身边工作。卢沟桥事变后,全面抗战爆发,冯玉祥先后任第三、第六战区司令长官,负责指挥淞沪和津浦线抗战。1938年春,冯宏谦向冯玉祥说:"在后方没有什么事做,有些着急。"冯玉祥当即表示,"后方没事,前方有事,你应该到抗日前线去"。冯宏谦表示想回家乡巢县去组织民众抗日。冯将军十分赞成地说:"你早该回去了。"随后,冯玉祥给国民党第五战区司令长官李宗仁、国民政府安徽省代理主席张义纯,以及著名民主人士、时任安徽省财政厅长的章乃器写了信,说明冯宏谦奉派回巢县,发动民众抗日,要求他们给予关照和帮助。

1938年4月初,冯宏谦以巢县民众抗日总动员委员会指导员身份回到家乡夏阁元山。在共产党员舒政海、张恺帆及冯玉祥侄孙、共产党员

冯文华的帮助下,开展抗日救亡等工作。他还在元山竹柯冯氏祠堂招收学员,举办抗日干部训练班,得到舒政海、张恺帆、冯文华等人积极支持,双方合作十分愉快。其间,冯宏谦还请来东北抗日流亡挺进队政委、共产党员刘冲,给学员作抗战形势报告,提高学员抗战意识。

1938年4月30日,日军占领巢城,数千难民流离失所。元山离巢城仅一山之隔,日军飞机在万山上空盘旋轰炸,日寇的枪炮声更是清晰可闻,训练班被迫停办。这期抗日干部训练班虽然只办了20多天,但它是全面抗日战争开始后,国共两党在巢县首次成功的合作。冯宏谦在办班中能主动接受中共的帮助,与中共真诚合作,表明他对中国共产党提出的关于建立广泛的抗日民族统一战线主张已有深刻认识和理解。国共两党在巢县合作举办抗日干部训练班,为推动巢县抗日民族统一战线的形成开了个好头,奠定了基础。同时,训练班培训了一批热血青年,使之成为巢县抗日救亡运动的骨干,一批有志青年从此走上了革命道路。

指挥难民西撤,组建敌后抗日游击队

巢县沦陷后,中共皖中工委书记李世农,委员张恺帆,共产党员舒政海、冯文华和冯宏谦在巢湖南岸天灯庵连夜召开紧急会议,商讨对策。会议决定,当务之急是组织难民西撤,并相机建立抗日武装。会后,他们将难民分成两路,以干训班学员为骨干,组织难民向后方撤退。其中一路到达烔炀河小学时,由冯文华出面动员,号召了13名青壮年留下来抗日,并由冯文华、张恺帆将这13人编成游击队,当夜返回黄山西麓西峰庵一带进行集训。其余难民由冯宏谦、舒政海带领,继续西撤。

经过数日奔波,难民于5月下旬到达皖西霍山县,冯宏谦等人将他们安置在城西10余里的叶家祠堂驻扎下。国民党省政府主席廖磊告诉冯宏谦,冯将军在武汉要见他,他当即乘车去了武汉。在武昌的千家街福音堂,冯宏谦见到了冯玉祥,他将在家乡举办抗日干部训练班、成立巢县抗日游击队和组织难民西撤等情况向冯玉祥作了报告。冯将军听后十分高兴,称赞他做得不错。后来,冯玉祥通过军事委员会送给他120支短枪和150块银圆。要求他用50元买药,给游击队伤病员使用;50元买书,告诉他无论工作多忙,都不要忘记读书;另50元作为回乡的路费。冯夫人李德全也从冯玉祥的卫兵团里取出10把军刀送给他。经冯玉祥将军同意,将其身边工作的冯邺、冯宏德、罗兆年、冯达明、王群贤等八九人由冯宏谦带回安徽参加抗日。

冯宏谦等人回到霍山后,与舒政海等人商量组建抗日队伍,要求元山训练班中的30多名学员到难民中进行宣传鼓动。由于冯将军已答应将他们的亲人安置到大后方,解决了难民的后顾之忧,一下子将近300名青壮年报名抗日。冯宏谦、舒政海等人从中挑选了120多人,成立巢县人民抗日自卫军,冯宏谦任司令。经过冯宏谦、舒政海整编,正式命名为巢县人民抗日自卫军游击大队,下辖3个中队。游击大队在霍山县集训20多天后,转移至金寨县东南30里的南庄畈继续集训。国民党安徽省政府知道这支队伍有冯玉祥的背景,便任命冯宏谦为巢县县长兼巢县动委会主任;任命舒政海为巢县动委会指导员,并将原国民党巢县县大队五六十支枪移交给游击大队。冯宏谦又将游击大队在省政府注了册,争取到一部无线电发报机和每月6000元的经常性经费。当这支队伍具备了一定的战斗能力,冯宏谦开始计划返回巢县敌后。

1938年7月,冯宏谦率领少数精干武装,先期返回巢县,其余大部由舒政海、罗希林(共产党员)率领随后。冯宏谦率队通过日伪军三道封锁线安全回到巢北,仍化名马忍言。冯宏谦返回巢北不久,在霍山的巢县人民抗日自卫军游击大队也回到巢北,与先期到达的游击武装合并,成立巢县人民抗日自卫军司令部,冯宏谦兼司令,冯文华任副司令兼参谋长,中共巢县特支书记时生任政训处主任。司令部下设巢县民众抗日游击大队(简称"巢抗"),人员由从皖西返回的巢县人民抗日自卫军游击大

队和原编入挺进团的巢县黄山抗日游击大队两支武装合并组成。大队长由新四军四支队派来的共产党员、红军战士吴华夺担任,共产党员张恺帆任大队教导员。党组织为提高这支队伍的战斗力,还从四支队抽调一批骨干力量担任各级指挥人员。"巢抗"此后发展很快,高峰时队伍达600多人,成为皖中、皖东地区由我党控制指挥的一支重要抗日力量。"巢抗"还与新四军四支队八团密切配合,互相策应,多次联合战斗,给日军以沉重打击。1938年8月,日军占领巢北重镇柘皋。八团调一个营攻打,担任主攻;"巢抗"去了两个中队,组织突击。战斗从晚上打到深夜2点,共歼日伪军30多人,缴枪10多支。"巢抗"成立后,总计参加大小战斗30多次,极大地鼓舞了巢北群众的抗日斗志。

支持我党我军,巢县抗战局面一片红

冯宏谦从1938年6月中旬担任巢县县长,到1939年2月调离,前后近8个月时间。这段时间是巢县国共合作抗日的最好时期。巢县的抗日救亡运动如火如荼,巢县民众抗日情绪十分高涨,巢县抗日武装力量蓬勃发展。同时,由于形势有利,党的组织也得到迅速发展。巢县人民说到马忍言,个个都说他是抗日县长。新四军四支队八团干部战士说到马忍言,个个伸出大拇指,赞不绝口。这些夸奖和称赞,与冯宏谦的贡献是分不开的。

冯宏谦由皖西回到巢北,首先接管了在汪桥的巢县临时县政府机构及部分人员,因当时巢南与巢北有日军占领的淮南铁路及巢湖相阻隔,管理不便,他便在巢南设立了一个办事处,由后期返巢的共产党员舒政海任主任,代管巢南事务。他在巢县实行了一系列改革,以身作则,规定从县长到炊事员每人每月发5元生活费,提倡艰苦奋斗。在政治上,他推行了5个方面改革:一是配合共产党在小殷洼、大庙桥等地继续举办抗日培训班;二是先后调冯郇、肖习琛、王克祖、徐文华等共产党员到县动委会任职,加强领导力量;三是清剿土匪,安定社会秩序;四是惩处汉奸,禁绝鸦片;五是改革田赋,增加政府收入。他还组织力量清理全县田粮糊涂账,建立全县田粮清册等。

冯宏谦任巢县县长期间,与中共紧密团结。他在中国共产党和新四军四支队八团的支持下,放手发动群众,在巢北地区建立农民、工人、青年、妇女等抗敌协会,会员达数万之众,成为一支强大的群众抗日救亡力量。在加强县动委会力量的同时,冯宏谦还在全县各区、乡、保建立了动委会组织,区动委会负责人多由共产党员或积极分子担任。县动委会指导员先后由共产党员舒政海、茅垦、时生、沙流辉、顾训方等人担任,实际上县动委会完全由共产党掌握,这为党在巢县贯彻抗日民族统一战线政策,推行全民抗战路线提供了组织上的保证。这一时期,冯宏谦对新四军的支持也是有目共睹的。1938年冬,四支队八团指战员缺少过冬棉衣,团领导十分焦急。有人提议请马县长帮助,团领导便向冯宏谦提出请求。冯宏谦二话没说,当即答应,很快解决了全团指战员过冬棉衣问题,干部战士穿到了崭新和暖绒绒的棉衣裤,都十分感谢马县长。1992年10月18日,原新四军四支队八团参谋长赵启民将军在一篇回忆文章中说:"巢县游击大队是我党组织领导的抗日游击队……巢县县长马忍言是位进步人士,对共产党、新四军颇为友好。……马忍言在任时,和新四军关系好,给八团送粮食用品。到了1939年,国民党顽固派公开反共,马忍言被人密告通共,把他从巢县调走,换了个顽固县长。巢县游击大队在巢县无法立足。"

冯宏谦任巢县县长时,巢县成了中国共产党领导抗日武装以及开展党的工作的基地。中国共产党在巢县的抗日势力日渐扩大,巢县一些反动绅士十分惶恐。1939年初,他们联名向省主席廖磊控告冯宏谦,说他"勾结共产党,把巢县赤化了。"国民党省政府一些顽固派也惊呼,巢县"红了!"这时,国民党已开始推行消极抗日,积极反共政策。因冯宏谦是冯玉祥的侄子,是冯玉祥派到家乡组织民众抗日的,廖磊顾忌冯玉祥,思

虑再三,决定把冯宏谦调离巢县,异地任用。

拥护党的领导,为新中国建设再立新功

新中国成立后,原在冯玉祥处工作的中共地下党员周茂藩,担任了重庆市军管会交际处副处长。他从国民党留渝高级人员登记册中,看到了冯宏谦的名字,便主动找到他。经周茂藩介绍,冯宏谦参加了西南军政大学研究班的学习。

1950年初,冯宏谦于西南军大结业后,怀着对故土的眷恋,回到了安徽,找到了在皖北区党委任秘书长的张恺帆。当时,合肥解放不久,百业待兴。为了使劳动人民在工作之余,有一个休憩的场所,皖北区党委决定在市区北面的古战场——逍遥津,兴建一座人民公园,张恺帆将这个任务,交给了老友冯宏谦。

冯宏谦重新获得了为人民工作的机会,心中十分高兴。他憧憬着建造一座美丽的公园,为人民造福。当时逍遥津十分荒凉。他实地考察,认真规划,从置办花木,采购鸟兽,到聘请设计师等都是精心设计,拿出一张张建设蓝图。逍遥津公园在他的悉心操办下,顺利建成,成为合肥市一大亮丽景致。

长期的斗争实践使冯宏谦深刻地认识到,人民要获得新生,中国要改变贫穷落后的面貌,只有依靠中国共产党。新中国成立后,他积极投身到建设社会主义新中国的宏伟事业中。他说:"我同中国共产党在民主革命、社会主义革命及建设的长期斗争中,患难与共,风雨同舟,深深体会到没有共产党就没有新中国的真理。实践证明,只有共产党才能领导中国的改革和建设大业取得胜利,这是历史的总结,也是中国人民的共同选择。"

长期以来,冯宏谦一直在合肥市民革工作,并担任过主要领导。1979年党派活动恢复以来,他仍担任市民革主任委员职务。他热爱民革

工作,勤于探索新形势下民革工作的新方法、新内容、新规律,健全工作机制。在他的领导下,合肥市民革工作开展得有声有色。他积极拥护中国共产党领导的多党合作和政治协商制度,认为中华振兴,经济腾飞,建设繁荣、富强、民主的社会主义国家离不开中国共产党的坚强领导。各民主党派要充分发挥自身优势,积极参政议事,要敢于讲真话,做中国共产党的诤友,知情出力,共同建设我们的国家。

冯宏谦十分关心祖国的统一大业。他说,"一国两制"方针是实现中华民族大联合、大团结的最好途径。他利用自己在海外的亲属、爱国人士中的影响,积极宣传中国共产党的路线、方针、政策,介绍新中国的建设成就,为合肥市对外交流和招商引资工作做出贡献。他还积极做好对台宣传工作,以自己的亲身经历及所感所得写下不少对台宣传稿,在海峡两岸产生了一定的影响。

冯宏谦还十分重视教育工作,对教育在提高国民素质、增强民族凝聚力以及在国民经济建设中发挥的巨大作用深有体会。当年,在硝烟弥漫、艰难困苦的抗战岁月里,他就克服种种困难,在家乡巢县小黄山圆通庵办了一所学校,并亲任校长。40年后,他虽年事已高,仍积极支持市民革筹办合肥中山业余学校。

1993年,冯宏谦先生因病医治无效,走完了他孜孜以求,奋斗不息并富有传奇色彩的一生。冯宏谦与中国共产党和衷共济、肝胆相照的业绩将永载史册。

(作者单位:中共巢湖市委党史和地方志研究室)

刘汉川:孙中山的忠实信徒
共产党的可靠朋友

刘怀德

刘云昭,字汉川,以字行,江苏萧县(现属安徽)龙城镇刘行村人士。生于清光绪十二年(1886),逝于1962年,享年76岁。清末参加辛亥革命,民国建立后任萧县第一任民政长(县长)。孙中山就任临时大总统时的国会议员,国民党第一次全国代表大会代表。北伐时任李宗仁第七军高参。后任江苏省政府委员兼南京特别法庭庭长,因拒贿忤蒋辞职隐居沪上。抗战时应李宗仁之邀出任第五战区抗敌总动员会秘书长。后任国民政府立法委员。解放上海时受中共地下党组织和地下民革委托,动员刘昌义起义。参加全国政协会议和开国大典。后任苏北行署委员、扬州市政协副主席、江苏省政府参事、第一任民革扬州主委,江苏省对台工委主任(未到任病逝)。1957年被错划为右派,1962年甄别平反。

民初的"东南风云人物"

汉川先生幼读私塾,因成绩优异被擢为拔贡。面对清廷腐败、民族灾难,先生决心南下求知求新。考入清江江北师范学堂,在这里各种新思想、新风潮以及孙中山的同盟会等革命团体的活动,对他产生了很大影响。他积极参加了清江同盟会的活动,并成为学校反清组织的负责人之一。宣统皇帝登基改元之际,先生竟敢冒天下之大不韪,毅然剪掉辫子,成为萧县第一个割发的"逆民"。这一举动,深为全县黎民钦敬,因此他在萧县乃至徐州地区名声大噪。次年(1910年)春,他正式加入了同盟会江苏分会。夏季毕业回乡后,奔走城乡极力提倡妇女放足、识字,男子剪辫子,兴办学堂。他约同萧县社会名流,在县城文昌宫、南仓等处创办男女学堂。并请具有新思想的刘昆南主持校政,并让他到江南聘请三位女教师来萧县女子学堂任教。一时新学大兴,附近几县许多女学生来萧就读,开一代新风。这几年他积极传播新思想,进行反清活动,动员组织进步青年秘密建立"共和党"组织,自任负责人,并与徐州、南京的同盟会、兴中会保持联系。

辛亥革命后,汉川先生先后加入国民党和柳亚子领导的"南社"(编号811),并在萧城组建国民党分部,自任分部长。其成员均为原共和党成员。1912年2月,受江苏省民政长公署委任为萧县民政长(县长)。当时土匪为祸甚烈,百姓叫苦不迭。先生任职期间,强力为民除害,不避危险。一方面加强县警队实力,同时常常亲自带领县警队夜间深入匪穴清剿;或诱敌入套,或刚柔并举,予以剿抚,分化瓦解。将任小山等大的股匪瓦解击溃,小股逃出萧境。一时民间流传说:"山西有个土匪任小山,山东有个清官刘汉川。"(萧县境内有南北走向的山脉,汉川先生家居和县城在山之东)

先生此间还有一件为萧人称道的大义灭亲的故事:其族兄刘汉昭因拦路抢劫、窝藏盗匪一案被羁押,按法当杀。因与当权的县长有直接关系,引人注目。巧了,县警察局长郝鸣璜的一位族亲因横行乡里、肆虐百姓被民众状告逮捕。这样,如何处理两个官亲,街谈巷议,传说纷纭。考验两位官长的时候到了。更巧的是,这位郝局长和汉川先生有同样的抱负和官德,在轮番的亲情说情通融面前,他俩最终不为所动,毅然抛弃宗族观念,大义灭了亲。此举不仅赢得了官民拥戴,而且也震慑了土匪等坏人。还有可称道的是,在行刑前,汉川先生亲到狱中探望族兄,晓以大义,族兄心服口服。先生还问及族兄善后要求,先生慷慨答应并超过族兄一家预期:把族兄的唯一幼子当成自己的儿子抚养、教

习至成家立业,直至其孙子孙女之后的儿孙满堂。这一家一直都不忘汉川先生的恩德。

民国元年,孙中山就任临时大总统,汉川先生被选为国会议员,旋任总统府参议,正式开始了直接追随中山先生左右的职业革命生涯。可惜不久,在袁世凯逼迫下中山先生让位给袁。但汉川先生继续追随中山先生在南方的革命活动。袁在北京上位总统宝座后暴露了其反动本质,中山先生发出《讨袁檄文》,汉川先生积极参与讨袁和护国运动。在中山先生重新组建的"非常国会"中,汉川先生是众议院议员。当第一次护法运动失败后,有些南方议员动摇,在曹锟贿选丑闻中,不少议员接受曹的5000大洋而卖身为"猪仔议员",然汉川先生则大义凛然,公开拒贿。在中山先生改组国民党、实行"联俄、联共、扶助农工"三大政策时,汉川先生坚决支持。在第一次国共合作期间召开的具有重大历史意义的国民党"一大"时,江苏省6名代表中刘云昭和茅祖权、狄侃是中山先生亲自指派。此后汉川先生既任国会立法委员,又兼江苏省党部执委,专门负责苏北党务。

汉川先生于1924年应老朋友(曾同为孙中山国会议员)河南省长刘积学之邀任延津县县长(刘省长本要他做民政厅长,他却坚持到老大难的延津县),1925年3月12日,中山先生病逝于北京,5月,汉川先生即怀着对中山先生的悲悼景仰之情,拆了东岳庙,建起中山祠。据了解,这是全国首创的第一座纪念中山先生的建筑。在延津时间虽不长(仅7个月),但政绩政声斐然。这里只举两例。中秋佳节,他拒绝与当地豪绅共饮,却大请全城贫民、乞丐数百人,于县公署门前广场排筵聚餐,餐后他还动员其中100多乞丐走自食其力之路。此事一时传为佳话。另外就是他经艰苦踏访斡旋筹资修挖天然渠,"自带干粮,与民同劳",还亲自拉车为民工送馍,脱鞋下水挖泥。

多少年后,有人问他当年为何不做厅官硬去做县官?他回答:"主要是信仰,孙先生提倡三民主义,天下为公,作为他的信徒,必须忠实实行,不可背道而驰。为国为民不能只是一句空话。倘若为了地位金钱,我也不必受此奔波了。"他后来的所作所为,确实验证了他的这一信仰。

1927年,蒋介石在南京成立国民政府,为标榜"革命",装潢门面,延聘了一批国民党元老及地方名流担任各级行政官员,汉川先生被选为江苏省政府委员、省党部执行委员(有说被蒋介石派员诓去),并经国府委员胡汉民、李宗仁介绍加入国民政府工作。翌年春经国民党元老叶楚伧、钮永键推荐,汉川先生任南京特别法庭庭长(该庭专审土豪劣绅和共党案)。其间,他既执法严明,又暗中掩护了一些共产党案子。在处理"海上飞"海盗案和某要人亲信鸦片案中,分别以一箱黄金和威胁利诱企图让他枉法,但汉川先生断然拒绝,按律处以重刑。

还有一个案子得罪了蒋介石。徐州商会会长赵毅斋等(汉川先生同窗好友)贪污巨款纵火烧毁账目案,赵等深知汉川先生正直秉性,直接找汉川先生不会通融,于是便买通蒋介石亲信、交通处长陆福廷,陆向汉川先生送去一张3000元支票,不久,在省政府会议上,汉川先生突然当众出示这张支票并揭露行贿人企图,众皆哗然,一致议决上报国民政府并追究陆的责任,社会舆论及报界不断向南京政府查询。蒋介石为平息舆论,保全面子,不得不下令制裁陆氏(蒋原要提拔陆为财政部次长),赵氏等也被押进苏州陆军监狱。蒋还下令组织审判委员会审判陆氏,但要汉川先生去对质。审委会明是要查实证据,暗中却是以强权施压,逼汉川先生撤案。先生认为如此明了之事,还要百般推脱掩盖,实是狼狈为奸,不去对质。先生一向刚直不阿,善陈时弊,多次得罪蒋介石及其亲信。这次又不"配合",于是便散布谣言,说"特庭"及汉川先生容共通共、包庇共党、卖友求荣等,还要将先生送交国府审查,严加议处。先生见势不妙,恐有不测,便求助李宗仁。李向蒋说明先生诚心为国、绝无异举、并愿以身力保云云,蒋不得已将此事缓和下来。[1]但从此蒋介石便对汉川先生怀恨在心。直到1948年,蒋和李宗仁一起审查立法委员名单时见到刘云昭的名字十分不高兴,并说这个人还没死,还要当立法委员?李掩饰说,这个人

---

[1]《萧县志》,中国人民大学出版社1989年版,第579页。

表现还好,没有跟他们(指共产党)走。蒋这才停止追问。——这是后话。先生感到南京太凶险,被迫辞去本兼公职,改名余祖范携家隐居上海。在沪上先生躲过了蒋介石的两次谋害,不久不得不远避广西,投入桂系。

汉川先生在官场上的这种秉性和作风,一时被称为"怒目金刚"式的"东南风云人物"。

抗战时中共的坚定朋友

1937年全面抗战爆发后,汉川先生由桂返萧。李宗仁任第五战区司令,驻镇徐州。为动员徐州地区民众抗战,李亲自到萧县汉川先生家中请其出山。李让先生担任战区高参及抗敌总动员会秘书长,李自兼会长,实际上先生主持具体工作。

此时恰逢中共党员郭子化(与先生有师生之谊,时任中共苏鲁豫皖边区特委书记)、匡亚明等来徐州开展抗日动员和统战工作。抗委会正是统战工作的理想组织。他们首先与汉川先生联系。郭到先生住所拜会,初晤即促膝竟夜长谈,纵横国事,不存芥蒂。事后先生向李宗仁建议扩大抗委会组织,并协商一份名单经李同意后发表:刘云昭任该会主任委员,郭子化任副主任委员,匡亚明、郝景(惊)涛、佟子实等任委员。下设政治、组织、军事、宣传四个大组。该会高举抗日救亡大旗,吸引接纳了南北各地爱国知名人士和进步青年,如郭影秋、臧克家、吴伯箫、张勃川等。他们积极热情、配合默契的大量工作,加上李宗仁的开明和对汉川先生的敬重、放手,另外还有李宗仁秘书(秘密党员)的明里暗里的协调,徐州专员、五战区游击总指挥、汉川先生的好友萧县籍的李明扬在军事上的配合,徐州地区的抗日动员热火朝天,广泛而扎实。

特别是李宗仁同意、汉川先生等具体组建的被人称作"黄埔第二"的五战区抗敌青年军团,为抗战做出了特殊贡献。1938年初,日寇从山东大举南犯,各地流亡青年不少涌进徐州。这时汉川先生认为如果把这些青年组织起来经过教育训练,可成为抗日的有生力量。他遂向李宗仁建议,筹办抗敌青年军团(初名抗敌青年训练团)。正式开训一下子就有5000男女健儿。不久,因战局变化,将该青年军团迁往河南潢川。不少学者名流和共产党员应邀任教官,如匡亚明、臧克家、郝景涛、赵步霞、胡颢等等。同时还邀请一些名流学者作专题演讲,如陈豹隐、张志让、黄炎培、梁漱溟等等。但不久蒋介石知道后,疑忌顿生。

这个青年军团的组建,可说是李宗仁的得意之作。他晚年回忆录里专门忆及此事,写道:"在徐州撤退时,在该团受训的学员尚有二三千人,遂迁至潢川进行训练。各地青年来归的仍络绎于途,朝气蓬勃,俱有志为抗战效死力。无奈为时不久,委员长又命令将该团停办。而陈诚所主持的战干团,那时却正开始招生,何以独将潢川训练团停办,殊令人不解。然为免中央多心,只有遵命办理。一个朝气蓬勃的青年训练机构便无端夭折了。这批青年学生后来投效延安方面为数甚多。"

在五战区和青年军团里有两位受人爱戴的刘高参。一位是刘汉川,另一位是刘仲华。汉川先生早在北伐时便在李宗仁的第七军任军部高参,多年在广西帮助治理地方,从事反蒋活动,与李是至交好友。刘仲华是新中国成立后陪同李从海外归来的刘仲容的兄长,弟兄俩都是在李身边工作多年的中共地下党员。

由于蒋介石消极抗日,积极反共,加上企图控制桂系军队,便经常派特务和亲信渗入五战区内部。在老河口,汉川先生为解决军外一些帮助办报、画宣传画的流亡青年吃饭问题,安排他们搞个青年工艺社,由五战区政治部三位进步青年负责。蒋的亲信调查室特务头子冯树,硬说工艺社有赤色嫌疑,要抓共党分子,并且盯梢跟踪上述三人。汉川先生知道后,立即向李宗仁汇报,并当面斥责冯树:"工艺社是流亡青年的饭碗,是我叫他们办的。要抓,你先抓我!"冯氏慑于先生的威望,未敢再深究。

在五战区长官司令部参谋处有两位参谋,赵敏(新中国成立后在公安部任职)和朱建国(抗战胜利后被国民党逮捕,牺牲于雨花台)都是中

共地下党员，长期住在先生家中。先生遗孀王君芳老太太后来说，赵敏和朱建国，人很好很正派，经常在我们家吃住，先生很喜欢他们，就像自己的亲生儿子一样。还有一位青年邓塞林（和先生一个村的地下党员），为掩护身份，借先生身份开了一爿"三五"商店，暗中在五战区从事统战工作。蒋介石特务郑皓查出，先生不顾个人安危，在李宗仁面前力保邓塞林，才幸免于难。

特务们不罢休，密告蒋介石，蒋密电李宗仁要杀汉川先生，李一方面向蒋担保，一方面劝先生转移他地避避风。先生只得携家眷到安徽太和的界首，虽然经商，但仍继续抗日统战工作。他曾跟邓塞林说："只有共产党才能赶跑日本敌人，只有共产党才能救中国。我在广州，国民党一大会上，先后见过毛泽东、周恩来，他们的主张我很赞同，他们是中国富强的希望。"

抗战胜利后，汉川先生携家回到徐州。这时，一位被蒋介石削权赋闲的老朋友国民党将领刘昌义找上门来，这就为后来的解放上海联络刘昌义起义埋下了伏笔。

解放上海立大功

刘昌义将军原是冯玉祥部将，抗战后期任第十九集团军副总司令兼涡北挺进军总指挥，与在界首经商的汉川先生已结谊。日本投降后，汉川先生回到徐州继续经商，先后任徐州医院院长、徐州银行董事长、徐州市自由保障委员会主任委员（宋庆龄、李济深主办的全国性进步组织）等职。1946年，刘昌义被蒋解除军职后，郁闷之中常到汉川先生家中叙叙人生际遇。汉川先生为联络倒蒋，曾偕刘昌义赴沪密会李济深，李要刘昌义仍留军中扩展力量。1948年，二人由于不同际遇都到了上海。汉川先生为躲开蒋帮特务的监视，携家移居上海英租界；刘昌义恢复军职后驻军苏南。

这时,和汉川先生同为国民党立法委员、与李济深一起组建民革的老朋友王葆真,以民革军事特派员身份从香港带着组建上海民革、策反国民党军队上层人士的任务,来到上海,秘密联络上汉川先生,汉川先生加入了上海地下民革。同时中共上海地下组织通过宋庆龄和李济深也联络了汉川先生。

策反国军上层,发展民革成员,汉川先生首先想到了刘昌义将军。刘昌义这时驻军苏州河北岸,汤恩伯为找替死鬼任他为上海淞沪警备区副总司令兼北兵团司令,非蒋嫡系,有策反基础。他把刘昌义的情况汇报给王葆真,王决定亲自会会这位河北老乡。在汉川先生安排下,经王葆真、刘云昭介绍,刘昌义于1948年11月16日加入民革。由于刘昌义身份特殊,不编入支部,由王葆真和刘云昭直接联系。刘昌义表示要尽量抓些兵权,王给他八个字:相机起义,迎接解放。

战场形势急转直下和汤恩伯逃跑的计划给刘昌义创造了"抓些兵权""相机起义"的机会。后来刘昌义利用五十一军军长被解放军俘虏,该军一时群龙无首,汤恩伯顺水,刘昌义趁机捞了个五十一军军长实职。汤恩伯逃跑前,把国民党残留在上海负隅顽抗的四五万人部队全都交给了刘昌义。

但是由于所谓"京沪暴动"案发,王葆真被捕,刘昌义断了这条线。5月23日晚上,他悄悄来到汉川先生家,汉川先生这时有病不能出门,要他派一个得力助手,直接与解放军前线指挥官联系,可莫要错过机会。

刘昌义返回后,即派副官刘凤德找到与中共有过联系的国民党军官王中民,王与上海地下党负责人田云樵联系上,5月25日又通过地下党同志与苏州河前线华野聂凤智军长接触并达成起义协定,当日起义成功,上海免遭了大的战火,迎来了解放。

全国政协和开国大典在即,汉川先生受命进京。在北京迎接他的人中,就有一位常在先生家吃住并受到先生保护的公安部赵敏同志。

(作者单位:中共萧县党史和地方志研究室)

刘云昭：不徇私情　执法如山

宿州市新四军历史研究会

刘云昭（1885—1962），字汉川，萧县吴庄乡薛庄人，幼读私塾，后考入清江江北师范学堂，1910年毕业后回家乡萧县。他胸怀救国教民之大志，提倡妇女放足，男子剪辫子，号召妇女识字，兴办学堂。1916年，约同社会名流，在县城文昌宫南仓等处创办男女学堂，请萧城具有新思想的刘昆南（字鹏举）主持校政，并让他到江南聘请3位女教师至萧县女子学堂任教。一时，新学大兴，铜山、砀山、丰县、沛县等地许多女学生来萧就读，开一代新风。刘云昭是萧县早期传播新思想、热心兴学的代表人物。清末，他在萧城建立共和党组织，为推翻清王朝四处奔走。辛亥革命后加入国民党，在萧城组建国民党支部，自任支部长。1912年2月，受江苏省民政公署委任为萧县民政长（即县长）。任职期间，县境西部土匪猖獗，他亲率警队清剿，迫使土匪逃往河南保安山一带，不敢窜扰县境。他执法如山，不徇私情，族兄犯有窝藏土匪及拦路抢劫罪，被其依法处决。

孙中山在南京就任中华民国临时大总统时，刘云昭被选为国会议员。1912年6月，他离开萧县到南京任临时大总统府参议。曹锟贿选总统时，曾向每个国会议员贿赂5000大洋，刘拒绝受贿，坚留南方跟随孙中山从事革命活动，坚决支持孙中山"联俄、联共、扶助农工"三大政策。民国13年，出席在广州召开的国民党第一次全国代表大会。中秋节，他不与当地土豪苟合同饮，而是在县公署前广场宴请全城的贫民、乞丐数百人,一时传为佳话。为缅怀孙中山,他在延津县建筑全国第一个中山堂。

1926年初,大革命在南方诸省风起云涌,刘云昭卸任去广州任国民革命军第七军李宗仁部高参,后随李部北伐,直取徐州、济南等地。

1928年初,任江苏省政府委员兼南京特别法庭庭长。一次,徐州商会会长赵毅斋、副会长郑心如纵火焚账账目一案落在刘云昭手中,赵、郑二人买通刘云昭的好友蒋介石的秘书长陆福廷,用3000元支票贿赂刘云昭。他把支票收下来,在蒋介石召开的一次高级军政会议上,突然拿出3000元的支票,声明是陆秘书长送给他的贿赂款,并痛斥这种以权徇私、掩盖罪责的卑劣行径。蒋介石被迫下令将陆撤职查办,徐州商会赵毅斋、郑心如二人被押进苏州陆军监狱。不久,刘云昭被免去特别法庭庭长的职务。为防蒋介石暗算,他化名余祖范,寓居在上海法租界。后应李济深之邀,参加倒蒋活动。他受李宗仁委派代表桂系去山西约阎锡山共同倒蒋。抗日战争前,他回原籍潜居。

七七事变后,李宗仁任第五战区司令长官。刘云昭应邀赴徐州任第五战区抗战总动员委员会秘书长,参与筹办抗日青年军团,招收训练知识青年入伍抗日。台儿庄战役前,徐州形势险恶,青年军团转移至河南潢川,萧县不少抗日青年前往受训。随后,刘云昭又随军转移到湖北省老河口、均县一带武当山区,接触了一些共产党人,受抗日民族统一战线思想影响,曾不顾个人安危,掩护共产党人活动,被国民党特务觉察,因形势所迫乃至安徽省太和、界首等地经商,开设中华贸易公司。

抗战胜利后,刘云昭任国民党江苏省参议员,国民政府立法委员。民国37年(1948)初,迁居上海。上海解放前夕受中共地下党组织的委托,曾多次去国民党上海警备司令刘昌义处,争取其起义。

1949年10月1日,刘云昭应邀出席开国大典,到天安门观礼台观礼,此前出席了第一届全国政治协商会议。1950年任国民党革命委员会团

结委员。年底,被任命为苏北人民行政公署委员、苏北行署政治法律委员会委员,次年春赴扬州上任。此后,在扬州曾任苏北行署救灾委员会主任、扬州市政协副主席、江苏省政府参事室参事、第一任民革扬州主任委员等职。1957年,刘云昭被错划为右派,1962年甄别后任江苏省对台工作委员会主任委员,未到职,因病逝世。

任崇高:抗战教育的一代宗师

阜阳市新四军历史研究会

任崇高,早年追随抗日七君子。抗战后,又随新四军转战南北。解放后,任华东人民革命大学主任。1938年至1939年曾在安徽阜阳任抗战中学主任。当时正值国共合作初期,一时形成了一派抗日的新气象。

革命洪流中的教育家

任崇高(1881—1974),四川泸县人,爱国民主人士。1894年进私塾读书,四年后在家乡私塾教书。1911年起先后参加上海师范讲学所及商务印书馆英文函授学社初级班的函授学习。同年参加哥老会组织。辛亥革命前,任崇高参加同盟会,任孙中山的私人秘书。第一次国内革命战争时期,与周恩来、张闻天结识,支持中国共产党的统一战线。抗日战争时期,任崇高从事抗日救亡运动,出任上海各界救国会常务理事和安徽省民众动员委员会总务部干事。

1938年后,阜阳城屡遭日机轰炸,省立颍州中学、省立第五女子中学内迁湖南乾城(迁后,两校合并,改名为国立第八中学)。同年,阜阳督察专员郭造勋及专员公署秘书任崇高,在共产党人支持下,开办抗战中学,兼任该校务委员会副主任和教导主任,设抗日特种课程,由共产党员任特种课教师,提倡学生阅读《雪枫报》《拂晓报》,曾把《论持久战》等列为教材。对中国共产党"坚持抗战,反对投降;坚持团结,反对分裂;坚持进

步,反对倒退"的政策,身体力行。并把《论持久战》《抗战一般问题》《动员须知》《中国的进步在哪里》作为抗战中学的主要教材。在悼念黄花岗七十二烈士时,他身背背包,同师生们一起到农村宣传抗日政策。有人称他"爱国狂",他一笑置之。任崇高在当时的阜阳是起到了一个非党的革命工作者所能起到的最大作用。在各个阶级众多人心中,他都是一位十分值得尊敬的革命前辈。

1940年,任崇高赴豫皖苏边区抗日民主根据地,先后任淮北行署副主任、怀远县县长、淮北中学校长。

1941年,淮北抗日根据地规模较大的中学——淮北中学正式开学,校长任崇高。

1945,被选为全国人民代表大会(延安)淮北区代表。

解放战争时期,任崇高历任苏皖边区政府行政委员,黄河大队干部队长、豫皖苏建国学院院长。

新中国成立后,先后任南京市军管会文教委员会副主任、华东人民革命大学南京分校主任、江苏省监察委员会副主任、省检察厅副厅长、省人民政府委员、省政协副主席、省民革主任委员、民革中央委员等职。

1974年病逝,享年93岁。

培养抗日青年的摇篮——阜阳抗战中学

1938年初夏,我国进入全民抗战艰苦岁月的第二年,日本侵略者先后侵占了蚌埠、徐州等地,阜阳成为面向津浦路和日伪的前哨阵地。5月24日(旧历四月二十五日),日寇疯狂地向阜阳城投下了100多颗重型炸弹、燃烧弹,阜阳城人民生命财产遭受了重大损失。日本侵略者的狂轰滥炸,更加激起人民义愤,积极要求奋起抗战,各阶层抗战救国的呼声十分强烈。正在这抗战救亡运动逐步高涨的时候,国民党第五战区司令长官部政治工作队(简称"政一队")高举抗日大旗于1938年底来到阜阳。

当时,阜阳行政督察专员郭造勋,为巩固其地位,标榜抗日进步,便把"政一队"作为依靠力量比较放手地让他们工作。他积极采纳"政一队"的意见,顺应阜阳人民日益高涨的抗日要求,团结进步人士创办抗战中学,于1939年元月成立了"抗战中学校务委员会",郭造勋兼任主任,聘请全国知名进步人士任崇高担任教务主任。据《淮上新报》刊登启事,2月11日11时举行开学典礼,正式开学。

据"政一队"主办刊物《淮涛》上发表的任崇高的《抗日中学的过去和现在》一文记载,当时"阜阳所有的学校惨遭敌机轰炸,大半年后,仅存的颖州师范学校,又早成兵营,校具东借西凑,已损房屋只能做到稍事修葺,因陋就简"。任崇高还明确提出了"抗战中学顾名思义,就是要培养抗日救亡和建设的人才"的宗旨。

抗战中学是当时阜阳唯一的一所高级中学。郭造勋虽兼任校务委员会主任,但实际具体校务工作全部由任崇高负责。他在创办抗战中学时,旧有的中学还未恢复,任老得以延聘思想进步、学识渊博、教学经验丰富的教师以利教学。抗战中学原计划招生300多人,结果报名600多人,可见当时青年的抗日情绪之高涨。抗战中学由于"政一队"的倡导和人民群众的积极要求,在抗日烽火中顺应历史潮流而诞生。

在抗战中学的教师中,共产党员和民先队员占优势,他们团结进步教师,同国民党右派顽固势力破坏团结、破坏抗日的言行作了不调和的斗争。任崇高在一次教职工大会上,号召大家在抗日救国的大前提下团结起来,在工作上各抒己见,畅所欲言,但绝不能互相攻击。对不同政治倾向的人采取兼容并蓄,他经常站在进步教师的一边,贯彻执行我党提出的"坚持抗战,反对投降;坚持团结,反对分裂;坚持进步,反对倒退"的方针。任老笃信马列主义,熟读马列著作,平时兴致勃勃地引用马列的话,论证自己的观点;他经常阅读毛主席的《论持久战》,在教育职员中谈论抗日战争的性质和任务,分析抗战形势,以提高他们对抗战必胜的信心。

任崇高是知名的爱国进步人士,早在大革命时期就同中国共产党有联系,和周恩来、张闻天都很熟悉,曾在上海以教师的身份掩护中国共产党的工作,他思想进步,当时被称为非党的布尔什维克。他为创办抗战中学做了大量工作,在中国共产党抗日救国纲领的影响下,提出了建校的六项任务:"一、提高学生的政治认识,坚强其抗战的决心,树立其抗战必胜的信念;二、纠正其错误倾向,统一意志,团结并规律其行动;三、培养其抗战建国工作理论及技术;四、提高课外学习自动性,并领导从事实际工作;五、建立与沟通同学及教员之友爱团结,并加强对学生军事之学习兴趣;六、启发其自觉遵守纪律及规范。"

阜阳抗战中学的"培养抗日救亡和建设人才"的宗旨,不仅要从它来的教学实践中来检验,更要从8年全民族抗日战争,3年解放战争和36年来的社会主义革命和建设的过程中来检验。抗战中学的师生分布在全国各地,重点是华东和西南地区,在各条战线为革命和建设事业作出了积极的贡献。

任崇高在抗日工作和统战活动中,保持高度警惕,除了从他从未暴露过他的民革成员身份看出之外,还有两件事情体现了。第一件事:1936年5月31日,沈钧儒、邹韬奋等响应中共建立抗日民族统一战线的号召,在上海成立"全国各界救国联合会"发表宣言,要求国民党政府"停止内战""释放一切政治犯",指出蒋介石的"先安内后攘外"政策的危害性,建议"国共议和,建立统一的抗日政权"。任崇高参加了该会,积极从事宣传团结御侮的工作。国民党政府却坚持内战政策,于11月23日逮捕了该会的领导人和骨干沈钧儒、邹韬奋、李公朴、沙千里、史良、王造时、章乃器7人。时人号称他们为"七君子"。七君子被捕以后,任老就机警地逃走了,并利用这一事件激起全国人民公愤之时,奔走各地,联系群众,开展了营救活动。至1937年4月,全国各界组织了"援救救国会领袖后援会",开展了广大的援救运动,终于在七七事变以后,国民政府在全国人民的压力下,被迫于7月31日宣布七君子无罪并释放了他们。任崇高后来回忆说:"如果当时我没逃掉,我和沈钧儒先生等就成为'八君子'。"

第二件事:1940年春季,阜阳国民党右翼又积极搞分裂的阴谋活动,积极反共分子兼地方恶霸头子董人龙等人准备暗杀任老。有一次,任崇高要到金家寨(当时省政府所在地)开教育会议,他们就乘机勾结阜阳地方反动当局,以派人护送为名,派了两名打手,准备在途中把他暗害掉。任崇高发觉了,就在途中投宿一个集镇时,夜晚只身逃走。那时很混乱,他逃出阜阳境就出险了。他出险后,又与抗战中学部分学生取得联系,让他们追上他,然后把他们分送到第五战区学生军和抗大受训、学习。

朴素的个人生活

任崇高为了革命,为了抗日,为了巩固抗日统一战线,一心扑在工作上,从不讲究个人生活,忘怀了自我的一切。他不修边幅,须发不经常剪理,一任长髯飘胸。冬季经常穿一件带油渍痕迹的草绿色棉大衣,足蹬一双沾满泥土的黑色旧皮鞋。他的办公室兼卧室中,陈设极简单,一张教桌,一个盛书的书架,一张坐椅、两条长凳;另外两条长凳支撑着一块铺板,铺板上只放着一条叠好的薄棉被,既没有褥子,也没有被单;床上放着一个方凳,上面放着一只旧皮箱。虽在严寒冬季,室内也不生火。深夜睡眠时,大衣不脱只把被伸开,往身上一裹,和衣而睡。他是四川人,任抗战中学的教导主任时,已年过50,尚未结婚,也没有直接的亲属。他向同事表示过,不到抗战胜利,决不组织家庭。听说他在解放战争时期,仍孑然一身,为革命到处奔走。直到解放战争取得胜利,新中国成立以后,他才结婚,而年已花甲了。他这种公而忘私,献身革命和自我牺牲的精神,实在令人钦佩!

齐丹九：丹心向党　九折不回

叶悟松

齐丹九（1901—1984），安徽省无为县无城人。出生于一个比较富庶的家庭。青年时代就追求进步，向往光明。追随孙中山，拥护"联俄、联共、扶助农工"的三大政策，加入国民党，为国民革命而奔走奋斗。齐丹九曾担任国民党无为县党部书记长，后因同情共产党，私自释放共产党地下党员，被国民党开除党籍。1939年，因参加抗日活动，遭国民党无为县政府通缉。在中共地下党组织和新四军掩护下，转移淮南抗日根据地。从此，齐丹九参加革命队伍，在中国共产党

齐丹九

领导下，投入抗日斗争和解放战争，为人民民主和民族解放事业做出了贡献，表现了一位民主人士坚决跟共产党走的赤血丹心。

支持贫民赔当，同情共产党革命斗争

齐丹九在国民党无为县政府工作时，支持无城人民的"赔当斗争"，配合共产党地下组织取得赔当胜利，使当户获得合理赔偿。

---

① 参见《无为县志》，社会科学文献出版社1993年9月版，第349页。

1930年6月,无城长和质当铺老板心怀不轨,伙同伙计将铺内贵重物品秘密转移,留下一些不太值钱的当品,然后纵火焚烧当铺。并报警称有坏人放火烧毁铺面及全部当物,损失巨大。公安局迟迟抓不到凶手,当户的损失无法赔偿。中共无为县委立即指派专人负责调查此事,得知真相,便发动群众,组织当户成立"被烧当联合会",进行合理合法斗争。国民党无为县政府以政治嫌疑之名逮捕共产党员宋沛生、杨继才和数名群众。当时,齐丹九在国民党无为县党部任职,十分同情烧当贫民的境遇,对中共地下党组织为人民群众争取合法利益的行动也从内心支持,借群众示威的热潮,齐丹九在党部极力运作,很快释放了被捕的共产党员和群众,与县政府交涉,同意赔偿被烧当群众的损失。

1932年,齐丹九因私自释放被捕的无为共产党员金士纯、王前寿,被国民党开除党籍。

1938年,日寇占领无为,齐丹九参加了由中国共产党领导的无为县抗日自卫军,在司令部担任总务和宣传工作。

1939年,因参加抗日活动,齐丹九被国民党反动政府列入黑名单,并下令逮捕。当时的国民党无为县县长李天

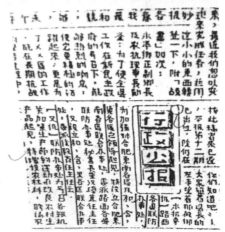

路西各县联防办事处发布行政公报,成立和含巢无各区联合办事处,任命齐丹九任货管局副局长、财经委副主任

敏(妻子是共产党员)得悉,密告齐丹九等人。经共产党和新四军掩护,转移至淮南抗日根据地,至此,齐丹九参加了革命队伍。

投入抗日斗争,为根据地建设做贡献

1939年,齐丹九回到无为皖江抗日根据地,在和含巢无各区联合办

事处担任货检局副主任、财经委副主任。

1941年5月,无为县抗日民主政府成立。齐丹九负责筹建无为县临时参议会。

1942年7月,无为县参议会在恍城召开。应代表要求,改名为皖中参议会。齐丹九被选为皖中参议会参议员。

1942年10月,齐丹九被任命为"黄丝滩退建工程委员会"副主任,他与上堤民工打成一片,齐心协力,创造了敌后水利建设的奇迹

10月8日,皖中地区黄丝滩退建工程委员会成立,齐丹九任副主任。协助行署主任吕惠生筹建黄丝滩大堤退建工程。齐丹九学过水利,是水利建设的专家,他与同事们一起,为工程建设建言献策,亲力亲为,为黄丝滩江堤的顺利完工做出了贡献。

1943年,齐丹九任皖江行署公学产管理委员会主任。认真负责地管理好用于根据地教育事业的每一份资产,每一分钱,使公产得到合理使用。

3月17日,日军"扫荡"皖中根据地,皖中参议会参议员陈可亭、叶玑珩等遇难。齐丹九幸得群众掩护脱险。

不畏艰险,随军北撤,参加解放战争。进政协,任参事;做统战,积极建言献策

1945年9月,皖江区党委、行署,新四军第七师奉命北撤。齐丹九不顾劳累,长途跋涉随军北撤。齐丹九的内弟,皖江行署主任吕惠生因病乘船北上,被伪军截获,遭逮捕,押解至南京。其间,齐丹九奉党组织之命,化装去南京,通过南京地下党营救吕惠生,但未获成功。只接回了吕夫人和几个幼小的孩子。不久,吕惠生被敌人杀害于南京六郎桥。此后,齐丹九还负责照料吕惠生的遗孀和子女。

北撤后,在苏北解放区,齐丹九被聘为苏皖边区参议员。

1946年,齐丹九在山东被编入苏皖边区政府黄河大队。

同年,国民党反动派发动内战,大举进攻解放区,齐丹九随部队四处征战,辗转苏、鲁、豫,直至南下回皖。

1949年4月,合肥解放,齐丹九返回安徽。先在皖北行署工作,负责与指导交通建设。安徽省人民政府成立后,齐丹九进入省政府工作。

齐丹九曾担任历届省政协委员,担任过四届省政协常务委员。

晚年,齐丹九在安徽省人民政府参事室担任参事。为安徽省的各项建设事业建言献策。为开展爱国统一战线工作发挥积极作用。

齐丹九从一位国民党的县党部书记长,到坚决跟随中国共产党干革命的民主人士。追随共产党从事革命斗争40余年,不怕牺牲,勇往直前。在日寇的围困、国民党反动派的追捕中,历尽险境,都始终坚定不渝地坚持革命信念与敌人周旋。在新四军北撤的战斗岁月里,齐丹九随军北上南下,转战千里,不畏艰险,不辞劳苦,为中华民族的解放事业努力奋斗。

齐丹九无论在战争年代,还是在建设时期,在改造客观世界的同时自觉改造主观世界。他始终把跟共产党走作为自己的毕生信念,以自己的模范言行,做丹心向党的中国共产党挚友。齐丹九胸怀坦荡,为人正直,生活简朴,受到党内外同志的尊重。

齐丹九晚年因病医治无效,于1984年8月3日在安徽合肥逝世,享年83岁。

(作者单位:中共无为市委史志研究室)

汤石僧:乱云飞渡仍从容

丁以龙

汤石僧

汤石僧(1906—2006),无为仓头人,少年时受到新文化洗礼,后进入安徽省党务干部学校学习。在进军广州的征途中,他秘密加入了中国共产党,参加广州起义,失散后与党组织失去了联系。1932年1月他到上海投身第十九路军任连长,参加了抗击日寇的淞沪抗战。抗战全面爆发后汤石僧在华东、华南等战区的中央伤兵处任职。抗战胜利后,汤石僧以广东行辕上校的身份秘密进行国民党税警总团等部队的策反。汤石僧任至国民党地方少将参议,1947年他虽被蒋介石通令撤职管束,暗地里还利用旧部的关系,积极为广州解放出力,成功策动多部人员举起了义旗。

追求真理　临危入党

1906年,汤石僧出生于无为市仓头北庄汤李村(现无城镇陈闸行政村),原名亦樵。读私塾,进小学、中学,奠定了扎实的国学功底。五四运动之后受到新文化洗礼,汤石僧树立起为民报国之志,改名德明,号独鸣,意取"大学之道,在明明德,在亲民,在止于至善"之弘明德性,使人民自新,达到最善最美的境界。

1926年,汤石僧在芜湖民生中学毕业。这时,大革命怒潮从珠江流域席卷到长江两岸,汤石僧因不满五省联军孙传芳反动统治,便前往当时的革命中心——武汉。经过中共地下组织秘密推荐,进入了武昌的安徽省党务干部学校学习。时值国共合作之际,该校虽是国民党之党务学校,但其中有很多共产党人,仅无为籍的共产党人就有任昌举、张泰康、刘方鼎等同志,这些同志后来回到家乡成为领导皖江地区革命斗争的火种。在校期间,中共领导人陈独秀、恽代英等曾便服简从先后来校讲话上课,汤石僧和同志们一样深受启发和鼓舞。

1927年2月12日,国共两党在武昌两湖书院联合成立黄埔军校武汉分校,3月该校改为中央军事政治学校,隶属于中央军事委员会,校长邓演达,政治总教官恽代英,教育长陈毅。数千名青年学生报名应考,只录取1182人。汤石僧

1927年,汤石僧考入黄埔军校,参加广州起义

经组织推荐报考,并以优秀的成绩被军校录取,成为黄埔军校第六期步兵科的一名学兵。无为籍共产党人宋士英经甄别测验,列入学校体制;刘静波由农民运动讲习所归并列军政学校战斗序列。5月,夏斗寅、杨森叛乱,汤石僧和军校的一部分学生编入叶挺将军麾下的中央独立师。7月间,又被改编进叶剑英为团长的第二方面军军官教导团,在叶剑英的带领下踏上了进军广州的千里征途。

时值炎夏,教导团沿赣江向珠江进发,昼伏夜行。部队到达广州后,叶剑英为了避免受到猜疑,辞去教导团团长职务,有意安排中共党员杨树淞接替。张发奎对此仍不放心,后调他的亲信——留德学生朱勉芳任参谋长兼教导团代团长,夺取教导团的领导权,意图瓦解教导团内中共组织。汤石僧就在这个危险的情况下,毅然秘密加入中国共产党,与占

团内五分之一人数的中共党员及拥护土地革命的战友们一起,坚定地站在革命的立场上。

1927年12月11日凌晨,汤石僧和战友们悄悄披挂武器,静肃而整齐地集合在大饭厅礼堂里。中共广东省委书记张太雷宣布举行广州起义,叶挺、叶剑英为正副总指挥,周文雍为赤卫队总指挥。汤石僧和战友们摘下青天白日帽徽,挂上红色识别带,精神抖擞。教导团鸣放排枪"起义信号"后,首先用刺刀刺杀了事先抓起来的朱勉芳等几个反动军官,消除内患。接着对广州市内分区分段进行各个击破,占领屏障全市的制高点——观音山。市区枪炮声、手榴弹声和喊杀声一片,战士们英勇异常,一个跃进或冲锋即拿下一个据点。到上午8时,基本上消灭了市区反动武装,缴械、投诚及俘虏不计其数,市公安局门楼上升起了镰刀斧头红旗,挂上了"广州苏维埃政府"横匾。

汤石僧和战友们一起度过了一个紧张而又欢乐的不眠之夜。12日,张发奎得知起义信息后急率三个师从三个方向向广州杀回。敌我众寡悬殊,形势危急。下午张太雷被枪击殉难,起义指挥部决定从12日夜10时起撤出广州,向沙河集中,继而向江东海陆丰转移。汤石僧所在部队分散担任警戒,在巷战中联系困难,有的得不到撤出通知,形成了各自为战的局面,战友们只要还有一口气就打出最后一颗子弹。很多同志在混战中失散,有的被俘,有的潜伏下来,有的逃往他乡。汤石僧在战斗中负伤,孤身一人躲进荒郊空寺。为防被敌抓捕,改名石僧。此后,艰难辗转数千里回到家乡无为,等待时机继续报效国家。

共赴国难　不容松懈

1930年12月7日的无为"六洲暴动"失败后,革命运动遭到了挫折,党的组织相继破坏,很多党员纷纷潜入地下或出外,一则躲避反革命镇压,二则继续发展革命势力。在那个寒冷的冬日里,汤石僧觅得一根罗汉竹,一劈为二,雕刻"一息尚存,不容稍懈"于其上,完工后刷上黑、白、红三色油漆,寓意黑暗、光明和烈火,并赋诗一首抒发追求光明的坚强决心:"黑暗社会,胜如黑漆! 光明在前,唯有靠我们不断努力! 我们要把赤血化为巨浪,洗尽人间愁恨和耻辱! 我们要把赤血化为烈火,将天下乌鸦化成灰烬,让我们在历史上谱写新的一页。"

1931年,日军悍然发动九一八事变。汤石僧再也按捺不住自己一颗火热的心,于1932年1月,到上海投身第十九路军任连长,在蔡廷锴将军的指挥下参加了抗击日寇的淞沪抗战。在激烈的战斗中,一颗子弹把他的右腿打穿。抗日战争全面爆发后,汤石僧战斗在华东、华南等战区,任中央伤兵处(后改为"荣誉军人管理处")视察、荣誉团长及主任等职,负责战地伤兵救护,并在驻地浙江金华创办了以团结抗日力量为主旨的《伤兵阵地》,其间结识和保护了一批险遭国民党特务迫害的爱国抗日青年和将士。艰苦的战斗生活中,汤石僧的颈部感染溃烂且日渐蔓延,若不处理,便会危及生命。其时缺医少药,汤石僧便命属下拿把尖刀在火中消毒,将那小碗般大的烂肉彻底切除,然后敷上草药。剜肉之际,汤石僧坐在小凳上,与人对弈,纹丝不动,好似当年的关公"刮骨疗伤"。

红线牵引　报效人民

抗战胜利后,汤石僧以国民党广东行辕一名上校的身份秘密进行国民党税警总团等部队的策反工作,后任至国民党地方少将参议。1946年底,为营救被捕入狱的中共广东省负责人杨应彬等同志,汤石僧舍身为其担保。

1947年1月汤石僧被蒋介石通令撤职管束。撤职后,他表面上"闲居"羊城无所事事,暗地里利用旧部的人际关系,积极为广州解放出力,成功策动了国民党广州税警总团在广州市广九路、汕尾等地起义。后又嘱其长女汤湘华手书给川黔边境十九兵团梅昏团长等,率两个团全副武装和师辎重在四川古蔺县举起义旗。

张恺帆致汤石僧《竹刻小诗并序》

新中国成立前后,汤石僧一度被派往香港活动。归国后中央有关部门考虑到他的特殊经历,准备派其出使南美。去留之际,因老母亲思儿心切,呼唤爱子回归;加之时任安徽省委常委兼统战部长的同乡张恺帆力邀其返乡效力,汤石僧便轻装简从回乡,成为一名安徽省政府参事室参事。对此半官半民近似闲职的安排,他欣然接受。张恺帆因其长期离家为党秘密工作未能侍奉老母汤药,特指示每月补助30元,称颂汤母为"革命母亲"。

之后的几十年中,和众多当年在白区工作的地下党员一样,汤石僧在多次运动中受到错误的待遇,但他始终泰然处之。正如他在给挚友曾天节(原解放军粤赣湘边纵队第四支队司令员)信中所言:"我们不论离和合,时代风云的变幻,值得高兴的是没有迷失方向,直到抗日到解放战争的默契,和所采取的一致步骤和行动,隐隐然是一条红线的牵引……"十一届三中全会以后,汤石僧被摘掉"黑帽子",仍致力于祖国统一伟大的事业之中。

2006年12月23日,汤石僧因病去世,是年101岁。

(作者单位:无为市人大常委会)

朱子帆:隐蔽战线上的奇兵

丁以龙

朱子帆系无为市仓头人。青年学习时期就成为安徽学生运动中的积极分子。其间他回家乡组织了"反贿选斗争"且取得胜利。1922年东渡日本学习,归国后投身北伐事业并加入中国共产党。八一南昌起义后,朱子帆被"清党"离开了张发奎军,辗转至无为、寿县、河南等地任教。七七事变后,朱子帆积极投身到抗日战争中,利用特殊身份掩护进步人士转移和中共秘密党员的

朱子帆

活动。1945年5月,王若飞鼓励他仍以特殊身份回皖工作。解放前夕,朱子帆策反一部分保安团及国民党九十六军起义;还动员安徽各县县长掩护中共党员,保护工厂仓库,为解放军渡江做出了积极的贡献。新中国成立后,朱子帆先后在安徽省政府、省政协等领导岗位任职。

反帝反封建当先锋

朱子帆原名朱国华,安徽省无为市仓头人。6岁随祖父破蒙,此后就读于无为师资养成所和县立高级小学。1918年,考入安庆安徽省立第一中学,从此,开始了追求真理的道路。

1919年5月4日,北京爆发了反帝反封建的学生爱国运动。消息传

来,安徽各中等以上学校的学生纷纷响应,集会声援。5月6日,安庆各校学生派代表在安徽公立法政专科学校召开紧急会议,朱子帆作为一中学生代表出席了会议。会议决定,各校5月8日举行声援活动。朱子帆回校后,积极组织全校同学进行罢课、游行示威,并积极联络各校进步学生,参

1921年,朱子帆在无为领衔开展反对军阀贿选的斗争,图为反贿选斗争的发生地——无城黉门

与发起成立安徽省学生联合会,成为当时安徽学生运动中积极分子。

1920年朱子帆一中毕业,后辗转到了芜湖。应省立五中校长刘希平、共产党员高语罕之邀,主持芜湖工读学校教务。该校是由刘、高等人募款筹办的,专门收容贫民子弟入学,实行半工半读,培养出不少优秀人才。如黄埔军校一期生北伐名将曹渊,就是该校培养出来的学生。

1921年夏,第二届省议会期满,安徽军阀倪道烺通过公益维持会贿选出108名第三届省议员,要挟省长聂宪藩召集议会,企图重选省长。安徽教育界发起反贿选运动。根据省议会选举法关于议员选举若一县无效则全部无效的规定,省学联利用假期发动安庆、芜湖各校学生回原籍搜集贿选舞弊证据,就近向法院起诉。朱子帆这时回到无为,掌握了一些确凿的贿选证据,率先组织起诉,接着桐城、舒城等40余县也相继起诉。1922年1月,芜湖法院判决无为县选举无效。各地法院纷纷援例,反贿选斗争至此取得了完全胜利。在这场斗争中,朱子帆始终站在最前列,为斗争的胜利立下了功绩。

追求真理历磨难

五四运动后,安徽学生运动如火如荼,省府内的官僚们不得安宁。

因此,他们设计由省府出资,将学生运动中一些骨干分子送到日本留学,以免他们在国内"闹事"。这样朱子帆即于1922年东渡日本,进入明治大学学习政治经济。在日本学习期间,他积极参与进步运动,与安徽同乡会、中华留日学生总会中的共产党员和国民党左派一起,与国民党巢鸭派(即西山会议派)进行坚决的斗争。1924年,朱子帆在东京参加了改组后的中国国民党。

1926年春,朱子帆毕业回国。应校长光明甫之邀,在安徽省公立法政专科学校(校址安庆)任教;同时,筹划国民党在安徽的党务工作。7月1日,广州国民政府发表《北伐宣言》。9日,国民革命军正式誓师北伐。安徽法专的革命青年情绪高昂,为迎接北伐作积极准备。安徽当时为北洋军阀孙传芳的部属陈调元所统治,他们对法专的动向十分关注,曾数次派军警搜查该校,并要求校长光明甫将周新民、朱子帆等人解聘,均被严词拒绝。9月中旬,陈调元下令将法专和安庆建华中学等学校关闭,并在蚌埠等地大肆搜捕共产党员,加紧镇压革命力量。1926年冬,北伐军攻占武汉,朱子帆和周新民一起赴武汉参加北伐工作。这时,经高语罕、周新民、柯庆施等人介绍,朱子帆加入了中国共产党,并受党组织委派,赴湖南考察农民运动,对中国革命形势有了进一步认识。

1927年3月23日,蒋介石在安庆亲手制造了三二三反革命事变,4月12日,又在上海发动反革命政变。时在安庆的国民党(右派)安徽省党部,在反动势力的支持下,成立了清党委员会,大肆搜捕共产党员和进步人士,通缉光明甫、周新民、沈子修、朱蕴山、朱子帆等100多人,安庆笼罩在一片白色恐怖下。这时朱子帆通过关系,来到了武汉国民革命军第二方面军张发奎部,在军部秘书处任秘书兼机要科长。7月15日,汪精卫等人控制的武汉国民政府,不顾以宋庆龄为代表的国民党左派的坚决反对,悍然召开分共会议,公开背叛了孙中山先生三大政策,开始对共产党员和革命群众进行大肆屠杀。汪精卫为了同蒋介石争权夺利,7月

17日,武汉国民政府决定东征,朱子帆随张发奎军到了九江。八一南昌起义后,张发奎在所属部队进行清党,将中共党员逐出所部。朱子帆离开了张发奎军的指挥部后,来到了上海暂住。

朱子帆到上海后,和中共组织失去了联系,不几日又乘船返汉口,几经周折,终于找到了党组织。经组织研究决定,要他潜回安徽,联络同志,秘密开展革命活动。朱子帆便乘船去安庆,但因安庆的敌人气焰十分嚣张,他便由江西潜入皖南,开展革命活动。后经安徽省临委负责人尹宽同意,他应无为中学校长吕惠生邀请,在该校一面教书,一面从事秘密活动。此事被反动派获悉,派一个连到无为拘捕,幸事先有人报信,方才脱险。旋经组织介绍,到寿县国民革命军北路宣慰使署学兵团任教。1928年6月,学兵团被迫解散,朱子帆又在河南党务训练班、中山大学训政学院、第一高级中学等校任教。

1932年秋,朱子帆回到南京,任国民党政府铁道部职工教育委员会委员,直到1937年抗日战争爆发。

国难当头方向明

七七事变后,朱子帆回皖参加安徽省民众抗日总动员委员会工作,任后勤部副部长,图为向民众宣传抗日救亡斗争

七七事变后,朱子帆积极投身到抗日战争中。次年春,安徽省政府改组,第五战区司令长官李宗仁兼省主席,朱佛定为秘书长。周新民、朱子帆与朱佛定为上海法政大学同事,故同时被邀回省,参加五战区民众总动员委员会安徽分会工作,

朱子帆任后勤部副部长兼总干事,朱还担任国民党安徽省党部委员及省临时参议会秘书长等职。当时,动委会工作十分活跃,对推动抗日斗争起到了积极作用。

1940年2月,李品仙就任安徽省主席后,即下令改组动委会,撤销各县分会,至此省动委会已名存实亡。同年三四月间,新桂系部队便向安徽、湖北之间山区新四军发动大规模进攻,大别山地区处在一片白色恐怖之中。为了避免更大损失,在中共组织的指示下,各级动委会、工作团中的进步分子,包括五战区政工队中的革命青年和已经暴露身份的中共党员计3000余人,安全地撤到苏豫皖、皖中、皖东等新四军抗日根据地。这时朱子帆任省临时参议会秘书长,加上他在国民党里一些老关系,特务们尚不敢随便逮捕他。经周新民的妥善安排,他继续留下,以掩护进步人士转移和留下来的中共秘密党员的活动。

不久,李品仙免去了朱子帆国民党安徽省党部委员的职务,开始监视他的行动。在这种处境下,朱子帆一面运用社会关系,联系国民党中左派分子,公开承认自己与CC系有矛盾,一面制造并扩大新桂系与CC系之间的矛盾。由于他较好地运用了这一策略,使李品仙逐渐改变了对他的看法,要他兼任改组后的省动委会的书记长。1943年12月,中共地下党员史迁、詹运生在立煌古碑冲附近张家湾被国民党特务杀害,朱子帆与党的联系中断。后来几经周折,始与皖中行政公署副主任唐晓光(中共党员)及顾训方(中共党员)取得联系,继续为党工作。

1945年5月,国民党在重庆召开第六次全国代表大会,朱子帆被安徽选为代表出席。在重庆经朱蕴山介绍,见到了王若飞同志[①]。王若飞鼓励他仍回皖工作,要他以自己特殊身份,为国家和人民多做一些有益事情。朱于散会后,即乘机返皖安心工作。

---

① 参见《无为名人》。

解放战争建殊勋

1945年,朱子帆任安徽第九专区(设巢县)专员兼保安司令,省戡乱委员会第二大队长等职,但他却迟迟不肯就任,经与唐晓光商量后才就任。1946年,朱子帆当选国大代表。次年,他辞去安徽一切职务,竞选立法委员并当选。在此期间,他利用新桂系和CC系之间的矛盾,联络安徽进步人士陶若存、程中一、陈天任等,以省参议会为基础,发起组织安徽建设研究会,提出"争取民主,反对专制,提倡生产,肃清贪污"的口号,对打击CC系起了一定作用。同时在立法院还多方了解情况,搜集情报,向南京中共秘密党员陈良(白沙)汇报。

1948年底,淮海战役进入决战阶段,安徽解放指日可待。朱子帆一面积极联络安徽各地开明人士和进步青年,迎接解放;一面做国民党军队的策反工作,并争取一部分保安团及国民党九十六军起义。同时,动员安徽各县县长掩护中共秘密工作人员,保护工厂、仓库,还协助党在芜湖建立秘密电台,为解放军渡江作出了积极的贡献。

1949年3月,国民党安徽省政府在屯溪改组,朱子帆任省府秘书长。经请示陈良、方向明等同志后,他由南京回屯溪任职。不久,大军渡江,安徽保安第五旅旅长王汉昭率部起义,朱与王关系密切因而受到怀疑,被张义纯(国民党安徽省主席)派军队挟持南逃,至浙江淳安因遇解放军始告脱

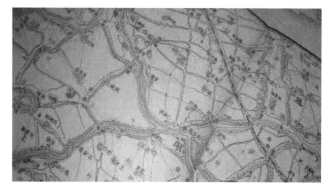

1949年,朱子帆策反国民党官员储文明献交电台,组建皖西第四军分区地下电台站,由朱子帆夫人沈绍侠担任联络、译电和传送情报,秘密为配合大军渡江服务,直至芜湖解放

险。后在徽州军管会胡明、熊兆仁等同志指示下,回屯溪协办国民党省政府的移交接收工作。

新中国成立后,朱子帆先后担任芜湖德安中学校长、皖南行署委员、皖南人民政治协商会议副主席、华东军政委员会委员、安徽省人民委员会委员、民革安徽省分部筹委会委员兼秘书主任、安徽省交通厅长、民革中央委员、民革安徽省委员会副主任、安徽省政协副主席等职。1967年6月,因病医治无效,在合肥逝世,享年69岁。

（作者单位:无为市人大常委会）

何谦堂:谁云配角是庸才

丁以龙

何谦堂,1892年11月出生于无为县城。1912年担任城东初级小学校长,声誉日隆。在其弟何际唐的影响下,同情与支持革命活动。1938年夏初,他临危受命,被任命为凤凰颈稽征处主任。1944年7月何谦堂正式来到皖江根据地,被推举为无为县参议会参议长。1949年初随解放大军南下,5月被任命为合肥二中校长,后在教育多岗位勤奋工作。1958年底被选举为市政协副主席、市

何谦堂

人民政府副市长,并兼任市农工民主党主任委员。1978年12月,何谦堂以87岁的高龄光荣地加入了中国共产党,实现了他的夙愿。

书香世家　声誉芝城

何谦堂,1892年11月出生于无为县城的一个塾师家庭。祖父何晴峰、父亲何裕如及叔叔均为地方塾师。何谦堂自幼即随祖父读书,1908年入无为县立高等小学学习,1910年毕业。父亲本欲送他继续升学,但因其祖父突然去世,家境一时陷入困境,只好辍学。在父亲的帮助下,何谦堂于1912年秋在城关谋得一小学教师职位,并担任过城东初级小学校长。此后何谦堂又到多家坐馆,担任家庭教师。由于其尽心竭力,认

真负责,因而教学效果明显,声誉日隆。

　　1921年,无为教育界前辈卢仲农先生的夫人潘世琳在无为创办县立女子高等小学,特聘何谦堂为学校教员。1928年秋,柏文蔚先生在家乡寿县柏家寨创办寿县初级中学,闻何谦堂大名已久,多次派人来无为,聘请何谦堂为教导主任。后校长柏月川(柏文蔚长子)病故,何谦堂实际主持了校务。

何谦堂国文功底深厚,所作诗词意境悠远。张恺帆为其辑录的诗词书目题签

　　何谦堂的三弟何济唐,20世纪20年代中期,在芜湖上学时就秘密加入了中国共产党,后长期在芜湖、无为等地从事地下革命工作。在其影响与帮助下,何谦堂思想日趋进步,同情与支持弟弟从事革命活动,并多次不惜重金营救其弟弟出狱。其长子何成也在叔叔的影响下参加了革命。

国难当头　为民出力

　　1938年春,日本侵略军侵占皖中地区。中国共产党领导的新四军江北游击纵队在皖中地区坚持敌后抗战。是年夏初,进步人士胡竺冰当选为无为县县长,吕惠生任县政府秘书。为了支持与帮助在无为等地坚持抗战的新四军游击纵队,县政府设立了四个货物稽征处,以开辟财源,何谦堂临危受命,被任命为凤凰颈稽征处主任。

　　无为等地的抗日力量与日俱增,引起了军阀李品仙的恐惧与忌恨。为了排挤和消灭无为境内的新四军游击队及其领导的武装力量,1940年初,李品仙派遣了大批特务前往无为,准备通过扫荡的方式清洗共产党人和进步人士。在无的共产党人和进步人士纷纷逃离无为。

1944年7月,何谦堂当选无为县参议会参议长,图为参议会民主选举

何谦堂的三弟何际唐和长子何成都是共产党员,此时也被迫离家。何谦堂在无城处处受到监视,处境艰难,只能去无为乡下继续教私塾。

1941年,国民党顽固派悍然发动震惊中外的皖南事变,血腥屠杀新四军指战员。一部分新四军将士突围到江北,与一直坚持在皖江地区进行敌后抗战的新四军江北游击纵队会合。于该年5月在无为成立了新四军第七师,继续坚持敌后抗战;同时成立了由进步人士吕惠生任县长的无为抗日民主政府,次年成立皖中行署,并成立了皖中参议会。那时,何谦堂的老朋友吕惠生多次邀请何谦堂出山,要他参与到革命中来,为抗日民族统一战线出一份力。何谦堂亲眼看到共产党、新四军坚决抗日,民主政府处处为人民谋福利,发展生产,减租降赋。一些共产党员还多次去看望他,向他通报目前的战争形势。何谦堂先生欣然受聘担任参议员。1944年7月,何谦堂正式来到皖江根据地,担任根据地联合中学教员,并被推举为无为县参议会参议长。

抗日战争胜利后,根据当时国共两党达成的协议,在皖江地区的新四军第七师及其皖江行署党政人员除少数人员留下来坚持开展游击斗争外,3万多人于1945年9月底至10月初分三批撤往山东解放区。何谦堂未及告诉家人,就随新四军第七师大部队撤离了无为,先是撤到江苏淮阴地区,在淮阴停留一段时间后继续向北撤退,一直撤到济南的故城红庙。离开故土,何谦堂也恋恋不舍,但为了保存革命力量,他听从党的安排,一切要从大局考虑。

新四军第七师主力撤退后,国民党反动派卷土重来,勾结当地土豪劣绅疯狂屠杀、迫害共产党人及革命群众。何谦堂的妹妹何瑞唐和原配夫人吴德芳先后被国民党逮捕,吴德芳最终被迫害致死。

讲坛政界　追求卓越

1949年初,随着人民解放战争的节节胜利,遵照中共中央指示,原皖江地区的党政干部随解放大军南下,准备接管皖江地区的政府工作。3月,何谦堂先生随解放大军回到了安徽,5月被任命为合肥二中校长,重新回到教育岗位。后来,合肥学校布局调整,何被调往合肥一中任副校长。

新中国成立后,百业待兴,各地人才紧缺。1951年春,巢湖创办师范学校,组织上调何谦堂为该校校长,负责学校的搭建创办工作。何受命后,多方奔走,积极呼吁。经过一年多的努力,学校初具规模。孰料,1953年省教委一纸指令,学校迁往西乡黄麓。黄麓地处偏远农村,很多教职工不愿意前往。何谦堂以大局为重,反复动员,积极做好教职员工的思想工作,晓之以理,动之以情,使大多数员工服从组织安排,学校得以很快恢复与发展。

1957年春,何谦堂先生回到合肥,任合肥师范学校副校长,次年底被选举为市政协副主席、市人民政府副市长,并兼任市农工民主党主任委员。从1954年起,他还先后被推选为一、二、三、五届全国人民代表大会代表和一至五届省人民代表

1954年9月,何谦堂当选第一届全国人大代表,赴北京出席会议

大会代表。

此时的何谦堂已年过六旬，但他仍然以旺盛的精力投身到工作中去。作为政府分管文教工作的副市长，他经常深入学校、医院了解情况，解决基层单位的困难与问题；作为人民代表，他忠实地履行着自己的职责，积极反映情况和提出建议；作为民主党派的负责人与政协副主席，他积极贯彻党的统一战线方针、政策，团结各民主党派与各界民主人士，共同为国家建设献计出力。他生活俭朴，对自己及子女要求严格，处处注意自己的言行，不搞特殊化，因而在我市教育界和民主党派成员中享有较高的声誉。

1978年12月，何谦堂以87岁的高龄光荣地加入了中国共产党，实现了他的夙愿。何谦堂先生分别于1950年、1961年、1978年申请入党，至此终于如愿以偿。在支部大会通过他的申请时，这位经历三个时代的老人激动得热泪盈眶，详细地表述了他对党的认识，决心像周恩来总理那样"活到老，学到老，工作到老"。

1979年8月，何谦堂先生在合肥病逝，终年88岁。时任中共合肥市委第一书记郑锐在追悼会致悼词说："何谦堂同志对共产主义事业始终坚信不渝，年愈老而志愈坚，以高标准要求自己，积极争取入党。在他87岁高龄的时候，实现了自己的夙愿，光荣地加入了共产党，终于从一个爱国知识分子成长为无产阶级先进分子。"

（作者单位：无为市人大常委会）

吕惠生：丹心昭日月　浩气贯长虹

叶悟松

吕惠生(1901—1945)，1901 年出生于无为县十里乡吕巷村。1928 年毕业于北京农业大学农艺系。1942 年加入中国共产党。在淮南抗日根据地津浦路东任苏皖边区各县联防办事处科长、仪征县长、津浦路东联合中学校长、无为县长和皖中行政公署主任等职。1945 年 9 月新四军北撤时，不幸被捕，同年 11 月在南京郊区江宁镇六郎桥壮烈牺牲，时年 44 岁。

吕惠生

少年立志

吕惠生小学毕业后，报考了安庆第一甲种农业学校。在农校，他是同学中的佼佼者。吕惠生认为要学习国外先进农业，靠农业救国，自己所学的知识，还远远不能满足需要。1922 年夏，他不顾长途辗转辛劳，赴北京报考国立农业专科学校。吕惠生以优良的成绩被录取。他十分珍惜这来之不易的学习机会，孜孜不倦，刻苦攻读。在学习期间，学校改制为国立农业大学。

吕惠生在农大读书期间，正值第一次国共合作，轰轰烈烈的大革命如同一场暴风骤雨，冲击着中国这一潭死水，吕惠生时刻关注着这场革

命的进展。1924年11月,孙中山到了北京,左派国民党人空前活跃,吕惠生也卷入了时代的激流。他"平生只习自然科学,自是才开始看社会科学类的书"。"为首一书,乃三民主义……三民主义论民族篇中精彩之处,使我流泪。"对孙中山著作的研读,使吕惠生很快接受了资产阶级民主革命思想。在大革命的高潮中,吕惠生由同学黄人祥、卢光楼介绍,加入了国民党。黄人祥是安徽六安人,是中国共产党农大农艺系支部书记,卢光楼是吕惠生的同乡,也是共产党员。所以,吕惠生所在的国民党小组,实系共产党小组。

激流勇进

1926年秋,在外求学归来的吕惠生被选为国民党县党部秘书。临时县党部积极开展支持北伐战争的宣传活动。在共同的斗争中,吕惠生结识了无为县早期著名共产党人宋士英、邓逸渔、何际唐等。在日久交往和谈吐中,吕惠生开始接触到一种比孙中山的三民主义更合理更光明的新思想——共产主义思想。

1927年3月,北伐军开进无为,左派国民党县党部转入公开活动。根据北伐军的意见,县党部与各界人士多次协商,成立了一个由5人组成的"无为县临时行政委员会",行使无为县一切职权。胡竺冰任主任委员,吕惠生被任命为委员兼第一科科长,参与执掌无为县革命政权。

不久,北伐军离开了无为。接着蒋介石背叛革命,策动了血腥的四一二反革命政变,并下令各地"清党",大肆逮捕共产党员。

1927年4月下旬,无为县反动势力发动武装政变。封闭了县党部,逮捕了县党部工作人员,解散了县行政委员会,并下令通缉胡竺冰、吕惠生等4名县行政委员会委员,破坏和禁止工会、农会等群众组织的活动。胡竺冰、吕惠生事先得知这一信息后,携带县府大印连夜翻越东门城墙,过江到芜湖找北伐军联系,但大势已去,时局无法挽回。轰轰烈烈的大革命失败了,无为和全国一样,又处于国民党新军阀的反动统治之下。

火种播校园

在五四以来新文化、新思潮的影响下,无为中学部分学生为了追求进步,追求光明,于1927年底在校内发动了轰动一时的"择师运动"。中共无为地下党组织因势利导,在校成立了学生会,组织学生阅读进步书刊,向他们传播革命思想,团结了一大批进步青年师生,学校形成了一股进步力量。在学生坚持12天的罢课斗争后,校长金唤狮终于被迫"辞职",学生们又趁势驱逐了几名很坏的教师,并提出"拥护吕惠生来校任校长"(这时吕惠生的通缉令已被撤销)。当局迫于学生运动的压力,只得任命吕惠生为无为中学校长。他上任后,召开会议,摸清情况,整顿校纪校风,支持学生进步活动和正当要求,补充了一批进步教师,至此无中一场"择师运动"大获全胜。

铲平崎岖为人民

1929年,无为沿江圩区发生水灾,粮食歉收。一些地主勾结外地粮食贩子将粮食贩运出境,以牟取暴利,致使新谷登场时粮价上涨,人心波动,一场严重的粮荒迫在眉睫。在我地下党组织领导下,人民群众展开了禁粮外运的斗争。吕惠生联络了一批开明人士,挺身而出,仗义执言,支持群众的斗争,终于迫使粮食贩子将抢购来的一批粮食以平价就地出售,一时人心稳定,同声赞扬吕惠生为

洗心亭

群众办了一件大好事。

此后一段相当长时间,吕惠生以教书为业,在凤阳女中、池州乡村师范、南京安徽公学等校从事教师工作。1934年,他又回到了家乡,在无城办起了濡江书店,自任董事长,经销些进步书刊,向广大群众传播爱国主义思想和共产主义思想。

1935年,吕惠生出任无为县建设科长期间,一次县府会议决定在东门外公有土地上盖一座汽车站。地方豪绅宋、杨两家多年非法霸占着这块土地,并在公地上建房筑室,自成小天地。得知这一信息后,两家豪绅凑了200块银圆偷偷送到吕惠生家,请他"通融"一下,取消这项决定。吕惠生向来对这种贿赂行径深恶痛绝,不但坚持要两家豪绅拆房让地,并将这些贿赂钱在无城观震潮东塘边盖了一座茅亭,题名为"洗心亭"。并作诗一首以表达自己的心志:

孽孽货利已根生,哪得人人肯洗心。

只有铲除私有制,人心才可不迷金。

吕惠生这种不媚权贵、不畏强豪的高尚品格,当时是很难容身于世的。不久,他又被迫挂冠辞职了。

投身抗日救亡运动

七七事变后,民族危机日益加剧,吕惠生毫不犹豫地投入了抗日救亡运动,他办起了《无为日报》,自己经常撰稿,大声疾呼地宣传群众起来参加抗日救亡运动。自己还积极主动地参加了无为县抗日动员委员会工作,主动与共产党新四军联系。

1938年,吕惠生与中共无为县委书记胡德荣同志接上了联系。自此,吕惠生心中透出了一线曙光,在共产党身上,他看到了国家的前途,民族的希望,对抗战充满了胜利的信心。他曾书联抒发自己的宏大抱负:

八千里路江山,方共策同筹,收拾平章臻上理;

四百亿兆意志,看磨金炼铁,开张挞伐靖群妖。

抗日战争初期,无为县成立了县常备队。这支军队名为抗日自卫,实质上是一支官办武装。为了把常备队改造成一支真正的抗日队伍,吕惠生利用他当时县政府政训处主任的合法身份,把胡德荣、何际堂、周心抚、阮振础等10多位共产党员安插到政训处和县常备队的五个中队里从事政工工作。经过大量的艰苦细致的教育整顿,使常备队改造成一支共产党领导的抗日武装,在抗日战争中发挥了一定作用。抗战前夕,新四军江北游击纵队开始初创,武器给养十分困难。吕惠生运用他的社会地位和影响,四处奔走募捐,筹集粮饷弹药,帮助新四军江北游击纵队发展与壮大。

壮志得酬

1940年,国民党安徽省政府密电无为保安司令吴少礼逮捕吕惠生,当时无为县长李天敏素与共产党有联系,得知这一消息后,及时派人通知吕惠生,叫他逃走。第二天吕惠生即与妻子沈自芳借口去城外给母亲上坟,携带四个儿女连夜投奔恍城新四军江北游击纵队,被临时安排在游击纵队指挥部印刷厂工作。从此,吕惠生与共产党安危与共,风雨同舟。

1940年4月,国民党反共加剧,新四军江北游击纵队在无为照明山战斗失利后,新四军江北指挥部电令游击纵队撤往淮南、津浦路东根据地,这时吕惠生偕同妻子及长女吕晓晴、长子吕其明、次子吕道立、次女吕学文全家六口也随部队行动。4月底,部队终于到达淮南路东根据地来安半塔集驻扎下来。

吕惠生当即被淮南抗日根据地路东各县联防办事处任命为文教科长,不久,调任仪征县长。同年9月,吕惠生再调任路东八县联办的半塔联合中学副校长(方毅兼任校长)。

1941年4月,皖南事变后,新四军部分突围部队由白茆洲大套沟过

江到达无为,后奉命和江北游击纵队组建新四军第七师,开辟皖中根据地,吕惠生奉调回无为任县长。临行前,在新四军军部受到了陈毅的接见。陈毅送给他一支漂亮的德国造的小手枪,并勉励他积极组织群众抗日,认真做好民主政府各项工作。并集中主要精力从事根据地的水利建设工作,皖中根据地最大的一项水利工程——黄丝滩长江大堤退建工程,就是他领导兴建的。黄丝滩位于长江北岸,是无为县境内东乡一段江堤,据史料记载,自明末以来近300年间,大堤曾决口96次,严重地威胁着皖中地区人民生命财产的安全。为了根除这一水患,我皖中区党委和皖中行署联合作出决定,委派吕惠生主持兴修这段黄丝滩大堤。成立了黄丝滩工程委员会和工程局,先后动员了无为、临江、湖东、巢含等地区民工21万人。1943年11月底动工,至翌年5月初竣工,实际工作110天,费工100万个,挑土40余万方。江堤全长13华里,高2丈,堤脚宽12丈,成为保障舒、庐、无、巢、合、和、含七县200万余人民生命财产安全,使300余万亩良田免遭水患的牢固屏障。在恶劣的战争环境下,建成大堤,这不能不说是个奇迹。

为了表彰吕惠生在兴建大堤中的卓越贡献,皖中根据地的党和人民决定将大堤命名为“惠生堤”,给予吕惠生崇高的荣誉。当时,新四军第七师政委曾希圣在庆祝黄丝滩新堤落成时,热情洋溢地指出:“这是皖中劳动人民的惊人奇迹,更是敌后水利建设中的一个新创造、新纪录。”华中《大众日报》和延安《解放日报》都报道了黄丝滩大堤胜利竣工的消息,表扬皖中抗日根据地民主政府领导人民所做的出色工作。除了退建黄丝滩大堤工作外,皖中抗日根据地所进行的较大的水利工程项目,还有无为县三闸——季家闸、程家闸、黄树闸的改建以及和县境内的新桥闸的修建等,吕惠生都为之倾注了大

1944年4月6日,吕惠生填写的“干部履历鉴定书”封面

量心血。

在根据地的财政经济、文教卫生等各项政务中,吕惠生也做了大量工作。兴办了小型工厂,如被服厂、卷烟厂、印刷厂、修械所等,积极发展商业贸易,成立了人民自己的金融机构——大江银行,发行了大江币,保护了根据地人民自己的切身的经济利益。在搞好生产、发展贸易的基础上合理地征粮征税,在经济上做到自给有余,不但保证第七师军队的军需供应,还向苏北新四军军部源源不断地提供数量可观的钱财物资。

当时战争环境是非常恶劣的,但皖中根据地还恢复和创办了一批中小学、农民夜校、识字班、冬学,积极提高根据地人民思想文化水平。

吕惠生对党、对革命无限忠诚,他夜以继日地工作,政绩斐然。但他却非常谦虚谨慎,从不居功自傲。总觉得党和人民把他推上如此重要的领导岗位,而他对革命却出力太少。他在1945年2月13日的日记中写道:"我深深知道,我是很不够格地来担任这么一个名义和职务,党和首长们对于我,总算是特殊又特殊,我再不加紧报以工作,我也是没心肝的……生命只有一条在此,干吧!鞠躬尽瘁,死而后已。"

为国捐躯

1945年9月,皖中抗日根据地党政机关和新四军第七师均奉命北撤,吕惠生因病不便随军行动,带着家属和警卫员等10余人,从无为姚王庙码头坐船由长江水路向苏北六合进发,当船行至和县西梁山江面时,被汪伪无为县长胡正刚部截住,先敲诈勒索一笔保释费后,释放了家属,吕惠生和参谋王惠川则被关进江宁县六郎桥监狱。在狱中他们受尽了折磨和摧残,不久王惠川壮烈牺牲。敌人使用种种花招来威胁利诱吕惠生,而吕惠生丝毫不为所动。1945年11月13日,敌人终于对吕惠生下了毒手,吕惠生从容就义,为国捐躯。

新中国成立后,中共皖北区委和皖北行署以极大的关怀,历经周折,

1946年5月1日,新四军第七师司令部、政治部在山东枣庄附近的驻地陶庄,召开吕惠生烈士追悼大会

中央人民政府颁发的"革命牺牲工作人员家属光荣纪念证"

终于找到了吕惠生的遗骸。1949年10月,皖北行署专门派了一艘小轮至江宁县运回烈士遗骸。吕惠生的遗孀沈自芳和子女吕其明、吕晓晴也随船同行。回无为时,出城迎接灵柩的人不计其数。无为县人民政府决定将烈士安葬在风景秀丽的绣溪公园内,供皖江人民世代瞻仰悼念!

（作者单位:中共无为市委史志研究室）

芟宗商:秀才奋起 闻名乡里

张长维

　　芟宗商(1896—1976),安徽泗县人,幼时受过私塾教育,后求学于南京上江实业学校。1921年毕业于泗县甲种师范讲习所,先后任大庄小学教师、校长。1926被推举为泗县七区自卫团团总,1931年至1937年加入"安清帮",借以发展实力,成为有名望的开明士绅,1938年任四区区长。1940年3月参加革命,42年加入中国共产党。曾任皖东北抗日民主专署粮食处副处长。泗灵睢县县长,苏皖边区第七专属第二副专员,江淮第二专属副专员,华东支前司令部粮食部蚌埠储运处处长,皖北储运处主任。新中国成立后任长江下游工程局长,长江流域规划办公室秘书长。1958年奉命组建农业部水电部漳南局并任局长。曾任安徽省人民委员会参事室主任等职,1972年离休回泗城,1976年元月病故。

　　芟宗商,泗县北部芟圩人,原名锡琏,又名路沙。

　　1896年12月12日,他出生于名门望族之家,叔兄伯弟中排行老九,其父雅号"老立",晚清文秀才,闻名乡里。

　　芟宗商幼时,受过私塾教育,聪敏好学,后求学于南京上江实业学校。1921年底毕业于泗县甲种师范讲习所,任过大庄小学教员、校长;时逢乱世,草寇蜂起,打家劫舍,生民涂炭。因芟宗商生性刚正,深孚众望,1926年初被推举为泗县七区(四山)自卫团团总。其间,秘密中共党员王侠民在四山团练局从事文书工作,往来的地下党员多食宿于此,徐海蚌特委巡视员陈新然便是常客。芟宗商与王侠民、陈新然相处甚厚,故

1930年夏泗县石梁河农民暴动中,国民党泗县县长张海洲令芡宗商率部参与镇压,芡宗商却巧与周旋,未从其命。农民暴动失败,县行委书记丁超伍等8人于唐沟一带被捕,押至四山团练局,应王侠民请求,芡宗商将他们暗中释放。

1931年至1937年,芡宗商在家闲居。此间,他加入"安清帮",借以发展实力,成为泗北有名望的开明士坤。自与秘密中共党员许步伦、许辉往来后,受其影响,他茅塞顿开,方从苦闷彷徨中惊醒。七七事变后,他毅然写信,要其在北大求学、婚期已定的独生子芡献境及表侄周士桥(字公轩)去延安抗大学习,可见其爱国热忱非同寻常。

1938年初,国共合作抗日在皖东北已见端倪,中共党员戴季六、朱伯庸、刘沛霖等在国民党泗县政府中发挥着重要作用。芡宗商出任四区区长,执政一方,以清廉自许。

1939年6月,芡宗商在灵璧县长许志远部任财政科长。7月,张爱萍、刘玉柱分别以八路军高级参谋和新四军游击队政治部秘书的身份,由豫皖苏边区化装来到津浦路东,开展统战工作,创建皖东北抗日民主根据地,途中巧遇芡宗商,芡宗商尽力为他们提供帮助。是年冬,依据芡宗商的情报,鲁豫支队七大队孙象涵部在泗北大庄西边一带,将坚决反共的许志远部包围,一弹未发而将其2000余人马全部缴械。

在共产党人的影响下,芡宗商由一个旧民主主义者逐渐转变为一个赞同并进而完全接受共产党的学说、主张的人,其变化是深刻而又显著的。国民党的腐败无能,日本帝国主义的侵略,泗城沦陷,以及救国救民的愿望,这些因素使他认清了形势,日益向共产党靠拢。泗北大地主张海生当了汉奸后,在芡圩子一带建立伪乡政权,请芡宗商命名。芡宗商提笔写了"修仁"二字,意思是说"你张海生认贼作父,为富不仁,应当修仁"。但张海生未察其意,竟将"修仁乡"的名字一直用到自己完蛋时为止。

1940年2月29日盛子瑾出走后,3月24日在青阳镇成立了中共直接领导的皖东北抗日民主政权,由张爱萍、刘玉柱引荐,芡宗商正式踏上了革命征途,出任淮北行署财粮处副处长。1942年1月9日,由淮北行署副主任刘玉柱、淮北区党委组织部部长吴植椽、宣传部部长张彦共同介绍,经淮北区党委书记邓子恢批准,芡宗商加入了中国共产党。年底调任泗灵睢县长。

当时,泗灵睢县处于开辟的初期阶段,尚无自己的地盘。境内敌伪顽匪的据点林立。共拥有武装万余人枪,且各有其政权作依托;而泗灵睢县只有百余人的武装,屈指可数的几个干部,求得立足的关键在于统战工作能否成功。芡宗商在泗北一带,不但在群众中有良好的影响,而且在上层人士中也有很高的威信。特别是他在地方任过团总,又曾是安清帮的老头子(念二),因此地方实力派、土匪、三番子等大小头目,对芡宗商均有些特殊关系,仰畏甚笃。这样,芡宗商便可利用他的特殊身份开展活动,使泗灵睢县的开辟工作进展顺利,减少损失。芡宗商到任后,集中力量,先做土匪的转化工作。他首先对土匪头子朱士林进行教育争取,朱表示对共产党在三侯家一带立足和开展工作,不反对、不扰乱,并保证提供方便。继而芡宗商又介绍泗灵睢县司法科长丁汝琛去拜三番头子王雨辰为师,开展统战工作,亦获成功。不久,泗灵睢县即建立了第一个公开政权——灵泗区,丁汝琛任区长。

1943年1月12日,芡宗商在淮北区党委所在地、泗南县的张塘转为中共正式党员。从此,他斗志更坚。3月,伪顽合流的和平建国军团长曹老五部扩大武装,重修据点,阴谋反共,组织决定让芡宗商深入虎穴,到高集与曹老五谈判,进行争取和分化瓦解工作,但曹老五出尔反尔突然违约,拒绝见面,并要枪毙芡宗商。后经人向曹晓以利害,他只好放掉芡宗商。此后,芡宗商便与县委书记李任之商定了"歼曹计划"并报请四师主力协助。6月25日夜半,新四军四师十一旅三十一团一营、骑兵五大队一部,配合泗灵睢县独立大队,在滕海清统一指挥下,进入了伏击阵地。日出时分,果见曹部于曹圩子东门外操场上集合。这是芡宗商安插

在曹部的我方"内线"人员事先约定好的借操练之名,将曹部引出据点。顿时我方发动攻击,往灵璧方向突围之敌恰好又撞到我骑兵的怀里,里应外合,一举将敌全歼。曹老五被骑兵砍掉半个脸死去。泗灵睢腹地除此大害后,乘势建立了濉南、濉北两个区的抗日民主政权。

1944年3月6日夜,泗灵睢县独立大队配合四师九旅二十五团,攻下伪屏山区长张绍同据点后,盘踞在水牛刘家据点的伪泗县二区区长刘树西部百余人,惊恐万状。泗城日军派伪大队长曹兴才部,前往进驻增援。曹部仗势欺压刘部,矛盾很深,苌宗商洞察此情,写信派人送往"劝降",吓得刘树西边派人向苌宗商、李任之联系,边把兵权交给区队长张兴礼,而他自己却借口向日军求援躲进了泗城。接着苌宗商派地下情报员许开金去张兴礼处开展工作。利用其私欲,唆张偷卖军粮40石、枪支若干给共产党。此事被鬼子察觉后,要严惩张兴礼。张兴礼向许开金求援。许说:"要想活命,只有去找苌宗商。"张兴礼只好就范,答应了苌宗商提出的条件。3月13日拂晓,四师九旅二十五团派12名侦察员,借伪据点加固工事之机化装成民工,混入水牛刘家伪据点。当夜11时主力部队到达,里应外合,未伤一兵一卒即占领了伪据点。同年打下夏圩据点,消灭伪睢宁三区区长夏默林部,也是苌宗商通过关系智取的。此后,攻克朱吊桥,河涯徐家伪据点,以及全歼伪睢宁特别区区长邱锡康部等等,都有苌宗商的智慧和精心的安排。

苌宗商当时年已47岁,可以说是长者。但他对年仅24岁的县委书记李任之却很尊重,相互支持,合作共事,光明磊落,忠心耿耿,同心同德地奋战在这块斗争异常尖锐复杂的地区。这是开辟泗灵睢县工作取得胜利的重要因素之一。尤其在隐蔽游击时期,苌宗商作出了别人无法取代的特殊贡献。建立公开政权后,他在群众中的威望和影响所产生的能量也是很大的。1944年11月13日,泗灵睢县抗日民主政府在陶宅子召开了参军动员大会。成立县"独立团",苌宗商作动员报告后,当场即有470人报名参军,并献出长短枪250支、小炮1门、子弹300排、手提式机枪1挺,真可谓"一呼百应"。数日内扩军1100名,超额完成了上级下达的任务,涌现出许多先进典型,《拂晓报》曾载文表彰。

1945年9月15日,邓子恢代表淮北区党委在大庄宣布,提任芟宗商为华中第七行政专员公署副专员(驻泗城)。

革命的需要就是芟宗商的奋斗目标。解放战争开始,1946年8月泗城失守后,他随部队撤到山东,先后任鲁中渤海支前司令部粮食部副部长,南下干部大队长,江淮二专署副专员(1948年),华东支前司令部蚌埠储运处处长,皖北行署财政副处长,为部队的胜利进军做了大量的后勤工作,贡献很大。

新中国成立后,1950年4月1日任长江水利委员会下游工程局局长(住南京),1955年5月,改任南京浦口下关护岸工程指挥部副指挥长,1956年7月工程完成,调任长江流域规划办公室秘书长(住武汉)。1958年,芟宗商调任漳渭南水利管理局局长(住德州)。因为这里涉及山东、河北两省的几个地区,经常出现水利纠纷。芟宗商妥善处理解决了许多矛盾。1959年调任福建省省政府视察室副主任。革命需要他上上下下,辗转奔波,他都毫不犹豫地服从组织安排,不讲条件,不计地位,战争年代是这样,和平时期也是这样。在合肥工作期间,身为高干,他只住两间小房子,两面靠马路,一面靠厕所,拥挤得连保姆的一张小床也无法安放。但他从未向组织提过要求,也没发过怨言。"文化大革命"中,当安徽省委书记处书记李任之遭到批判时,他多次痛心流泪,四处奔走鸣不平,并将其箱笼转移到自己的陋室,代为保藏,为此而受株连,也遭到批判。后来,他的夫人佴国英含冤入狱时,很多战友要他去找已任省革委会副主任的李任之,设法营救。但他始终没有那样做,反而劝阻战友说:"任之太忙,要体谅他的难处,不能给他出难题。至于小佴受冤的事,相信党的政策好了。"很多战友为之感动。

芟宗商于1972年离休回到泗城,1976年元月病故,安葬于泗城东公墓。中共安徽省委副书记、革委会副主任李任之,淮南市委副书记、革委

会主任段金波，安徽省革委会行政组组长陈元良，福建省三明军分区副司令员甄学奎等当年的战友，从全国各地赶来，参加了追悼会。韦国清发来唁电，表示沉痛哀悼。

1987年3月16日至19日，安徽省人大常委段金波、安徽省政府视察室主任黎涛、北京市财贸政治部主任崔绪龙、中国科学院大气物理研究所党委书记苏甫（索天桥）、上海市闵行区委书记石峰、两淮煤炭指挥部副总指挥柏瑞秀等同志，在皖北矿务局开了座谈会，满怀激情地回忆苌老在开辟泗灵睢斗争中的业绩，畅谈其一生中不平凡的战斗历程，对他作出了公正的评价：

苌宗商由一个乡间士绅、爱国爱民的旧民主主义者，逐步转变成坚定的马列主义者，走过了一段艰难而又光辉的路程。他坚信马列主义、毛泽东思想是治国救民的法宝，坚信只有社会主义才能救中国，并处处身体力行，为之奋斗不息。

他是统战工作的模范。他执行党的统战政策，既坚持原则又灵活机动，讲究方法，善于运用各种复杂的社会关系为革命服务。

他是党内外一致尊重的长者。他主持正义，平等待人，谦虚，和蔼可亲，立党为公，对外来干部和当地干部一视同仁。他曾想尽办法，从日寇狱中救出吴渤同志，大家至今提起此事仍赞不绝口。

苌宗商是多面手，能文能武，博古通今，书法刚劲流畅，演说生动有力。淮北行署主任刘瑞龙曾多次赞扬过，说他语言精练，话不多而有分量，能够激荡人心。打仗也是内行，攻打朱大桥伪据点设置的"口袋阵"，部队就是采纳他的建议获得胜利的。

苌宗商尊重人才，善于发现、培养人才。先后在他部下工作的同志，许多都成长为各级领导干部或专业人才。他为革命贡献了一切，包括他的独生子苌征（即苌献境，后任四野某团政治部主任，解放天津时牺牲，墓葬在石家庄烈士陵园）、侄儿苌献长和亲戚许坤、许静、金崇德等，都为革命献出了宝贵的生命。

　　苌宗商艰苦朴素，平易近人，正直无私。许多老同志回忆说，他自入党后处处严格要求自己，数十年如一日，从来不搞特殊化。抗日时期生活艰苦，他多次卖掉自家的土地给战士们改善生活，帮同志们解决困难。他离休回泗时，正值泗县化肥厂建厂时刻，得知资金短缺，主动带头捐出6000元；1974年又花15000元买台铁牛55型拖拉机，赠给苌圩大队，支援家乡的农业生产。到他1976年去世时，已倾尽囊中所有，为革命、为人民可谓"完全、彻底"了。

　　苌宗商永远是后人学习的榜样。

李辛白：中国白话文的先驱

叶悟松

李辛白(1875—1951)，白话文的倡导者。原名修隆，字燮，号水破山人，安徽无为湖陇人，清末拔贡。少时师从邑人方澍。是我国推广白话文的"开山老祖"。一生致力于教育事业。

李辛白

求学立志办教育　推广白话报刊第一人

李辛白于1901年考入南京高等警官大学堂。1904年参加柏文蔚、陈独秀等在芜湖组织的岳王会。1905年就读于日本早稻田大学，是中国同盟会首批会员。1907年受同盟会派遣，回国从事革命活动。1908年在上海创办《白话日报》，被胡适推崇为我国推广白话文的"开山老祖"。1911年11月任芜湖军政分府民政

1917年，李辛白任北京大学庶务主任，编辑出版《每周评论》《新潮》，宣传进步思想

长,不久在芜湖创办《共和日报》。1912年任安徽省警察厅长。1913年任北京政府教育部佥事。1917年任北京大学庶务主任,两年半后任出版部主任。编辑出版了介绍俄国革命和工人运动方面的书籍及《北京大学日刊》《北京大学月刊》《每周评论》《新潮》等重要刊物。五四运动爆发时,他组织编印的2万份《北京学界全体宣言》,是当天发出的唯一传单。6月11日,陈独秀在北京被捕。他积极参与各种渠道的营救活动,曾与王抗五教授代表北大教职员前往探监和慰问,并在《每周评论》上发表了《怀陈独秀》的白话

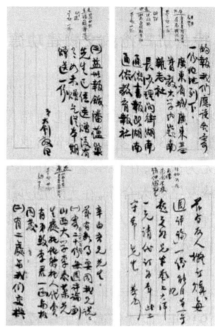

李大钊致李辛白书札

诗。8月在北京大学创办的《新生活》周刊,是五四时期著名的小型通俗刊物。蔡元培、陈独秀、李大钊、胡适等都积极为该刊撰稿。仅李大钊一人就在该刊发表了60多篇文章,在国内及日本、南洋等地拥有较多的读者。

　　1926年,北京三一八惨案后,传闻将通缉李辛白等人。李辛白遂避居夫人刘冰仪的故乡——贵池县。1927年秋,到南京私立安徽中学教国文。次年初,创办《老百姓报》。1930年底回家乡无为,和王鹤天创办"尚实学社"。1933年到宣城中学任教。两年后,任徽州中学校长。1937年8月,任安徽省图书馆馆长。次年3月,为省抗日动委会首批会员。8月,举家避难于山区梨村,稍定后,开办塾馆,免费为村童破蒙。次年开办南庄学院。1940年始,先后在休宁女子中学、安徽中学、建国中学、右任中学、省立高等农业职业学校、安徽学院、昭明国文专科学校任职任教。1949年春,因病辞职,在贵池家中疗养。1951年7月病逝。

投身抗日抢救文物建功德

李辛白步入晚年之后，仍然壮心不已，生命不断地熠熠发光。1930年岁尾，李辛白返回无为故乡，在侍奉老母同时，与挚友王鹤天合作，在无为创办了"尚实学社"，为家乡培养了众多

李辛白在无为的故居（洪巷镇联合行政村大李自然村）

优秀人才，并在出生地湖陇乡下，捐资办了一所方巷小学，由夫人刘冰仪主持。1932年，李母病故后，他经安徽省教育厅长、前北大学生杨廉推荐到宣城中学主讲高中国文。他满腹经纶，教学得法，学生极为敬爱。1935年，他就任徽州中学校长，兼教国文，集中全力投入教学和学校建设，成绩卓著，备受全校师生爱戴。

七七事变后，日军全面侵华，战火迅速蔓延沪、宁。李辛白于8月临危受命，继吴天植之后，担任安徽省图书馆馆长。1938年初，日军沿江西上，开始空袭安庆。国民党省政府各厅弃下属单位于不顾，仓皇撤往皖西山区。李辛白闻讯后，立即召开全馆人员的紧急会议，讨论应变措施，动员大家共赴国难，为保护国家财产尽心尽力。当时省馆藏书近10万册，特别是1933年在寿县出土的718件春秋楚器，尤为珍贵。李辛白在会上果断决定：将出土楚器，在藏书楼后面空地掘坑深埋，并急电向中

1937年8月，李辛白出任安徽省图书馆馆长。日军军机轰炸安庆时，李辛白奋不顾身转移省馆内近10万册图书和寿县出土的718件春秋楚器，并将国宝运抵重庆

央博物院报告求援。李辛白先派馆员张志丹负责将善本图书及线装古籍3万多册运往桐城罗家岭收藏,继派馆员赵小梅将普通图书4万多册运往六安。这些书都装入赶制的200多只大木箱内,雇用民工400多人,分两批肩抬上路,跋山涉水,历尽辛劳。中央博物院接电后,很快拨出专款,派来专人,在李辛白协助下,将楚器安全运往重庆。待省馆图书文物转移停当,安庆已成危城。李辛白才草草收拾行装,过江返回贵池家中。

忧国忧时终生致力教育事业

1938年8月,日军侵占贵池,李辛白举家避难山村。稍事安顿,李便办起塾馆,免费为10多名村童破蒙。翌年,经好友支持,在深山建了三间茅舍开办"南庄学院",招收失学青年,免费入院学习。避难期间,他虽经济无来源,生活十分清苦,但他忧国忧民,致力于教育事业的精神,未尝稍减。

1940年春,李辛白受聘在省立休宁女中和私立安徽中学教高中国文。1941年春,经好友敦促,李辛白出任私立建国中学校长。

1942年春,国民党皖南行署主任黄绍耿,为纪念他就读上海大学时的校长于右任,在歙县创办了右任中学。黄绍耿亲自登门劝驾,李出任右任中学校长。1943年,为了潜心教学,坚决辞去了右任中学校长职务,到绩溪孔林省立高级农校教国文。

1944年,安徽学院皖南分院在休宁万安镇诞生,他应聘到该校任教授。

1945年8月,李辛白收到毛泽东主席在重庆寄来的请帖,邀他到重庆共商国是。他激动不已,但由于年事已高,加上路途遥远,交通阻塞,无法成行,只好复函深表感谢。

1946年7月,皖南分院并入安徽芜湖学院,李辛白到该院继任教授,

兼任建国中学校长。与此同时,他在贵池筹备成立了昭明国文专科学校,并招生开课。该校由许世英任董事长,陈演生兼校长,李辛白任副校长。1947年秋,李辛白辞去安院教授和建中校长职务,主持昭明校政约一年,后因校内有少数人拉帮结派,严重影响教学,作为创始人,他感到非常痛心而愤然辞职。不久,他又应聘到南京私立安徽中学教国文。1949年春,因病辞职,回到贵池家中疗养。

1949年4月21日,贵池解放之夜,他率领群众箪食壶浆,迎接大军进城。翌日,贵池召开欢迎解放军大会,李辛白代表各界人士在会上发表了热情洋溢的欢迎词。1951年,他病卧床榻,且日益沉重,医治无效,于7月病逝,享年77岁。

（作者单位:中共无为市委史志研究室）

李明扬:国民党武人中的"低眉菩萨"

刘怀德

李明扬(1891—1978),江苏萧县(今属安徽)李石林人士,字师广,号敏来、逊吾。幼入乡塾,江苏陆军小学、中学,卒业后加入同盟会。1911年8月赴鄂投军,辛亥革命爆发时任团长等职。先后赴日本、德国学军事、哲学。1915年底奉召回桂林任少将参谋兼警卫团团长、建国赣军司令,北伐时先后任副师长兼团长、中将副军长。1930年任江苏省政府委员兼保安处长。抗战时任五战区游击总指挥、徐州督察专员、鲁苏皖游击总指挥,江苏特区主任,第十战区副司令长官。1949年任李宗仁总统府国策顾问。当年参加全国政协会议和开国大典。后历任华东军政委员会委员、江苏省政协副主席、省政府委员兼农林厅长,一、二、三、五届全国人大代表,国防委员会委员,民革中央团结委员会委员等职。

与孙中山、朱德、周恩来结缘

少怀大志。李明扬将军青少年时代读过乡塾、新式小学堂、徐州师范简易科,渐有大志。他为自己取字"师广",即要以西汉名将李广为师,后来他为儿子取名李广生,可见其英雄情怀。为了拯救衰弱多难的民族,产生了学军报国的志向。他1907年考入江苏陆军小学(南京),接着考入陆军四中。在校期间即崇拜孙中山先生,受到反对满清复兴中华的革命感召,卒业便加入了同盟会。因此遭清政府迫害,于1911年8月,赴

武汉革命中心投军,被派往九江海军舰艇当见习。以成绩优异、表现突出,被荐任孙中山任命的安徽都督李烈钧部参谋,不久又随李烈钧调任援鄂北伐军第二军总部直属机关炮大队长。

英雄之举。1913年1月,被孙中山改任江西都督的李烈钧,从日本采购7000支枪械和一批子弹,不料运抵九江时,被袁世凯部将得悉,袁密令扣留。时任李部护卫大队长的李明扬和江西都督府参军长的蔡锐霆,决定冒死一拼。各自身上绑了10颗炸弹,划着小船登上袁部舰艇,以"同归于尽"要挟袁部,袁部乖乖放归,李蔡险胜。事后,李明扬被晋升为江西陆军步兵第十团团长兼湖口要塞司令,驻防湖口。

结缘孙中山、朱德。李烈钧于1913年7月为讨袁军总司令,湖口成为中山先生讨袁大本营和"二次革命"策源地。8月,失败后,二李随中山先生流亡日本。1914年,中山先生在东京总结了同盟会组织和军事上的经验教训,遂在同盟会基础上新成立了中华革命党,同时通过日本友人青柳胜出面,在东京市郊的大森新井宿筹建另一所名为"大森浩然学社"的军校。第一届145名学生,大都由中山先生亲自选定。李明扬被选中,同期还有胡景翼、陈铭枢、蒋光鼐等。当年冬,李明扬又被中山先生派赴德国柏林大学深造,选学的是哲学和军事。这时朱德也在德国留学学的也是哲学。比朱德仅小5岁的李明扬在异国他乡,与早就知名的滇军名人相识结缘。

1916年应李烈钧电召回桂林,任护国军第二军总部少将高级参谋,旋兼警卫团团长。中山先生在桂林召开军事会议,李明扬应招参加。1920年任赣军第一梯团司令,出师北援湖南,率领数千人直抵衡阳,绕道抄北洋军阀湖南督军张敬尧的后路,痛歼张军两个师。1922年,中山先生从江西开始北伐,李明扬任西路军旅长。1924年,广东告急,应孙中山电召回师援粤,挽救危局。不久被擢为赣军司令(驻军广州郊外),追随护卫中山先生。

结缘周恩来。周恩来1924年秋任黄埔军校政治部主任,多次邀请周恩来到部队演讲,李对周十分钦佩。二人建立了朋友关系。李不吃小灶、与官兵同甘共苦的作风给周恩来留下了深刻印象。周恩来对党内同志说:"李明扬这个人正派,懂军事,在军界资格老,很值得争取,至少要争取他成为我们可靠的朋友。"①李的独子李广生在危急关头,得到周恩来的搭救,李感激不尽。后来李投桃报李,周恩来在上海危难之际,李闻讯后立即派表弟徐彬如(中共地下组织负责人)以重金多方救助,此是后话。

掩护王尔琢等中共党员。北伐时期,李明扬任国民革命军第三军第九师副师长兼二十六团团长,由中路从广东北伐,去湖南,攻江西,克复南昌后任东路先遣军司令官,后晋升第九师师长。经浙江直入上海。由于李明扬屡建战功,升任中将副军长。蒋介石发动"四一二"反革命政变后,李掩护和帮助一些共产党员脱险。王尔琢时在李部任先遣军党代表、政治部主任并接任他的第二十六团团长,蒋介石曾以提拔王为军长作诱饵要他加入国民党被拒绝。

一天,蒋密电李要他捕杀所部王尔琢等14名共产党员,李深知这些共产党员干部,在北伐历次战斗中都是冲杀在前的英雄好汉,说什么也不忍心加害他们。他把蒋的密电拿给王尔琢看,王问你打算怎么办? 李说:"你放心,我不会拿你们去向蒋邀功,良心和人格也不许我这么干。革命尚未成功,竟背弃总理遗训,搞起革命军内部自相残杀,实为不智不义之举!"王要留下,叫其他人先走。李不同意,遂拿出200光洋(一说2000元,另外给每人路费500元、300元不等),叮嘱王速回部逐个通知,李亲自护送他们潜出九师防区,再设法去汉口,还一再叮嘱不许走漏半点风声。

送走他们后,他又派亲信卫兵去七师找党代表吴侠熙、第三军党代表朱克靖等,要他们提高警惕,应付随时可能发生的事变,并承诺在必要时提供掩护和帮助(有资料说王尔琢这次就是与周恩来脱险去武汉的)。这一切安排好后,他才回电蒋介石,推说王尔琢等人事先得到风声,已主动脱离了部队,不知去向云云。其后蒋虽未加深究,但心中却已记下了李明扬的这笔账。后来李的不被重用、多次免职及频繁调动等都是明

①出自"知乎"徐州医科大学理学硕士"安言忘语"《李明扬(国民党第五战区游击总指挥)》一文。

证。1930年经辗转调防海州、杭州、蚌埠、平汉铁路豫鄂北段，又调防镇江，由顾祝同保荐任江苏省政府委员兼保安处长。1932年被免职在上海闲居。1936年，韩德勤在蒋召开的庐山会议上弹劾李，李被蒋免职。

抗日轶事

抗战期间，李明扬始终坚定不移地坚持民族大义，抗击日寇；同时巧妙地周旋于蒋汪势力之间；赞成国共合作并和共产党新四军结为肝胆相照的朋友。李宗仁上任第五战区司令长官伊始，即邀李明扬任战区游击总指挥兼江苏省政府委员、徐州督察专员、徐州防空司令兼苏北二、四游击区总指挥官。他与萧籍老乡、被李宗仁聘为高参，时任五战区抗敌总动员委员会秘书长的刘汉川先生以及共产党代表郭子化等，共同辅佐李宗仁，使得整个五战区抗日斗争轰轰烈烈，抗日游击队遍地开花。李明扬掌管着抗日武装的编制和武器的发放，总是想办法尽可能地支持各地游击队。

下面仅举三个故事，来看看李将军当年的风采。

敌寇过处麦田酣睡。徐州沦陷后，五战区长官总部迁往河南老河口，李将军奉命率几十名随从转向江苏省政府所在地的淮阴。行进不远即有哨报说发现大队日军。他环顾左右说："既系敌人，应进攻!"左右说敌太多，牺牲无益。将军说："既如此，便伏下!"此时麦苗已高及膝，于是立即命令分散埋伏于麦田内。日寇大队虽由不远处经过，但未发现他们。待敌远离后，随从们于麦田内起身集合，，惊悸之余相互庆幸逃过一劫。但是大家这时不见总指挥。后有人发现将军正鼾声大作，在麦苗下春梦方浓!唤醒后，将军哈欠连连，说道："不能攻，便隐蔽，无法退，正好睡，再好不过!"其中一随从在到达淮阴后，又是钦佩又是不解地对省府秘书长王公玙报告这一经过：大队敌军当前经过，车辚辚马萧萧，声声入耳，他怎么能睡得那么甜？比较了解将军的王氏笑道：这就是他非常人所能及的地方啊!

三让陈毅进泰州。李明扬率部到达淮阴后不久即转移驻防泰州，任鲁苏皖游击总指挥。1939年初,新四军第一支队司令员陈毅,为建立苏北抗日根据地,派挺进纵队攻占扬中、大桥等地。江苏省政府主席、鲁苏战区副总司令韩德勤命令李明扬"讨伐"新四军,李按兵不动。陈毅经对敌友我几方分析,采取"抗敌(日伪)、联李(明扬)、孤顽(韩)"的方针。为此,陈毅接连三进泰州。陈毅初进泰州,与李明扬建立了友好关系。陈毅走后,李明扬对部属说:"这位陈司令谈吐直爽,一身正气,似可信托。"他派人慰问新四军伤病员,新四军也帮助他解运弹药。陈毅二进泰州,带着毛泽东和朱德给李明扬的亲笔信见到李,李表示:"抗日我干,打内战我不干。"还感动地说:"我在这里打坍了,到延安去,玉阶(朱德)会招待我的。"还请陈毅给他的教导队训话。事后回拜陈毅,请新四军政工干部帮助开办政工人员训练班。陈毅三进泰州时,他隆重款待,并在街上大书"欢迎四将军"标语。所谓"四将军",这是李明扬的智慧宣示,明眼人一看便知是新四军的将军。①

此后的1940年7月底,新四军东进黄桥,开始建立根据地。立足未稳,国民党江苏顽军头子韩德勤欲聚歼新四军于黄桥。危急之中,按周恩来指示,陈毅派北伐中与李明扬有交谊的朱克靖(联络部长)进泰州与李明扬、李长江谈判。行前,陈毅赋诗七律《送人赴泰州谈判抗日合作》一首,诗中引用马谡、杨朱、义不帝秦的鲁仲连及岳飞等历史典故,作为今天抗日斗争的借鉴,最后两句曰:"凭君寄语强梁辈,摩擦自戕慎厥初。"谈判中双方从民族大义出发,反复权衡,"二李"终于决定保持中立。当新四军借道李明扬防区时,李为应付韩德勤合围新四军部署,命令所部在新四军过境时作追击状,向天鸣枪,犹如礼送。在黄桥战役整个胜利战斗的过程中,朱克靖与李明扬并肩守在电话机旁,不断听到前方传来的战况报告。黄桥战斗胜利后,陈毅回顾整个战况时感慨地说:黄桥决战,如果李明扬动一动,我们就要喝长江水,就要被消灭。韩德勤部溃败后,对李明扬亲共极为不满。但李明扬仍继续与新四军保持良好友军

①引自《萧县志·人物·李明扬》,1989年版。

关系,互相支助。

誓死不投降。 泰州是苏北物资集散地,又是里下河的门户,日寇对此处垂涎已久。但慑于李明扬不敢贸然行动。扬州、泰兴等地沦陷后,日伪勾结江苏伪省长缪斌威逼利诱多次劝降"二李",同时四次轰炸泰州。但李明扬不为所动。1941年李长江迫于形势投降日伪,李明扬率部继续抗日。1945年春,日伪又派著名女特务川岛芳子前去诱降,被李明扬严词斥退。5月,日寇集中千余兵力包围了李部,李明扬被日寇押往上海囚禁劝降,李仍坚强不屈。后经多方营救于7月获释。后与汤恩伯一起在上海接受日本投降。

解放战场上起义

李明扬将军在抗战胜利后挂一个国民党中央监察委员的虚衔,并遭蒋介石忌恨,愤而离开军界,到上海开办扬子木材厂并任董事长。1949年春,蒋介石引退。李宗仁代总统职后,李明扬热切盼望当局能以民心为依归,停止内战,以免生灵涂炭。为此他专程赴南京会见李宗仁。李宗仁派他以总统府国策顾问身份与共产党进行和平谈判。李明扬往来于大江南北,他先后到扬州、淮阴分别见到了解放军三野副司令员粟裕和老朋友陈毅司令员。后来将军看到国民党大势已去,和谈又破裂,便毅然选择了起义,站到了中国共产党和人民一边。陈毅立即电告毛主席,毛主席回电说:"欢迎李明扬,来我处亦可,留在你那里也可。"

接着,李明扬便受中共中央邀请北上参加全国政协第一次全体会议和开国大典。后来曾任华东军政委员会委员、政协江苏省第一届委员会副主席、江苏省人民政府委员兼农林厅厅长、第一、二、三、五届全国人大代表、国防委员会委员,民革中央团结委员等。新中国成立后,他一直为台湾回归祖国而努力。

余亚农:皖北大地上的抗日爱国将领

阜阳市新四军历史研究会

余亚农,安徽寿县(今属长丰县)人,生于1887年。他早年参加反清革命,后追随孙中山先生讨袁护法,并积极反蒋抗日。抗日战争全面爆发后,担任安徽人民抗日自卫军第五路军总指挥,与时驻皖北的新四军游击支队团结协作,密切配合,在广阔的皖北大地上留下了英勇抗日的足迹。

余亚农

转战多地,任职皖北

余亚农早年秘密参加同盟会,积极投身于孙中山先生领导的辛亥革命,南北议和时,曾入保定军官学校就读,后愤而弃学参战,于1913年参加讨袁运动,屡立战功。北伐战争时期,他在冯玉祥将军指挥下,转战于陕、豫等地。1929年,余亚农不满蒋介石剪除异己、独裁统治,于安庆举行反蒋起义,一时震动全国。后起义失败被逼离皖赴沪。不久转道北上,参加阎、冯反蒋的中原大战,任豫皖区第一路军司令。九一八事变后,他坚决抗日,参加张家口民众抗日同盟军,并率所部从日军手中夺回了大庙,蜚声中外。1936年春,余亚农代表以李济深为首的民族革命同盟赴陕北,受到毛泽东和朱德的亲切接见。

抗日战争全面爆发后,日寇重兵进逼鲁南,为巩固安徽防务,国民党第五战区司令长官兼安徽省政府主席李宗仁倍感兵力紧缺,捉襟见肘,急需安徽各地烽火四起的人民抗日自卫武装的支持。此时,以第二次国共合作为基础的抗日民族统一战线业已形成。在省抗日民众动员委员会的建议和支持下,驻皖的桂系将各地抗日自卫武装编为安徽人民抗日自卫军,按地域划分将自卫军分编为五路。余亚农被委任为第五路军总指挥,并指定临泉、太和、亳县为其活动范围。

余亚农就职后,在中国共产党领导的当地动委会及工作团的积极支持下,很快组成了8000人(号称万人)的安徽人民抗日自卫军第五路军,成为皖北实力最强的人民抗日武装。1938年夏季,日寇欲西窜信阳,余亚农指挥第五路军英勇抗击,经几次激战,重创日军,迟滞了敌寇的战略行动。后收复亳县,威震皖北。

团结协作,共同抗日

在斗争实践中,余亚农深深认识到:只有中国共产党及共产党所领导的八路军、新四军才是坚持抗战的中坚力量。他赞同并接受了中国共产党提出的关于建立民族统一战线的各项方针、政策,努力同新四军建立亲密合作的友好关系,以团结一致共同抗日。1939年1月,彭雪枫率领新四军游击支队(后改为新四军第六支队)来到皖北。当时正为春荒季节,部队后勤供应出现暂时困难,彭雪枫曾忍痛卖掉自己心爱的战马,以济部队度过艰难时刻。余亚农解囊相助,给游击支队送去了一定数量的粮食、布匹、棉花及弹药,以实际行动支持了新四军。

为了提高第五路军的军事、政治素质,使其真正成为人民的抗日武装,余亚农提出了"一切向新四军学习"的口号。他亲自到新四军游击支队拜访彭雪枫,要求新四军派遣优秀干部帮助"第五路军"整训,彭雪枫慨然答应了余亚农的要求,曾先后选了王少庸、黄斌、马乃松、朱克平数十名共产党员到余部工作,余视若珍宝,委以重任,王少庸任指挥部参谋长,其余同志分别在各支队、大队、中队负责政治工作,逐步建立了政治工作制度。第二支队还成立了教导队,专事培训基层干部。共产党员王振鸿任教导队队长,程坤源、刘汶辉、刘增奎、辛程、庄方等由延安抗日军政大学毕业的共产党员担任教官。这批年轻的共产党人成为改造、建设第五路军的骨干力量。

针对部队组织成员较为复杂,特别是有个别军官对抗战缺乏信心的现状,余亚农有意识地给他们"上课",以提高其思想觉悟。1939年春节,余亚农率领所部大队长以上官佐到彭雪枫的新四军游击支队司令部拜年。当时,他有针对性地提出问题,请彭雪枫讲一下国际国内形势及抗战前途。彭雪枫精辟地分析了国际国内形势,着重批判了"速胜论"和"亡国论"的错误观点,批判了把抗战胜利的希望寄托于英、美等帝国主义援助的幻想,使在座全体人员深受教育和启发。事后,五路军一位大队长深有体会地说:"总指挥要我们来给彭司令拜年是形式,实际上是请新四军首长给我们上了一堂很难得的政治课!"余亚农听后,会心地笑了。

由于余亚农进行了一系列行之有效的整顿,第五路军官兵素质有了很大提高,"三大纪律,八项注意"的歌声响彻军营;官兵中阅读毛泽东的《论持久战》等革命书籍蔚然成风,五路军的声誉在皖北蒸蒸日上,受到了广大人民的爱戴。

余亚农还积极配合新四军作战。在乌山庙战斗中,余率部负责佯攻牵制敌军,使担任主攻的新四军一举攻击涡阳北岸的乌山庙敌伪据点,打了个漂亮的"歼灭战"。

爱兵爱民,疾恶如仇

余亚农年过半百,五短身材,军容整齐,精神矍铄,军人正统作风很严格,对旧属、部下官兵严肃、认真,但对青年士兵却和蔼可亲,有说有

笑。有一次，二支队教导队陈效孔在亳县北关演"街头剧"，扮演汉奸，由于演出真实，被激于义愤的观众挥以饱拳。余亚农闻之，对这位忍辱负重的青年十分器重，亲自赶往教导队和陈效孔握手致意，并赐以便餐，以示安慰。

余亚农在军旅生活中，为关心人民生活疾苦，严格要求部队不扰民、不害民。有一次部队在太和筹措粮草，有些地方士绅要求自上而下，由区、乡、镇、保按人头平均摊派。余亚农义正词严地说："国家兴亡，匹夫有责，抗日救国是每个人的天职。有人出人，有钱出钱，有枪出枪，让一般穷人和财主同样出钱，这是不合理的！"从而使这些地方劣绅妄图把负担转嫁到劳苦大众身上的阴谋破产。

余亚农爱憎分明，疾恶如仇。1939年春，第五路军副总指挥、国民党亳县县长熊公烈无耻投降日本，做了汉奸县长。余亚农对此深恶痛绝，余、熊曾为忘年之交。熊父熊成基与余亚农早年同为同盟会会员，辛亥革命前夕，熊成基在安庆起义时英勇牺牲。事后，余、熊两家多年来往甚密。全面抗战初期，熊公烈曾联络地方士绅向国民党安徽省政府举荐余亚农为第五路军总指挥。熊公烈投敌后，自恃与余亚农有此"特殊关系"，便给余写了一封信，派人送给余亚农，要余定好日期，以便前往"登门拜访"，"面商大计"。余亚农看信后笑了笑说："熊公烈还想拉我下水呢！来就来吧！为了抗战打死一个汉奸也是好的。"于是他定好日期，设伏"迎接"熊公烈。熊果然按期"赴约"，遭到伏击。熊公烈随身所带的卫士被打死，熊负重伤逃去。

顾全大局，忍痛引退

由于余亚农的爱国革命行动，第五路军逐步成为深受人民爱戴的抗日革命武装，但却引起了国民党顽固派的忌恨和反对。他们别有用心地说："第五路军成了粉红色的军队。"此时，桂系在安徽已站稳脚跟，对各路日益强大的抗日自卫军虎视眈眈,随时准备整编,以扩充桂系实力,尤其对余亚农的"粉红色的五路军",更是欲先消灭而后快。1938年11月,余亚农在颍上三河尖(今属河南固始县)被持有廖磊(继李宗仁任安徽省政府主席)密令的桂系蒙若刚部无理扣押。余大义凛然,怒斥蒙若刚:"你们用这种卑鄙手段扣留我,是破坏抗战,破坏团结。你们干的是土匪勾当!"余亚农三河尖被扣,引起了强烈的反响,安徽省各界人士群起责难。安徽省政府在强大压力下无奈释放余亚农。余通电全国,质问桂系:"我奉命发动人民抗战,不知犯了什么法,而被囚禁……国家兴亡,匹夫有责,抗战不是一党一派所能包办。"通电发出,全国振奋,引起各界人士的愤慨。

1939年4月,在国民党顽固派第一次反共高潮的推动下,安徽省政府主席廖磊下令取消自卫军番号,并令保安副司令赖刚率领一个保安旅以武力收编"五路军"。值此危急关头,新四军游击支队向"五路军"伸出了援助之手。彭雪枫派遣联络科长任泊生飞骑赶往余部,叫"五路军"迅速往支队驻地靠拢,余亚农对此深为感激,连夜率部开到涡阳麻冢集,以新四军游击支队为屏障,安全驻扎在新四军游击支队防地后方,赖刚部队虽步步紧逼,但由于有彭雪枫所部驻在中间地带亦不敢轻举妄动。

为顾全统一战线大局,余亚农忍痛离开了部队,他对国民党顽固派的倒行逆施深为痛恨,临行前曾召集部下全体官兵痛心地说:"我曾说过,'我们有抗战的自由',但国民党反动派剥夺了我们这种自由,一心一意消灭我们。我以前抱希望于国民党的想法是错了!为顾全大局,现在只有牺牲自己,接受改编!"他勉励大家要继续努力,为国家民族生死存亡努力奋斗,绝不要因他个人的引退而改变初衷。

余亚农忍痛离去了,但"东山暂卧终当起,八皖苍生迟后期",余亚农并没有放弃自己对真理的追求。抗日战争结束之后,应邓子恢之邀,余亚农赴苏北与蔡蹈和、郑抱真等共商大计。回沪,经沈钧儒、沈志远介

绍,加入民主同盟,复以"民革"名义开展兵运工作。

新中国成立后,余亚农先后担任过华东军政委员会委员、安徽省人民政府副省长、民革中央委员、民革安徽省主任委员等职,并被推荐为第一届全国人民代表大会代表。1959年10月,在余亚农病危期间,中共安徽省委根据他本人愿望,批准他为中国共产党党员,这是对余亚农一生的最高评价和肯定。

(本文整理自《豫皖苏边抗日丰碑——纪念豫皖苏抗日根据地创建60周年文集》)

吴葆萼：赤子情怀　一身正气

翟大雷

　　吴葆萼（1900—1981），别号昨非，安徽泾县茂林镇人，一代乡贤。幼读私塾，国学夯基；中学时代，探索救国；留苏求学，赤子情怀；爱国青年，热血男儿；义助夏征农脱险，成为新四军之友；奋斗不息，鞠躬尽瘁。一生孜孜追求，一身正气，为党为社会的有益事业真正做到了生命不息，奋斗不止。

　　葆萼先生逝世后，泾县县委、县政府召开规模盛大的追悼会，悼念这位受人尊敬的乡贤，自动参会者达数千人。

　　据《泾县志·人物》（1996年版）（吴葆萼词条）记载：1914年去芜湖县立五中读书。其间阅读了《新青年》等进步书刊。"五四"运动时，芜湖组织学生会，葆萼是学生会职员和"十人团"成员，发动学生游行、演讲，抵制日货，反对卖国的"二十一条"，并与钱杏邨、蒋光慈、李宗邺等创办《自由之花》，抨击军阀统治。高中毕业后经高语罕介绍，与蒋光慈一道去上海，向陈独秀、陈望道请教。经陈望道与李汉俊介绍到外国语学校学习，加入中国社会主义青年团。

　　1920年，经第三国际在沪代表介绍，与刘少奇、任弼时、萧劲光、曹靖华、韦素园等同去苏俄，入远东共产主义劳动大学学习。在莫斯科认识了《晨报》记者瞿秋白和中共驻第三国际代表张国焘，得知国内中国共产党已经成立。在苏学习期间，见过列宁，听过斯大林在远东人民代表大会上演讲，并担任这次大会《会报》的收稿、编辑、刻写、印刷等服务工作。

1923年回国。因直奉战争，无联络地点，便回乡任小学教员。北伐战争开始，去中共芜湖市委工作。

1927年，四一二反革命政变后，根据市委领导胡书明"分散转移"的意见，到上海私立建国中学任校长。后去浙东学校教书。因介绍学生看进步书籍被校方解聘，辗转到皖南祁门茶厂就事务主任一职，为该厂创办夜校，培养了一批茶叶技术人员。后因支持工人要求增资和反对国民党到厂抓人而被解职回乡。

1938年，陈毅率部队到茂林，葆莘被召见交谈。

1940年，在茂林广益中学任教，积极参加抗日救亡运动，协助新四军开展民运工作。皖南事变中不顾安危，与宗教界爱国人士陆绍泉及教师吴寿祺（陆绍泉女婿）一起，设法帮助新四军干部夏征农、方联百等脱离险境，安全归队。因此被国民党逮捕入狱，受酷刑而坚贞不屈，后经营救释放。

1948年，去芜湖任教，并在方向明领导下秘密进行革命活动。

新中国成立初，负责开办芜湖师范学校。后在安徽师范学院任外语系主任，同时担任皖南行政公署监察委员会委员。当选安徽省第一届各界人民代表会议代表，省政协第四届委员会委员。曾任中国民主同盟芜湖市委员会副主任委员。离休后回乡定居，1981年逝于茂林。

据葆莘先生生前好友介绍，在一次中秋之夜的长谈中，葆莘先生有过这么几段回忆：

中学时代　探索救国

1914年，他去芜湖省立第五中学读书，学生都阅读《新青年》杂志，校长刘希平、教务主任高语罕都很开明，主张学生走上社会。五四运动时，芜湖组织学生会，他既是学生会职员，又是"十人团"成员。发动学生上街游行、讲演，反对"二十一条"，抵制日货，还编印《自由之花》刊物。后来北洋政府下了台,各地运动渐渐平静,中国还是没有出路。《新青年》文章指出,军阀不打倒中国没有希望,而军阀是受帝国主义支持的,打倒军阀必须反帝。他在五中毕业后,与蒋光慈一道,经高语罕介绍去上海,向陈独秀请教中国今后怎么办? 先找到李汉俊家里,后找到陈独秀和陈望道。被介绍到上海外国语学校去学习,加入中国社会主义青年团。

留苏求学　赤子情怀

"1920年春夏之交,在上海登轮时穿单衣。我们听老师说过,地球上有的地方很热,有的地方很冷。上轮船时忘记了,都没有带冬天的衣服。到了海参崴冰天雪地,哈,冻得要死。"他屈指数出一串姓名,曹靖华、萧劲光、蒋光慈、韦素园、刘少奇、任弼时……

海参崴当时被日本人控制,我们抵达时又遇上瘟疫流行,找不到秘密机关,又冻又饿,曹靖华领大家找了三天,才同秘密机关联系上了。我们登上去伯力的火车,外边红军同白军打仗,枪弹呼啸,我们伏在车厢底板上。有人问我们是干什么的,我们没有经验说是去莫斯科做生意的,被红胡子盯上了。红胡子是强盗,手枪上有一朵红缨,认为我们做生意有钱,便等待机会向我们下手。火车到了红军控制的地方,要检查。我们说话是南方口音,身材又没有东北人高大,红军以为我们是日本人,就把我们关起来。如果是日本特务,到下一站就要枪毙。正是一波未平一波又起,我们叹息未到莫斯科就完结了。正在无可奈何之际,还是曹靖华冷静,剪开衣缝取出第三国际的介绍信,我们一下子从阶下囚变成座上客,被安排到头等车厢里,盯梢的红胡子也溜了。车过贝加尔湖,我们去看苏武牧羊的地方,在那里我才真正体会到"朔风怒号"四个字的意思。但是我想到这里本是中国的地方,便在湖边拾起一块石头作纪念,一到了莫斯科,用它作枕头。

十月革命胜利了。第三国际在上海的代表介绍中国学生去莫斯科，他便成了远东共产主义劳动大学的第一批中国学生中的一员。有相当一段时间学俄语，还学习苏共党史、党纲和新经济政策，学习马克思主义哲学、政治经济学，还有军体课。我们身材小，棉衣外面加军服，穿深筒皮靴，抱着枪在莫斯科郊区冰天雪地里打滚。我们40多人住在两间大宿舍里，大家相依为命。苏联当时很困难，对我们优待，给一些糖、豆油、面包，最高级的鲟鱼子，我闻一下就要吐。不习惯吃生的、冷的，拉肚子，闹病。买面包要排队，有时买块够一个月吃的面包，塞在床头柜里，拿出来吃时，一只老鼠跑出来，为了充饥，也不管这些了。我们当中，刘少奇是管理学生事务的，他脾气很好，善于同各方面联络。后来认识了瞿秋白，他是《晨报》记者，在俄文进修馆毕业。还见过张国焘，他是中共驻第三国际的代表，是他告诉我们中国共产党成立的消息，他也是我们的领导。

"你见过列宁和斯大林吗？"

见过。两次见到列宁，他是欧洲人风度。有次开大会，他讲话很快，我听不大懂；另一次参加星期六义务劳动，我见他在街上抬木头。他住在克里姆林宫边的小屋里，陈设简朴，与沙皇金碧辉煌的宫殿形成鲜明的对比。斯大林是亚洲人的风度，他在远东劳动人民代表大会上发表讲演，瞿秋白和我们的老师柯里柯夫作翻译，我同曹靖华、刘少奇等人搞服务。《会报》是我负责收稿、编辑、刻写、印刷。

爱国青年热血男儿

我在家乡茂林住了3年，用吴氏义仓的积谷办茂林小学，教书。北伐开始，我到了芜湖，在胡书明领导的芜湖市委工作。蒋介石叛变，胡书明说：我们赶快走。我到了上海，在私立建国中学教书，有人告发我是共产党，被捕一次。后到浙东学校教书，我叫学生看进步书籍，被校长辞掉了。离开上海,辗转到皖南祁门茶厂当事务主任。白天同工人上山摘茶叶,开柴油机,晚上办夜校,后来办茶校,培养了一批茶叶技术人员。由于我支持工人要求增加工资,反抗国民党到厂里抓人,老板把我辞退了,我又回到茂林。抗日战争期间,陈毅到茂林,我参加过会见。他年纪很轻,说话直爽。在茂林小学前的运动场上开群众大会。他发表演说,宣传抗日救国。他率领的新四军一支队中,有原属方志敏的抗日先遣队,寻淮洲原是抗日先遣队的将领。在太平县谭家桥受伤,牺牲在茂林。陈毅特地为寻淮洲墓撰写碑文,为寻修坟竖碑,并在墓前开了纪念会。以后叶挺、项英到了云岭。我同夏征农和《抗敌报》的方编辑等人有过往来。

义助夏征农脱险,成为新四军之友

当年营救夏征农,主要是茂林圣公会的会长陆绍泉先生。皖南事变后,夏征农等人辗转隐蔽在一个叫殷冲涝的小山村里有一个多月,此地离茂林有二十几里路。一天,夏征农托柳存富之子柳遇春送信给陆会长,大意说他本当为革命牺牲,但是以后还要做革命工作,希望设法营救他们出去。"陆会长连夜找我商量营救办法,决定第二天起早由我随送信人前往探望。这些天国民党军队天天'清剿',特务多如牛毛。陆会长怕我一个人在路上出了问题,连报信的人都没有,就叫他的女婿吴寿祺同去。在一间草屋里,我们见到夏征农,他们有四五个人,我只认识夏征农一个人。我们一起商讨突围办法。回来后,陆会长和我议定,以教会名义分批护送。陆会长还买了几套衣服让他们换上,扮成商人。我便用肥皂刻了个圣公会的印章,用教会名义写了证明信,证明信上将夏征农改名为'柳青山'(意思是'留得青山在'),称几位教友去芜湖做生意。陆会长还派了一位真教友冯染匠,挑着染布担子伴送。我和吴寿祺送他们到泾县城,冯染匠送到芜湖。夏征农到上海后,托人带信来说,已经安全转移,找到了党组织。陆会长还冒着风险营救过一位叫周临冰的女同志。

她一口浙江话,年纪很轻。在陆会长家里待不住,想出去玩,我们都劝她不要出去。因为国民党查得很紧,搞'五家连环保',要查出窝藏新四军,五家同罪,陆会长有个收古董的朋友叫周璞堂,也是浙江人。就托周璞堂以父女的名义带周临冰到浙江老家去了。"

"听说你因此被国民党逮捕,受尽酷刑,但坚强不屈,没有招任何口供?"

先生幽默地说:"口供是没有招,说'坚强'倒未必,实际上是有点书呆子气。我被关在章家渡黄山董家小学里。国民党52师军法处开审时,我向他们提出抗议,说他们无权逮捕我,要他们在24小时之内把我交给地方法院。他们根本不理这一套,请我坐老虎凳、上夹棍、灌辣椒水,弄得死去活来。我受不了那个罪,想自杀。有天深夜,两个看守兵靠在门口睡着了,我偷偷爬过去,抽了一把刺刀。一个人想自杀也不容易,稍一犹豫手就软下来,又遭到一顿毒打,身上痛苦是雪上加霜。又一个晚上,我和几位难友被拉到屋后山岗上,一排士兵端枪对着我们。我想,自杀不成,这也是个解脱的办法。闭上眼,听得枪响,身边的难友倒下了,我还有知觉。我在牢里受罪,家里人在外面也受罪,四处奔走,变卖家产求人取保。有一天,牢里进来一男一女,男的全副武装,在我面前摆出酒菜,自称是我的学生,问我可认识他。我说不认识,怕他是特务诱供。后来才知道他姓邢。确是教过他的书,他是52师的军法处长。他告诉我说:你的案子已经移交到泾县地方法院了。我在泾县坐了几个月班房,花钱保释出来,人已经爬不动了。

奋斗不息　鞠躬尽瘁

我在家养好了伤,又到了芜湖,挨了方向明一顿骂。他是华东局派来同我联络的,我说,吃苦吃得太厉害了。他说你太没用了,被反动派打得不革命了?吃苦也要干嘛,注意不暴露就是了。我接受他的领导,在芜湖做教育界上层人士的工作。解放时动员各学校的校长、教务主任不要跟国民党走,解放后7天就复了课。李步新当市军管会主任,方向明当教育局长,我当监察委员。以后叫我办芜湖师范学校,当了校长;学校后来改为安徽师范学院。我当了外语系主任。我一辈子平平庸庸,虽然到过不少地方,懂得几国文字,好比拎只漏底的篮子上街买菜,看到好的买一点,但是回到家依然是只空篮子。①

……

葆萼先生就是这样,他的谈话总是那么恬淡自然,不加雕饰。即使谈到自己后来受到不公正待遇,也是超脱而又宽厚,仿佛是在讲别人的故事。

---

① 葛兆铣:《月明林下——吴葆萼先生谈话琐忆》,泾县政协文史委编:《茂林春秋》2015年版,第53页。

陆绍泉：茂林贤达

黄国林

陆绍泉（1882—1947），湖北钟祥县人，自幼父母双亡，家境贫寒，靠百家施舍度过苦难的童年，少年时就被本家送到外地一家豆腐坊当学徒，独立生活，自谋生计。当时在钟祥已有了美国人传入的圣公会传教活动，出于好奇，有一次他随大人们去教堂"做礼拜"听传教士授课，听众教徒诵读《圣经》，对"圣公会"产生了浓厚的兴趣，觉得这里是自己唯一能获取文化知识的地方。于是提出加入教会的请求。传教士见他一副虔诚的样子，又是孤儿，经多

陆绍泉

方考察发现他非常聪明，也很勤奋，便决定先送他去上学。小学毕业后，传教士又送他入武昌神学院和南京天道学院学习。毕业后被分配担任神职。他先后在繁昌、南陵、泾县茂林任中华圣公会传教士、会吏和会长。他为人谦和，学识渊博，平易近人，乐善好施。时间不长，就在茂林地区有了一定的声望，不论地方绅士还是普通民众都愿意接近他，亲切地称呼他"陆先生"。

重视教育创办教会学校

1925年,陆绍泉受芜湖中华圣公会指派,调往泾县茂林中华圣公会担任会长,是专职的神职人员,主要职责当然是传教。但他非常重视教育,注重培养人才。刚来不久,就自己出资租用了茂林"学灌园"四房大厅,扩大办学规模,将原来教会办的"圣公会小学"的一个复式班,分设为一个初级班和一个高级班,更名为"福群小学",兼任校长。并从芜湖请来三位(二女一男)教学经验丰富的年轻教师,带来了新的教学方法和理念,开设了语文、算术、英文、自然、音乐、美术、体育等课程,使学校耳目一新,教学质量显著提高。随着影响力的不断扩大,要求入学的人数不断增多。他又租用了茂林"笔峰墨照"大屋,将高级班迁入,添置了新的教具和体育器材,学生的课外活动日益丰富。此后他又积极引进芜湖广益中学在茂林开设分校,聘请进步教师吴组缃、吴葆萼、吴寿祺、吴宗芳、宋思徽、任零生(任重)等授课,不仅传授科学文化知识,而且向学生灌输爱国主义思想,学生兴趣广泛,成绩优良,为茂林培养了不少人才。学校在茂林地区乃至全县都有一定的知名度。

为抗日救亡奔走呼号

全面抗战爆发后,陆绍泉对国民党政权的腐败深恶痛绝,对日本帝国主义的侵略行径更是疾恶如仇。他关心时事政治,同情支持共产党的抗日救亡主张。1938年5月,新四军一支队司令员陈毅率部东进抗日,途经茂林。他应邀参加了陈毅将军召开的各界人士座谈会和群众大会,他主动向陈毅将军介绍了茂林各方面情况,特别讲述了抗日先遣队及红七军团军团长寻淮洲的牺牲经过及在茂林潘村荒冢所在地。陈毅对寻淮洲的牺牲极为伤感,决定为寻淮洲修墓立碑,并亲自撰写碑文。陆绍

泉连夜找石工镌刻,次日又陪同陈毅亲往潘村的蚂蚁山寻淮洲的墓冢地祭拜。在茂林,陈毅对茂林民众发表了慷慨激昂的演讲,无疑是一次生动广泛的抗日救亡动员。新中国成立后,寻淮洲遗骨移葬至茂林奎山烈士墓,这块墓碑作为珍贵的革命文物,被茂林镇政府珍藏,被定为国家一级革命文物。

1938年8月,新四军军部进驻泾县云岭,军部民运部部长兼统战部副部长夏征农到茂林开展工作,他得知陆绍泉思想进步,为人正直,支持共产党的抗日救亡主张,在茂林一带颇有名望,于是首先登门拜访了陆绍泉。陆绍泉积极协助夏征农建立抗日团体,组织、发动群众,动员他的学生洪沛霖、吴友廉、吴健人等一批热血青年参加新四军。茂林民众的抗日热情空前高涨,夏征农也成了陆家的常客。皖南事变前夕,夏征农特书"博爱为仁"条幅相赠,称赞他的爱国思想。

力助夏征农脱险

1941年1月,皖南事变发生。夏征农和侦察科副科长陈铁军、侦察参谋贾波、军部女机要员周临冰及地方干部陈爱曦等人突围未成,昼伏夜行由石井坑辗转到大康王一带。在唐村,他们隐蔽在一户为地主放牛的老大爷家。夏征农与大伙儿商讨突围办法,深感带着十八九岁的周临冰突围多有不便,便想到了与他素有交往的陆绍泉,想把周临冰托付给陆绍泉,请他掩护转移应该没问题。于是夏征农询问老大爷当地有没有做过民运工作的同志?老大爷说:"有,我去帮你们找。"老大爷走后,夏征农对周临冰说,我写封信给陆绍泉,就说你是我侄女,他会帮助你的。不一会儿,老大爷果然带来一位地方做过民运工作的老乡。夏征农指着周临冰对这位老乡说,你能设法把她带到茂林圣公会陆会长家去吗?来人一口答应说可以。临走时,夏征农又嘱咐周临冰:"万一遭遇敌人,你说你只有16岁,16岁够不上刑事法律,你懂吗?"

送走周临冰,剩下全是男同志,突围就方便多了。夏征农等人又几经周折,最后到了殷冲涝,在一户柳姓人家隐蔽了将近一个月。一次同村的柳存富老人请夏征农吃饭,闲聊中夏征农得知柳存富与陆绍泉是湖北同乡,比较熟悉。于是夏征农向柳存富提出请求,请他派人送信到茂林交给陆绍泉,柳存富满口承诺说"行"。夏征农当即写了一封简单的便条,告诉陆绍泉他在哪里,并希望能得到他的帮助。当晚柳存富派其三儿子柳遇春去茂林送信。陆绍泉接到信后,即请来进步教师吴葆萼和他的女婿吴寿祺密商营救办法。大家商定夏征农等人可充作圣公会教友,由茂林中华圣公会出具通行证,择机分批派人护送。吴葆萼建议,将夏征农改名为"柳青山"(意指"留得青山在")。第二天一大早吴葆萼、吴寿祺就随柳遇春赶回到殷冲涝,和夏征农等人再作一番计议。过了几天,陆绍泉派了一位可靠的圣公会教友冯染匠(也是湖北人)来与夏征农等人会合,夏征农穿上陆绍泉买来的棉衣,乔扮成茶商老板,陈铁军为伙计。在冯染匠和柳存富二儿子柳荣春的护送下,夏征农、陈铁军由殷冲涝柳家出发,途经泾县城(柳荣春护送至泾县城后即返回)、芜湖、南京,绕过敌人的封锁,辗转取道,突出重围,并安全到达上海。留下的另外两位同志贾波、陈爱曦也在当地群众的掩护下安全突围。

智救女机要员周临冰

周临冰是新四军军部4名女机要员之一,在唐村与夏征农等人分别后,随老乡来到离茂林不远的凤村。当时,茂林盘查甚严,国民党到处搜查新四军失散人员。周临冰怕连累老乡,便独自带着要饭瓢、打狗棍,向茂林方向走去。在离茂林不远时,她遇见了一个好心的老大爷,向他问路并打听陆绍泉家。那人沉思了一会儿,听她口音及身材也猜到她是什么人了,说:"我认识陆绍泉,离他家不远,你一个人去茂林很困难,也很

危险,你先到我家住下,我想办法把你送去。"周临冰答应了,并认老大爷为干爹。

除夕前,老大爷以办年货的名义去茂林与陆绍泉取得联系,商定了办法。正月初五,老大爷借了一套新娘子的衣服让周临冰换上,扮成新娘子回娘家,老大爷在前面领路,老大爷的侄女跟在后面,带上点心包,老大爷嘱咐周临冰,如碰到站岗的问话不要搭腔,一切由他来应付,他们一行人小心谨慎地通过了一个个岗哨,顺利地到了陆家。后来得知,老大爷名叫杜三,也是圣公会教友,和陆家很亲近。

由于是夏征农介绍来的,陆绍泉立即把她留下,安排在自家阁楼里住下,周临冰在这里隐蔽了40多天,陆家人对其照顾备至,犹如亲人,夜深人静时,陆师母还陪她在院子里走走,让她活动活动,呼吸一下新鲜空气。由于周临冰是浙江人,口音不同,陆绍泉想方设法,慎之又慎,终于等到一位常来茂林收购古董的浙江商人周璞堂,因其与陆绍泉是老熟人,正好也是浙江人,加之年龄较长,陆绍泉将周临冰托付给他,并以父女相称离开了茂林,安全顺利地到达浙江永康,找到了党组织。

敌阵劝降壮烈牺牲

1947年9月,驻扎茂林的国民党军队省保安六团撤走,国民党县政府常备队接防。一日,泾旌太游击队洪林亲率队伍乘机袭击,激战一夜,守敌一部被歼,大部分龟缩在两座碉堡之中,负隅顽抗。翌晨,游击队号召地方绅士与知名人士前往喊话劝降,陆绍泉主动应召,站在最前面,晓以大义,话音刚落,顽敌的一颗罪恶子弹射向陆绍泉,他不幸中弹,因流血过多,抢救不及身亡,时年66岁。2016年12月,陆绍泉被安徽省人民政府追认为革命烈士。2019年12月,遗骨迁葬于皖南事变烈士陵园后山烈士墓园内。

陆绍泉烈士墓碑

时光荏苒,1981年5月和1985年9月,夏征农、周临冰曾专程去茂林凭吊恩人,瞻仰故居,慰问后人。夏征农感叹道:"陆绍泉是位十分正直的老人,他冒着生命危险千方百计地帮助和掩护我们突围脱险,这恩情谁敢忘?谁能忘啊!"周临冰双眼噙着泪水说:"陆老先生是爱国爱民的英雄,一身正气令人敬佩,是他给了我第二次生命。"

（作者单位:泾县新四军历史研究会）

陈冠群:种墨园主人

陈志宏

　　泾县云岭开明绅士陈冠群拥护中共"停止内战,一致抗日"的主张,欢迎、拥戴新四军军部进驻云岭,积极帮助新四军抗日,救助新四军伤员突围,是新四军的挚友。1939年春,周恩来赴泾县云岭新四军军部视察工作,亲切会见了陈冠群。3月6日,新四军军部特邀陈冠群参加了周恩来在大会堂的报告会,并在主席台就座。

回乡捐资办学

　　1900年,陈冠群出生于云岭村种墨园,按陈氏宗谱取名陈世迪,其父陈瑞庭望子成龙,希望儿子超出众人,将世迪改为冠群。陈瑞庭为云岭陈氏族长,治家严谨,言行公正,颇受族人敬重。陈冠群自幼受到良好家教,出类拔萃,读书用功,成绩优秀、品行端正,主张正义。在南京中央大学读书时接触并追随"三民主义",后加入了中国国民党。后在上海认识了项英,初步了解了一些马克思主义和中国共产党的政治主张。

　　大学毕业后,年轻的陈冠群带着抱负和满腹学问回到家乡,第一件事就是出资办学,他在自家宅院创办了私立养正小学,并把宅院起名为"种墨园"。后来,他又集资创办了云山书院(今云岭铁军小学前身)、汀潭小学、顾北小学。陈冠群办学宗旨可谓"有教无类",对学生一视同仁,贫困家庭的孩子可减免学费,甚至自己掏钱为这些孩子购买学习用品。他仗义疏财,为人善良。其次子陈锡寿回忆说:父亲曾在泾县城西门口开了个杂货店,周围群众买东西赊账较多,父亲从不让伙计讨要,店铺后来停业倒闭了;为了方便村里群众出行和孩子上学,陈冠群出钱在叶子河上修建了一座木桥,是"叶挺桥"的前身。

迎接新四军进驻云岭

陈冠群乐善好施,办事公平,周围群众非常拥戴他,尊称他为"陈先生",大事小事都爱请他出面。国民党政府也看中他的声望,先后委任他当云岭保长、乡长、章渡区长和县政府执委。1937年七七卢沟桥事变,全国抗日战争爆发,陈冠群从收音机和报纸上得到消息,中国共产党领导的八路军、新四军与国军共同抗日,后又得知项英是新四军的领导,他欣喜万分,一面积极宣传"国共合作、一致抗日",一面打听新四军的消息。1938年5月,新四军军部驻扎距云岭15里的南陵土塘,陈冠群遂以老熟人身份多次赴土塘与项英会面,并结识了军长叶挺。叶挺、项英一面向陈冠群宣传中共和新四军的抗日政策,一面询问云岭的有关情况。陈冠群向两位首长详细介绍了泾县及云岭地形地貌、物产和群众基础等情况,同时在云岭地区和泾县国民政府中宣传新四军的抗日方针。1938年8月2日,新四军军部移驻云岭,陈冠群提前赶到土塘迎接,并召集陈氏族人和云岭群众沿路敲锣打鼓,燃放鞭炮,摆放糕点和茶水,欢迎新四军的到来。

云岭,以坐落在西北的云岭山得名,位于泾县与青阳县、南陵县交界处,其山脉与黄山、九华山相接。云岭山常年云雾缭绕,苍松翠竹掩映,一条澄碧的叶子河环绕全境。叶挺诗句"云中美人雾里山"就是对云岭秀丽山水最适当的称赞。

为了让新四军指战员住得好,留得住,陈冠群不仅将自家庄园"种墨

园"让出,同时召集族人协商,将大夫第、陈氏宗祠、花戏楼、凉亭、牌坊、庙宇以及好一点儿的民宅让出来给新四军指战员住宿和办公。新四军军部各机关分别驻在云岭东西约15里的13个自然村里,司令部设在罗里村。陈冠群的庄园"种墨园"坐落在罗里村最为中心的位置,是一幢古式建筑的庄园,该庄园共3进47间外加小花园,面积大,环境幽雅,生活设施一应俱全。陈冠群让叶挺夫妇居住于此,同时居住于此的还有周子昆、史沫特莱、任光等。为了让叶军长等住得宽敞一点,陈冠群一家老少先是搬到后边的阁楼上,后来又到山边上盖了三间草屋居住。叶挺对陈冠群一家非常敬重,高看一眼,陈家人进出种墨园自由,警卫人员从不阻拦。叶挺工作之余在小花园种植西红柿等时鲜瓜果,收获时总会送上一份给陈家。叶挺还把一架望远镜送给了陈冠群的长子陈长寿,此物现被云岭新四军军部旧址纪念馆收藏。

积极帮助新四军抗日

与种墨园一墙之隔的大夫第是陈冠群族亲陈福骥的宅院,由陈冠群出面协调,陈福骥乐意地让出来,让项英、张云逸、李一氓等居住办公。陈冠群经常邀请叶、项等军部首长来家做客,倾听新四军的抗日消息,并由长子陈长寿做记录,然后油印成小册子发给群众,以资鼓舞。为了让老百姓的日子过得好一点,新四军提出"二五"减息主张,陈冠群带头响应执行,并以特殊身份做了大量工作,使云岭、章渡、包合、茂林等地的士绅纷纷响应执行,受到中共地方组织和广大群众的一致好评。他协助新四军在民间组建农抗会、工抗会、妇抗会、青抗会等抗日群体,为新四军从事组织群众、宣传群众,开展形式多样的抗日活动,并为新四军提供后勤服务和兵源。陈冠群积极支持新四军兴办各类工商企业,献计献策,出钱出力。他率先出资,以身作则,一次性募捐3000大洋给新四军作军饷。由于支持新四军开支大,所在区政府随之亏空,陈冠群变卖了自家3

亩良田予以充补。他让大儿媳妇报名参加了新四军识字班,提议让长子去延安,动员亲友和有志青年参加新四军,投身抗日前线。

1939年春,周恩来到云岭新四军军部视察工作,住在种墨园20天,叶挺、项英向周恩来介绍了陈冠群的情况,陈冠群有幸获得会见并聆听周恩来的讲话。3月6日,军部特邀陈冠群参加了周恩来在大会堂的报告会,并坐上了主席台。

皖南事变中救护新四军突围

皖南事变中,新四军部队从章渡突围过青弋江。陈冠群暗示同情新四军的国民党军睁只眼闭只眼,把枪抬高三寸,放新四军突围。皖南事变后,陈冠群掩护、救助失散和负伤的新四军,出钱出粮,倾其所有,暗中把伤病员送到可靠地方养治。皖南特委书记李步新躲藏在南堡村一个山头上,陈冠群得知后马上叫保长徐承恩给李步新送去衣物和10块大洋,并嘱咐让其改扮成地方老百姓突围。当时,国民党怀疑云岭李有卓、童友根亲共,私通新四军,将二人抓捕,陈出面担保让他们获释回家。陈冠群夫人曹彩云深明大义,同情新四军,几位失散负伤后靠乞讨度日的新四军战士来到陈家,曹氏请他们吃饭,还特地炖了一锅肉招待他们。陈冠群不顾与国民党决裂,招惹亲共嫌疑之危险,将几位新四军战士留在家中养伤数日,并设法将他们转移到安全地方,后又托关系将他们护送到江北无为。新四军北移后,陈冠群继续做一些抗日宣传工作,在周围群众与国民党同僚中经常称赞新四军是一支担当民族解放大任的人民军队。

1951年腊月二十一,陈冠群被错杀。原新四军秘书长李一氓得到陈冠群被抓的消息时,急赴泾县营救,可惜为时已晚。

陈冠群去世后,被家人葬于云岭种墨园对面的七坞山脚下。

（作者单位:泾县史志研究室）

杨远源:共赴危难助铁军

朱家托

杨远源(1921—2012),字救贫,男,1921年1月14日出生于安徽省太湖县北中区玉珠乡将军村(今北中镇将军村)西畈组一个大户人家,幼年读过私塾,青年时期曾在将军山下杨氏宗祠办私塾学校,担任私塾教师。从1931年到1949年的18年间,为中国共产党领导的人民军队送情报、养伤员、写传单、藏武器、筹军饷,历尽艰辛,多有贡献。为太湖县第四、五、六届人大代表。2012年3月27日病逝,终年91岁。

杨远源

掩护伤员

太湖县将军山下的西畈大屋场,坐东南,朝西北,一进三重,大门上有杨远源自己书写的联语:"但行好事,莫问前程。"屋场东边是一片竹林,旁边还有一棵高大的皂荚树。这是距离将军山最近的独居屋场,只住着杨炳照杨远源父子一家。

1943年7月下旬的一天子夜,天气还很炎热,22岁的杨远源在东厢房临窗的门板上熟睡,忽然醒来,感觉到身上怎么凉凉的? 伸手一摸,心头一惊:"沙子!"

杨远源借着窗外的月光,再仔细一看手掌心的"沙子",立即破解了这无声的"秘语":"李师长来了!"

于是,杨远源立即起身,打开大门。果然,李师长的警卫员出现在自己眼前。他握着警卫员的手,感觉对方的手上还有些许沙子呢:"这……"

"我撒的,"警卫员小声回答,"不然你能醒吗?"

"这是你又一次叫醒我的方法——你一定有事找我,快说吧!"

"你看——"

杨远源一看竹林旁边,有一副担架,就赶忙走上前去,关切地问:

"李师长——你——受伤了?"

杨远源已经一年多未见新四军第五师师长李先念了!李师长这次是来养伤的。

1942年春,新四军第五师师长李先念在太湖县园襟冲听取各边区县委工作汇报后指出,要继续坚持民族统一战线,让当地有名的士绅与共产党合作,出钱出力抗日,反对国民党的妥协投降阴谋。之后就到根据地视察去了。

一天,杨远源与父亲杨炳照在将军山的岗子上搭建了一座3间房子的茅草屋。正当接近完成时,突然从树林里走出一个人,来到茅草屋前,摘下几乎遮住眼睛的草帽。

"啊,鲁队长,是你呀!"

鲁队长大名鲁教瑞,鄂皖边游击总队副总队长,是杨远源的老熟人。

"茅草屋快建起来了吧?"

"是啊,牛棚快搭建起来了,"杨远源把"牛棚"二字重音强调后,忽然压低声音说,"上次答应你的,这个新四军休整所行不?"

"居高临下,安全,好!"鲁队长说罢把手一招,"我带你去见首长。"

来到松树林,鲁队长举手敬礼:"报告李师长、张政委,这就是将军山下的杨远源。"

"听鲁队长多次说过你啊——"李师长挥手笑笑。

"还很年轻哩。"张政委迎上前去。

久闻其名，今见其人，杨远源甚是惊喜！

李师长，就是国民党顽军闻风丧胆的新四军第五师师长李先念，张政委就是赫赫有名的新四军第五师十四旅政委张体学。

太湖将军山

这一次张政委是陪同李师长来将军山视察的。

1937年，张体学跟随红二十八军政委高敬亭转战将军山。1938年2月，红二十八军改编为新四军第四支队东进抗日，高敬亭任司令员，张体学任留守警卫处教导员。

1939年12月，鄂豫边区党委成立，组建鄂豫挺进纵队，鄂东的五、六大队编为第1团，张体学任副团长。不久，改为独立团，张体学任政委，率团驻扎将军山、桐山一带。

1940年8月，张体学率部攻打盘踞在三角山的国民党顽军，歼灭敌人300余人，随后来到将军山，留下30余名干部、医生、战士，奉命组建"蕲(春)太(湖)英(山)边工作委员会"，在太湖县境内建立了玉珠畈区委与马嘶铺区委，创建抗日根据地，为新四军输送新兵，筹粮筹款。这次张体学驻军将军山时间较长。张体学陪同李先念视察将军山，是把这里看成革命的大本营。首先是这里的群众基础好，人民群众觉悟高。1924年，秘密共产党员詹大悲就追随孙中山"联俄联共 扶助农工"三大政策，点燃革命火种。1926年，共产党员詹大权建起了鄂皖边第一个党支部。1936年，红28军政委高敬亭在将军山一带潜伏了一批革命力量，诸如鲁教瑞、詹绪辉等带领游击队在鄂皖边战斗，打击敌人。其次，这里的地理形势十分险要，东临桐山，西眺仙人台，北至查山乌沙畈，崇山峻岭，隐蔽性好,适宜游击战。再者这里是皖鄂两省三县交界处,是敌顽地方武装接合部,力量相对薄弱……

"腿部——!"李师长的回答,打断了杨远源的回忆。

"这里不安全,"说罢,杨远源便叫来堂弟杨远四,"我俩背李师长到百花洞去!"

于是30余名手枪队员四周警卫着、护卫着,趁着夜色上百花洞去。

从西畈大屋场到百花洞,陡峭曲折,沟壑阴森,荆棘灌木丛生,平时人迹罕至,基本没有路,即或白天行走,都十分困难,何况是夜晚,况且有10多里山路。好在杨远源、杨远四年轻,有力气,又熟悉地形,于是兄弟俩轮流背着李师长,终于在天亮以前到达百花洞。这是三块巨石结构起来的一个天然石洞,形似百合花,洞内能容纳十几个人,里面有3个

将军山百花洞

出口小洞,洞顶端还有一个小洞口。山泉在不远处。洞周围树木稠密,地势险陡,易守难攻。

在百花洞里是不能生明火做饭的,因为一旦升起炊烟,就会暴露目标。远处,有好几座碉堡,国民党顽军用高倍望远镜在瞭望监视。

百花洞里有李师长、医官袁立山、警卫员等6人,杨远源怎样巧妙地完成送饭菜的任务呢?

杨远源家养了好几条黄牛,每天都要到将军山上放牛。每条黄牛上山之前,都要用一个"竹箆咀"罩住嘴,以免黄牛偷吃路边田地里的庄稼蔬菜。

杨远源一看"牛箆咀",便计上心来。于是把饭菜包装好,放在"牛箆

咀"里,再套在牛嘴上,悠闲地赶着牛上将军山吃草,巧妙地躲过一些暗藏的"耳目",然后小心谨慎地把饭菜送到百花洞里。

杨远源的妻子还用油盐拌熟米粉,做成干粮,送给李师长他们。杨远源又巧妙地送去木炭、铁罐、米。这样如果遇到雨天,可以熬稀饭,没有明火,就没有炊烟,安全,实用。

李师长除了向杨远源宣讲革命道理外,还天天询问顽敌活动的情况,杨远源都将侦察到的情况,一一做了如实回答。

20多天后的一个夜晚,中共浠水县委书记赵辛初带领手枪队,将李师长接走了。

临别时,赵书记握着杨远源的手说:"好自为之,毋忘革命真谛。"袁立山医官将自己的《中西良方大全》和一个檀木药箱送给杨远源作纪念。

将军山、桐山、乌沙畈一带是医治疗养抗日伤病员的主要地区,平常有伤病员200至300人,最多时有500人,新四军第五师野战医院多分散在极隐蔽的地方,其中将军山中的猴头树沟,四周茅草丛生,葛藤密布,遮天蔽日,沟深且窄,宛若天然地道,成为理想的伤员医治地,有不少伤员在此生活过。

袁立山赠药书封面

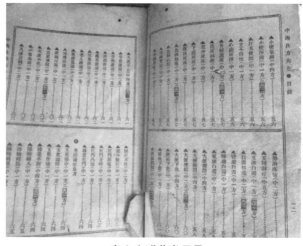
袁立山赠药书目录

1935年红二十八军特务营长鲁教瑞率领百名战士来将军山休整，谁知数倍敌顽尾随而来，这时杨远源指点鲁营长带兵隐藏有利地形，展开激烈战斗。战斗结束后鲁营长部下有3人受伤，杨远源立即将他们分别安排到两户农家养伤。

1938年五六月间，游击队长鲁教瑞、吴事务长负伤，来到西畈大屋场。杨远源热情接待，并迅速把他俩送到百花洞，还送去木炭、铁罐、米等，让他俩安心养伤。十多天里，杨远源以上山砍柴为名，暗中送饭菜到百花洞。鲁队长、吴事务长伤愈后，游击队詹少和前来迎接他俩归队。

暑假的一天早晨，杨远源到桐山去路过将军山乌龟石。突然，从芭茅丛中闪出一个人，杨远源定睛一看，是便衣队长黄必德，一个老熟人：
"是你——"

"我在这儿隐藏几天了。"

"没吃过东西？"

黄必德摇摇头。

"跟我到学校去！"

杨远源办的私塾是设在将军山下杨氏祠堂内。私塾放假了。杨远源将黄队长安排在里面住下，厨房里有吃的东西，之后锁上大门外出了。黄队长在私塾里安全度过几天，躲过了顽敌的追捕。

杨远源家有一条秘密的30米长的地道，里面较宽敞，通风情况也很好，进口与出口都十分隐蔽。有一次，蕲太英浠边县游击队长刘治平负伤，被杨远源藏在这地道内养伤，精心照顾90余天，直到伤愈归队。

临别时刘队长说："救命之恩，日后定报。"

杨远源指指大门上"但行好事，莫问前程"的联语，然后抱拳作别："刘队长保重！"

新中国成立后，刘治平任湖北省水利厅长时，曾先后两次派其大儿子和小儿子到将军山寻访杨远源，因种种原因，未能如愿。

书写传单

1939年3月,国民党顽军3000余人,进驻三角山、仙人台、桐山、将军山,对蕲太英边区革命根据地进行"围剿"。与此同时,国民党军郑洞国部的三个营和杨世鹿的加强营共400余人进驻桐山、将军山,围剿便衣队等地方革命武装。为了反击敌顽的"围剿",蕲太英边联防负责人来到将军山宣传共产党的政策,组织扩大抗日力量。

其时,杨远源在将军山下的私塾教书。他擅长书法,派上了用场。按照联防负责人的要求,杨远源夜以继日书写标语、传单:

"打倒甘心亡国的蒋介石!"

"粉碎国民党军事围剿!"

"万众一心,誓灭倭寇!"

……

国民党顽军看到贴在屋场墙壁上、大道边、凉亭里这些革命标语和传单时,眼睛都气绿了。他们从字的笔力、结构等特点分析,断定是杨远源书写的。于是冲进私塾大门,五花大绑捆住杨远源,押送到蕲春县檀林镇,吊起来鞭打,皮开肉绽,鲜血淋漓!后来还是杨远源家人托时任保长的表兄陈胜东,花去50块银圆,才把杨远源"担保"回家。

蕲太英便衣队营教导员黄明清曾率队在将军山一带活动,也是杨远源私塾学校的常客,好几次的会议是在这里召开的。

国民党檀林顽军把目光瞄准了将军山下的私塾学校,一次出兵前来捉拿杨远源,杨远源闻讯后立即逃走。自卫队扑了个空,恼羞成怒,就直奔西畈大屋场,把杨远源的父亲杨炳照捉住,带到檀林一番吊打。这时,杨远源找到表叔陈廉帮忙救父,而陈廉是国民党蕲春县第四区驻张榜负责人,曾与李先念、张体学签订了《互不侵犯一致抗日条约》。陈廉到檀林对自卫队说:"杨炳照交给县处理,我带走。"杨炳照方才脱离险境。

巧藏武器

1942—1944 年,国民党地方顽军保安八团配合顽军桂系四十八军一三八师李本一部的四一二、四一三、四一四团约 3000 兵力,"清剿"蕲太英边区抗日根据地。敌顽在革命根据地的中间地带与在各区相连的要道上设卡,还实行封山、烧山、移民并村、"五家连坐"(一家通共产党,五家受株连)等手段,企图困死、饿死游击队、新四军。在敌顽重兵压境的情况下,为保存人力物力,鄂豫皖边武装力量采取"化整为零"的灵活机动的游击战术,每小队活动范围 100 里,打"扰敌、袭敌、攻敌"的"破袭战",反击敌顽的"围剿"。

由于"化整为零",只留下手枪,轻装上阵,步枪、机枪等武器和棉衣等暂时隐藏保管起来,怎样寻找到安全而可靠的地方呢? 蕲太英边县委书记钟子恕、游击队长刘治平经过认真研究,决定将此事交给杨远源。一天,钟书记和刘队长将长枪 20 支、机枪 2 挺、棉衣十几担交给杨远源保管,杨远源将这些物资隐藏在将军山的某处,几年后又如数交还给钟书记和刘队长。钟书记验收后很感激杨远源,并送给他一张自己的照片,背面写道:"赠给杨远源留念。"

1947 年 7 月,独二旅长张体学、中共鄂东区委组织部副部长赵辛初又将一批枪支弹药交给杨远源隐藏,结果杨远源也圆满完成了任务。

传送情报

1943 年 7 月,在将军山吴风调家,李先念、张体学、鲁教瑞、赵辛初、石坤山等开会,邀请杨远源参加。李先念对张体学说:"太湖自卫队破坏抗日,鱼肉百姓,十分猖狂,要惩治一下。"

张体学指着一言不发的杨远源说:"你说说——"

作为土生土长的地域知情人杨远源还是不开口。

李先念对杨远源说:"你说说试试,说得对就可以,说得不对就作废,如何?"

这时,杨远源才站起来,报告了周围的山势和山路的详细情况,建议分三路进攻,速战速决!

7月14日,新四军五师十四旅1000余人,分别驻扎将军山、栗郎山,派人侦察,封锁消息,禁止通行。当晚,兵分三路。一路由栗郎山直下切断敌顽由张河到江山岭的去路,二路由将军山乌龟石的鹞鹰石直下切断敌顽由桐山花楼至将石岭的去路,三路由将军山直下长绥卡,拂晓展开激战,敌顽溃败后向江山岭、张河方向逃窜,被我一路士兵阻击。这次战役,击毙敌顽中队长等20余人,活捉30余人,自卫队所剩无几。李先念在王家祠堂召开群众大会,作了联合抗日和反"摩擦"为主要内容的报告,接着又在弥陀、界岭等地打击国民党顽军的嚣张气焰。其时14旅临时指挥部就设在将军山百花洞。

1943年7月,李先念、张体学率部到将军山休整,作出"分散打游击"的决定。三天里,李先念、张体学都是住在杨远源家里。杨远源杀了三头猪慰劳官兵。当时,驻扎在玉珠畈的国民党顽军与地方土顽气焰嚣张,残害共产党员和老百姓,民愤极大。李先念、张体学打算由将军山出发进攻玉珠畈。这时,杨远源回顾游击队、新四军每每在玉珠畈打败敌顽撤走后,敌顽就会疯狂报复的事实后,说:"你们走后,国民党顽军会卷土重来,报复将军山的百姓,最好改道进攻。"最后,李先念、张体学改道从湖北省蕲春县牛头冲进攻玉珠畈,端掉敌顽碉堡,活捉顽军队长,全歼顽军。李先念临走时,送了一盒墨海给杨远源做纪念,墨海背面刻有"李先念"三个字。

是年冬天,独立二旅长张体学、团长康洪山等100余人来将军山休整,部署新的作战计划。这时,蕲太英边敌人修的碉堡先后被我军摧毁了,但敌顽不甘心,又修建起来了。譬如,玉珠畈上原有的三座敌顽碉堡被我军摧毁后,又在吴家大湾和江山岭路口建起了碉堡,张体学决定把它摧毁。敌情如何?因为自卫队认识杨远源,张体学就派杨远源前去碉堡里侦察。一天早晨,杨远源挑着一担稻箩往碉堡走去,里面是送给碉堡的菜与米。同时,还有战士化装成农民,或在碉堡周围放牛,或在田地里耕作,或摇着拨浪鼓挑着货郎担做小生意……

原来,碉堡外有三道防护工事,第一道是木桩铁丝网,第二道是满地竹尖,第三道是壕沟。

第三天时机来了!碉堡里的敌顽中队长张开南带一部分士兵到20里路远的沙河、陈湾等地去敲诈百姓去了,而碉堡内没有几个人。深夜,独立二旅封锁所有通往碉堡的道路,禁止通行。然后兵分三路,进攻玉珠畈上两座敌顽碉堡。随着轰隆隆几声巨响,浓烟升起,碉堡变成废墟。

筹集军饷

1945年,一次,钟子恕、黄明清隐藏在田家桥青草坪青龙庵,准备率整编游击队北上大悟县的礼山抗日,急需资金2000银圆,于是派遣詹旭斋去找杨远源借钱。当晚,詹旭斋步行十几里山林路,找到杨远源,转告了钟县长的要求。

杨远源急得干搓手:"三天内如何筹集这么多钱呢?"

这时,詹旭斋又转述了钟县长的话:"仙人台游击队长詹绪辉的哥哥詹信甫那里有700银圆,你去借一下。"

"好!"

詹旭斋又说:"我刚卖牛有700银圆,也借给你。如何?"

"好!你如果要牛耕作,我卖一条牛给你。"

第二天,杨远源卖了自家的猪,怀揣600银圆,又急急直奔英山县詹

信甫家:"我有急用,向你借700银圆,好吗?"

"刚卖了一窝小猪,钱还没有'捂热'哩,"詹信甫笑笑,"怕不是你'借',而是钟县长急需用钱吧?"

就这样,杨远源筹集了2000银圆,第三天向青龙庵出发了。然而,不巧的是,国民党顽兵搜山了,要道设卡,盘查严密。直到第五天,杨远源才按照约定,在一处密林子里,将2000银圆交到钟县长手上。

钟子恕握着杨远源的手说:"感谢你,我们去抗日,回来还款。"

杨远源回答:"你为了人民,为了抗日,你的事就是我们的事,只要我能够做到的,就尽量做到。"

杨远源是这样说的,也是这样做的。经常"赠"款或"借"米与钱给游击队、便衣队、新四军、解放军等,仅"赠款条"与"借条"就装有三花箩。新中国成立后,杨远源始终未向政府提及过当年革命武装力量"借条"一事,以实际行动履行"但行好事,莫问前程"的诺言,而"文化大革命"时期,所有"赠款条"与"借条"被付之一炬。

(作者单位:太湖县新四军历史研究会)

张节:深明大义 爱国护民

黄奏天

　　张节(1893—1958),字惕生,号国威,陆军中将,宿松梅墩凤凰铺人。8岁进入私塾读书,12岁时看见附近天主教堂神父专横跋扈,经常鞭打无辜群众,气愤至极,在教堂墙上写下"卧榻之侧岂容他人酣睡""天诛(主)地灭"等字句,遭神父拍马追打,乡邻们却赞不绝口。少年张节爱憎分明,颇得外祖父吴兰轩(清武举)赏识。外祖父适时启迪教育,向他讲解洋人为什么敢到中国内地横行无忌,激发他对国家民族的责任感,立志学武救国。

一

　　1908年,张节考入安庆陆军小学堂,不久秘密加入岳王会。同年11月,参加了熊成基领导的安庆马炮营起义。武昌起义后,安徽响应,张节随军投入光复安庆的安庆之役。1912年,考入湖北陆军中学堂,继于1914年初又进入保定陆军军官学校第二期步兵科学习,1916年毕业。在保定军校学习期间,张节深受民主革命思想的影响,曾离校投身讨袁战争。针对袁世凯复辟,张节写过一篇充满火药味的讨袁檄文,痛斥袁氏"媚洋求荣,成为同胞蟊贼"。

　　1920年,张节在保定军校同学廖磊的引荐下,赴湖南长沙进入湘军

第一师第二旅第三团(团长唐生智)担任排长,后升任连长、营长等职。1926年5月,唐生智率部加入国民革命军序列,入编第八军,张节于此时加入中国国民党,不久随军参加北伐战争。北伐军自衡阳进攻长沙,张节身先士卒,在四方坪战斗中被子弹击穿左肺,身负重伤。9月伤愈归队,被提升为团长,随军向武胜关方向追击吴佩孚所部。9月15日,率部攻打武胜关,激战20余小时,于次日击败吴军田维勤部,占领武胜关及新店,深入河南追歼吴佩孚残部。

身为军人,张节年轻气盛,坚信北伐一举,一平军阀割据,就能建设一个国富民强的新中国;他信奉孙中山的三民主义和"联俄、联共、扶助农工"三大政策。当所在部队推荐人员去苏联学习时,他毫不犹豫地派遣自己的弟弟张幼生和在营内担任排长的曾希圣前往,并四处写信动员亲友去苏联学习革命和建设经验。

1927年初,国民政府从广州迁往武汉。2月,国民革命军扩编,第八军第四师、教导师编为第三十六军,刘兴出任军长,张节任下属第一师第三团团长。4月19日,武汉国民政府进行第二次北伐,以唐生智为总指挥,兵分三路向河南进发,迎击奉军。第三十六军连克漯河、郾城、西平、临颍、许昌、新郑,6月1日攻占郑州。不久,宁汉矛盾激化,唐生智命令第三十六军东进征讨蒋介石,张节随军进驻芜湖。10月,南京政府发动讨伐唐生智的战争,第三十六军不敌桂系胡宗铎部,被迫撤回湖南。撤退之时,刘兴下令抢劫了芜湖的银行和商店。对此,张节极为不满,意欲制止,奈何力不从心,愤而弃职解甲,皈依佛门,进汉阳归元寺剃发为僧。然而"覆巢之下,安有完卵"? 兵荒马乱之际,佛门也算不得净土。张节在归元寺才当了一个星期的和尚,又被廖磊派人以北伐将继续进行、武汉政府是革命政府为说辞,生拉硬扯,拽回部队。

1928年3月,新桂系收编唐生智旧部,廖磊接任第三十六军军长,张节为第三师师长。白崇禧为了更好地把控三十六军,与廖磊、张节互换兰谱,结为兄弟。4月,南京国民政府也开始进行第二次北伐,张节随部进占北京。随着战争结束,蒋介石意在削弱其他军事集团的力量,开始组织编遣军队。11月19日,第三十六军第一、三师和第十七军第三师合并缩编为第四集团军第十师,廖磊任师长,张节任第十师第三十旅旅长。次年1月,依中央军番号序列,改第十师为第五十三师,张节任该师一五九旅旅长。不久,蒋桂矛盾激化,桂军战败,白崇禧、廖磊从北平逃回广西,张节滞留北平。

滞留北平之日,张节并未泯灭救国救民之心。其时,北平革命活动风起云涌,一个偶然的机会,听一个叫胡曼云的女学生演讲,他深有感触,觉得很有见地,便主动与之接触。几番交谈,相见恨晚,于是登门造访。当时,胡曼云寄居在她叔叔家,她叔叔是铁道部财务处长。一来二去,张节和胡曼云情投意合,感情笃深,很快结为夫妻。婚后,张节支持胡曼云参加革命活动,他自己则自学农业知识,准备返乡办一个小农场。

1930年秋,白崇禧通过廖磊多次写信,敦促张节去广西任职,他坚辞不就。1931年初,因手头拮据,前往广西向廖磊借款。刚回北平,第五十六军七十七师师长罗霖邀请他担任该师参谋长。禁不住再三劝说,张节又入军中,随军驻防吉安,后相继赴南京、成都、郑州等地任职。任职期间没有亲临一线作战,倒使他有机会拯救了不少爱国人士。从苏联回国在湖南工作的曾希圣被特务追捕,张幼生将其带至张节军中,掩护多日脱险。对法院已作判决的宿松进步青年吴传福、汪淑华等人,张节出面调停,一一具保释放。

张节时刻关注家乡,对家乡革命青年的各种进步活动,总是尽可能帮助支持。早在1927年底回乡,得悉进步青年祝尔昌、姚鹏、周绍南、吴松涛等心怀救国救民的理想,他慷慨解囊,拿出2000块银圆,并让出自家几间房屋,办起凤车庄第三初级小学,让这些有志青年当教员。后来这所小学成为中共地下党员的秘密活动地点。

1932年底,胡曼云客居九江,张节请假去九江省亲,次年春旧伤复发,住进九江一家医院。其间,罗霖多次写信催其归队,白崇禧也出面劝

说，然而他却以伤痛为由——婉拒。1933年4月，国民党南京中央军校教育处处长李明灏邀请他去军校任职。因这所军校教育长是著名爱国将领张治中，张节久仰大名，欣然前往，当了一名上校军官。1935年11月，他又随李明灏到四川国民党中央军校成都分校，任战术主任教官。从投身北伐到全面抗战前夕，辗转征战10多个春秋，张节一腔热血，满身伤痕，然理想却无从实现。救国救民的路在何方？他一直在痛苦和迷茫中苦苦寻觅。

二

七七事变燃爆了全国的抗日烽火。民族责任感驱使张节奔赴前线为国效力。1938年8月，应安徽省政府主席廖磊之邀，回到安徽任第一行政督察区专员兼保安司令，驻太湖县。其间，他极力维护抗日大局，被誉为"抗日专员"。他公开声称："不管你是什么党，只要你的言论和行动对抗日有利，我张节就支持！"省动委会第五工作团到沦陷区宿松复兴一带开展抗日救亡工作，因赤手空拳难以打开局面，团长陈一萍请求支持，张节一下子给了十几支枪和半箩筐子弹。

为了推动全民抗战，张节聘请曾经从事中共地下工作的陈受根、朱子超、唐际虞等人赴太湖组建专署行政班子；设法释放关押在专署监所的政治犯，营救出贺学福、吴四保、周九华等中共党员。他下令所辖各县及区、乡普遍建立抗日组织，鼓励民众建立抗日游击队。任职期间，第一行政督察区的民众抗日运动如火如荼，发展迅猛，中共地下组织领导的抗日组织处于半公开状态，一度形成合作抗日、全民参与的良好局面。

张节积极支持太湖县民众总动员委员会及抗日工作团开展抗日救亡宣传活动，极力推动太湖抗日民族统一战线的形成。在张节的争取之下，省动委会直属第十四抗日工作团来太湖开展抗日救亡宣传活动，重点活动在太湖县城、新仓、徐桥一带，由石安国任团长，成员有郝震、陈一萍等20余人。由于张节的默许,中共太湖中心县委以动委会的名义推荐了不少中共党员和进步分子任职县、区、乡政府工作。

全面抗战开始后,宿松、望江境内有不少零散伪顽武装,经常打着抗日的旗号,鱼肉百姓。张节利用保安区司令的身份,以原驻守在宿松西北山区陈汉沟的安徽第一区游击队为基础,适时收编宿松、望江等沿江一带的散兵游勇,将他们整编为第五战区第十三游击纵队,自任司令一职。为了让这支成分复杂、思想混乱的队伍担负起抗日的重任,他邀请省直第十四抗日工作团到十三游开展思想政治工作。由此,省直第十四抗日工作团全部入编十三游,组成政工大队。

为了提高部队和基层干部的素质,张节于1938年9月底在太湖辛冲举办抗日青年训练班,招收青年学生300多人,抽调十三游部分班排长、自卫队和个别乡保长参加学习,分政治、军事两个队,学期3个月。为了保证教学质量,他向太湖县动委会指导员孙毅(中共太湖县委书记)提出派遣孙益坚、陈一萍和韩建3人担任训练班政治教员。后来,这批学员中不少人走上了革命道路。陈一萍从学员中挑选优秀分子,组成省直第五抗日工作团,进入宿松开展抗日救亡宣传活动。

1939年2月,因"同情共产党"的罪名,张节被解除第一行政督察区专员职务。5月,又被撤销第十三游击纵队司令的职务,改任有职无权的第五战区参议。1940年2月,张节出任与皖东毗邻的第十二游击纵队司令,驻淮南路西九龙岗下塘集一带。6月,在寿县杜司娘岗十二游司令部驻地,主持与新四军四支队政治部主任何伟的谈判事宜,拒不执行国军第二十一集团军总部"扣留共方代表"密令,派副官张家藻礼送何伟安全返回皖东抗日根据地。由于上述原因,此后不久,张节被再次撤销职务。

1942年秋,张节在一次宴会上痛斥安徽政治腐败,被时任安徽省政府主席的李品仙污为"疯子",并指派手下人围攻,张节险遭暗害。从此,他断然携眷返乡,与国民党当局分道扬镳。

返乡之后,张节安贫乐道,带领家人到田间劳动,然其伸张正义的气

概并未减弱。1943年春荒,宿松县县长胡行健不顾百姓安危,依然强派军粮军饷,买官卖壮丁。胡行健借为汤恩伯代购军粮之际,召集当地知名人士开会,意欲摊派军粮15000石,张节当面痛斥阻止,与会者同声附和,致会议最终搁浅。胡行健恼羞成怒,图谋加害,张节在群众的掩护下翻墙脱险,连夜赶赴湖北老河口第五战区总部告发。李宗仁电令逮捕胡行健,为宿松除了一害。

三

1949年,人民解放军渡江前夕,国民党在江北的大势已去,但地方乡保长还在摇摆不定,张节一面带领子女变卖田产筹措军粮支援大军渡江,一面四处写信动员劝说乡保长投诚。其时,中共宿松县委书记滕野翔请他出面劝说地方反动武装头目汪庆豪弃暗投明,张节毅然前往,向汪阐明大义,劝其认清形势。受其感化,汪最终率部放弃抵抗。张节这一义举,产生了"不战而屈人之兵"的理想效果。

1949年9月,张节为特邀代表,出席皖北行政区政协会议和各界人民代表会议,此后先后任军政干校教员、安徽省农业厅副厅长,省民革常委、省政协委员和省人大代表。

1957年,在中共安徽省委统战部召开的民主人士"帮助共产党整三风,改善党和非党关系"的座谈会上,张节被划成右派。此后不到一年,因旧伤复发医治无效去世。1979年,中共安徽省委为张节"右派"问题彻底平反,对张节热爱祖国、追求进步的一生作出公正评价。

无论"居庙堂之高",还是"处江湖之远",张节始终以国家民族的安危为己任,以人民的利益为己任,一生坚持正义,磊落光明,堪称深明大义、爱国护民的典范。

(作者单位:宿松县县志办)

张力化：多次执行潜伏任务的爱国将领

戴尉华

解放战争时期，有一位安徽芜湖出身的国民党将领，在中共地下党的领导下，战斗在隐蔽战线，为人民解放事业做出了贡献，曾两次受到中国人民解放军第三野战军司令部的嘉奖。此人就是黄埔军校第十四期毕业生、原国民党中将、爱国民主人士张力化。

张力化

张力化（1919—1971），原名德钦，生于安徽芜湖。抗战爆发，张力化进了黄埔军校，学习无线电通信。1943年任国民党军二十集团军总部少校作战参谋。

由于家贫，以及其姑父王盈潮的指导，少年时在安徽职业学校机械科半工半读。该校在芜湖东门外，系安徽省教育界进步人士李光炯、刘希平、朱蕴山等创立。毕业不久，抗战爆发，他本已考取清华大学工学院，但家中和王盈潮都无力负担他的费用。他的姑父希望他为民族效命。他听从王盈潮的话，进了国民党中央军校十四期，学的是无线电通信，1939年1月毕业，留校担任十五期、十六期、十七期区队长等职。后来历任连长、副营长、营长、团副等职。1943年任二十集团军总部（总司令霍揆彰）少校作战参谋。抗战胜利后，他在国防部所属预备干部受训处任中校人事科长。他在蒋介石的嫡系部队工作，深受上级的信任。1946年7月，国共和谈破裂，他得知蒋介石决定发动内战，对国民党开始

黄埔军校毕业证遗失证明及照片

不满,于9月间借口祖母病逝,请假到芜湖治丧,委婉辞去南京的工作,回芜湖闲居。1947年秋,经其父亲张台望(皖南著名民主人士,新中国成立后曾担任芜湖市工商联副会长、民建芜湖市委会副主席)引荐与中共地下组织建立联系,从此走上革命道路,开始新的生活。

抗战胜利后,张力化到国民党国防部所属预备干部受训处任中校人事科长。他在蒋介石的嫡系部队工作,深受上级的信任。1946年7月,张力化对国民党的所作所为感到绝望,辞去工作回芜湖闲居。1947年秋,经其父张台望引荐,张力化与中共地下组织建立联系。中共中央华东局国民党统治区工作部上海工作组组长方向明要他回国防部去"做事",配合解放军开展作战。张力化得悉国民党统帅部在湖北监利组建第十六绥靖区,并由其熟人霍揆彰任司令,经方向明同意,即赴南京开展活动。1948年2月,他被国民党上层任命为第十六绥靖区司令部作战科长兼江北指挥所参谋主任。

张力化赴任后利用职务之便,将可以弄到手的国民党军作战机要、秘密图表,包括各部队的兵力、番号及武器配备等重要情报,甚至是"华中剿总"拟定的"华中剿匪绥靖计划"等复制后交给了方向明。情报是张力化用国民党军事信件的形式寄出的,可以不用受到检查。不久,国民党的"华中剿匪绥靖计划"彻底被人民解放军粉碎,其指挥官康泽被俘。

第十六绥靖区指挥失策,让蒋介石大为恼火。他专门从南京派来一个视察组。尽管张力化事先得到消息,但因指挥命令多由他签署执行的,随时都有可能暴露。恰在这时,南京国防部为培训高级特工,从各战区选拔军事人员到南京受训。他借机前往武汉应选并被录用,从此离开湖北。由于当时情况紧迫,他来不及向中共地下党请示。为此,他回到芜湖的第二天便转赴上海,向方向明作了汇报。方向明批准了他的这一行动。10月1日,他进入南京国防部情报学校特种情报班。

张力化从特情训练班结业,按照中共地下组织指示,打入高级特工机构——国防部反情报部队。该机构具有特殊权限,监视国民党部队的行动,主要任务是防止我地下党渗透、策反。蒋介石还为此专门聘请美国情报专家泰勒担任"最高顾问"。张力化任职于南京中央直属反情报队,先任中校参谋,不久晋升为上校代理队副。随后接到了随直属队开赴台湾的命令。当时国民党在战场上节节败退,方向明通知不要赴台,要设法留在南京。张力化遂千方百计地搞到了一个京沪杭警备司令部南京区代理中将视察组长的职位,领取了最高统帅部颁发的红壳金字"国防部侦察证"。此证件能代表最高统帅就地指挥当地军警宪一切武装人员,有权扣留陆、海、空交通工具和搜查逮捕可疑分子。这使他的安全有了保证。其间,张力化用国民党给的"权利"频繁地掩护方向明往来于上海、南京、芜湖三地之间,并完成了中共地下组织交给的将两部军用电台从上海运到芜湖的任务。

1949年春,中共中央华东局国民党统治区工作部芜湖工作组正式成立,方向明调任组长。此时,江北沿江各地已多被解放,国民党军只能困守安庆等地暂时喘息,芜湖也成为敌军、特务的聚集地。这时,方向明叫张力化设法来芜湖。张力化接到指示,向汤恩伯建议"芜湖一带为共军渡江要地,对那里的驻军应明察暗访,以防投共"。汤恩伯信以为真,特派他到第七绥靖区监察部队。张力化抵达芜湖后,亲自兼任城防指挥部视察主任,控制了地方一切特务机关,明确指示抓人要经他批准,从而有力地保护了大批中共地下党和反蒋进步民主人士。有了张力化的暗中保驾,方向明等大力开展策反工作,先后成功地策反了国民党安徽省第

十团团长郭坚、国民党怀宁县县长钱镇东等一大批军政要员和部队,指示他们在渡江战役期间举行起义。

这期间,张力化还利用自己的特殊身份,根据中共地下组织的指示,往返于芜湖、南京、上海间,搜集到"第七绥靖区和海军第四江防兵力配备图"(抄件)、国民党"保卫大上海作战计划"(原件)、"淞沪警备区作战部署表"、国民党六十六军一八五团"江心洲防御图"、十三军"东西梁山防御工事和裕溪口等地江防布雷标记"、国民党军"当涂、芜湖、繁昌一线沿江工事简要示意图"(实地侦察绘制)、国民党驻芜二十军"江防阵地图"(草绘)、八十八军"繁昌江防阵地示意图"和敌江防部队番号、装备、作战能力、通讯信号及口令等多种重要情报。这些重要情报对解放军渡江作战和迅速完成京沪杭作战任务,发挥了重要的参考作用,特别是《保卫大上海作战计划》送报解放军三野司令部后,粟裕非常满意,提出对张力化给予嘉奖。

随着芜湖解放的临近,张力化又配合方向明等积极争取国民党芜湖县(新中国成立后改名为芜湖市)县长谢汝昌和平起义,获得成功。同年1月21日早晨,解放军渡江成功的消息传到芜湖,谢汝昌恪守诺言,较好地维持了芜湖的社会秩序,使芜湖毫无损失地回到了人民的手中。

新中国成立后,党和政府安排张力化在皖南公安局和芜湖市文化部门工作。1962年起担任芜湖市政协驻会委员。然而,"文化大革命"时期,张力化惨遭迫害,于1971年3月含冤去世。1981年春,张力化的沉冤得到平反昭雪。中共芜湖市委召开追悼会,并给家属子女安排了工作。

(作者单位:芜湖市新四军历史研究会)

汪秀璋:白皮红心赴大义

余顺生

汪秀璋(1911—1945),安徽贵池人。幼年读过私塾,后毕业于乌沙小学。1944年10月,新四军沿江办事处成立,汪任沿江办事处"协进会"会长。其间,经常向抗日民主政府提供日伪兵力部署和活动情况,不拘形式地向群众宣传共产党的政策,并动员不少青年参加了新四军。1945年任三万圩公司经理,在减租减息斗争中做出了贡献。同年6月18日在日伪军"扫荡"中不幸被捕,后在雨花台英勇就义。

贵池区委对中共沿江中心县委旧址重建后,2020年6月某一天,试开放的场馆门刚打开,便迎来了几位特殊的客人,他们没有从头依次参观,而是急匆匆直奔一幅油画而去,心中默念着图画说明,突然,这群人中的一位女同志泪水夺眶而出,朝着画中人双膝跪地……长久以来,他们知道亲人被日伪军抓走了,肯定牺牲了,可他们心中始终有个结——亲人到底牺牲在何处?总没有个准信!而那油画展示的就是汪秀璋烈士在南京被日军杀害的场景。

乡邻眼中的"啄木鸟"

汪秀璋(1911—1945),贵池晏塘横塘村禹赛村民组人(今贵池区乌沙镇横塘村人)。其幼年读过私塾,后毕业于乌沙小学。在那个年代,也称得上是识文断字的"明白人"。在当地有种说法叫"地方上的人管

地方上的事",最地道的称谓就是"当地问事的",有文化的说法为"乡贤""乡绅"。禹赛汪自然村紧连吴家嘴自然村（又称胡家嘴,方言听起来"吴"与"胡"难以辨别）,20世纪三四十年代,吴家嘴村对外号称有24个半地主,这个村地主建的"大洋房"至今还在。敌后抗日战争的主体,实质上是中国共产党领导下的农民群众,敌后抗战主要任务就是发动和组织农民抗战。其间,中共暂停了实行没收地主土地的政策。为了发动群众并适当改善他们的物质生活,中共中央决定实行减租减息政策,同时也适当地保证佃权。执行这个政策,虽不能根本解决土地问题,但仍从政治上动摇了封建统治,在经济上削弱了封建剥削。这是在民族战争条件下兼顾农民和地主两方面利益,把坚持统一战线和解决农民问题恰当地结合起来的政策。在这一政策影响下,过去一些嚣张跋扈的地主气焰有所收敛,而部分长期受剥削的贫苦农民、佃农的身板还不敢完全挺直,他们怕地主老财们"秋后算账"。汪秀璋为人秉性爽直,敢于在地方上为穷苦百姓鸣不平,乡邻们遇到难事也总主动问问他,而大小地主们对他都有些胆怯。因此,人们送给他一个绰号"啄木鸟"（意思是很厉害）。

与日伪势力"说得上话的人"

1938年8月1日,日军经长江在贵池乌沙马踏石、李阳河一带和江口洪家冲登陆,驻守贵池的国民党新七师进行抵抗,历时两个多月,伤亡惨重,后炸毁杜湖、池口渡船退守县城。10月28日,日军进占贵池城,并向东推进,控制了芜大公路,占领了北部圩区。日军在统治贵池期间,疯狂轰炸,残暴屠杀,凌辱妇女,放火抢劫,扶植汉奸政权,进行经济掠夺,实行奴化教育。犯下的罪行,罄竹难书。乌沙一带沦陷后,1943年汪秀璋出任日伪乌沙地区晏塘乡横塘保保长;1944年,他又升任日伪晏塘乡乡长。在地方人眼中,尽管他是一个能够与日伪势力说得上话的人,可那毕竟是投靠日军及其走狗的行为。他的至亲曾悄悄地劝导道:"不能这样干,会背汉奸骂名的!"他背地里对可靠的亲友说:"我当乡长,不是为做官、发财,更不会当汉奸。我是为了给乡亲们减少点苛捐杂税,我对他们(指日伪军)能糊则糊,能拖则拖。"实际上,自他担任保、乡长以来,老百姓的负担的确减轻了。关键时刻显担当,一次日军武田伍长捉了11个江北做生意人,准备在高塘埂(今贵池秋江街道办事处境内)枪杀,汪秀璋闻讯赶去具保,使之幸免于难。同年,沿江行政办事处成立,张格为办事处主任;机关驻地在臧家坝一农户家,这个地点与禹赛汪自然村不过二三里路。汪秀璋每天进出禹赛汪自然村,必须路过臧家坝。通过长期接触,他对"四老爷"(当时当地人对"新四军"的隐晦称谓)有了自己的认知,表现得极为热情,竭力支持和掩护工作。

民主政府中挂上新头衔

1944年10月间,汪秀璋被任命为沿江行政办事处"协进会"会长。在沿江行政办事处主任张格的引导教育、帮助下,汪秀璋自觉地参加抗日工作。他利用担任伪职的公开身份便利,为党和人民做了许多有益工作,能准确及时地向抗日民主政府提供日伪兵力部署和活动情况,不拘形式地向其周围群众宣传抗日救国道理。贵西地区(就是今乌沙地区一带)沦陷后,凶残的日军暴行惊得地处贵西的三万圩公司的大股东纷纷逃离,逃往大后方,但仍旧通过公司继续索取租利。另一方面,逃往贵池南部山区的国民党县、区政府仍通过特务人员控制公司继续榨取租利。如逃到百里之外狼坑的国民党乡长陆士愕,还到三万圩公司要救国捐;逃到密岩贵池西北办事处的戴老五,竟霸占了乌头湖的渔利。此外,三万圩公司还要应付日伪人员。不要说农民,就连小地主、小股东也得不到租利。中共沿江中心县委和沿江行政办事处了解这一情况后,组织召集当地股东代表大会,选举临时董事会。并改变了过去按股份分配权力的做法,实行不论大小股东,每人只有一票选举权。新董事会成员大都是贵西(就是今乌沙

地区一带)本地人,也是敌后抗日民主政府能够争取的小地主。随后立即改组了三万圩公司,派汪秀璋出任了公司经理。三万圩一带有大批江北移民,露宿野外,无地可耕。贵桐县委和晏塘区委了解这一情况后由农民协会名义出面,同三万圩公司董事会代表谈判,解决了租佃土地、借贷种子和生产工具等问题,开垦了属于三万圩公司的800亩芦苇湖田。上述做法,调动了三万圩农民的革命热情,三万圩成为民主政府的核心区。从而摆脱了大地主的控制,阻止了日伪和国民党地主豪绅对三万圩田租的侵夺,为民主政府实行减租减息创造了有利条件。在他的动员下,禹赛汪村多名青年参加了新四军。1945年6月2日其弟弟汪维贵(又名汪龙潜)参加新四军,在汪秀璋儿子的家中至今保存着中国人民解放军华东军区发给其祖母汪沈氏的革命军人家属证明书,其中详细记载了汪维贵在部队任军医,家住安徽省贵池县第二区禹赛汪村。

血洒雨花石亮气节

1945年6月18日上午9时许,盘踞贵池县乌沙夹的日伪军,突然出动10余名官兵,奔袭吴家嘴(又称胡家咀)——皖江区沿江行政办事处驻地,将在休息的办事处主任张格、汪秀璋等4人用麻袋套头逮走,经乌沙夹、大渡口押送安庆日军"觉醒团"(群众称为俘虏大队)。这个所谓"觉醒团",实际上是监禁和蹂躏我国抗日军、民的集中营。"觉醒团"当时被监禁的抗日军、民五六百人,其中有我们新四军指战员和地方工作人员百人左右,国民党的官兵占大部分,还有部分爱国青年和无辜百姓。"觉醒团"里生活极苦,并常受虐待,经常吃的是馊菜剩饭,穿的是日本兵扔的破旧军装,踏着

汪秀璋烈士像

中华人民共和国民政部于1984年核发给汪
秀璋烈士新的《革命烈士证明书》

中国人民解放军华东军区颁发给汪维贵
(汪秀璋烈士之弟)母亲汪沈氏的《革命军人家
庭证明书》

木屐鞋,整天做苦工,负重如牛马,更不准难友之间互相讲话,动辄体罚晒太阳,甚至遭到毒打。有的难友经常惨遭日军的狼狗咬伤。1979年9月26日,汪治先生采访了沿江行政办事处主任张格,据他回忆:自己之所以可以脱险,除因为抗日战争胜利的大好形势外,还和马守一(中共贵桐县委书记)、蔡辉(新四军七师派遣上海地下工作者)、储克生(中共广济圩区委书记)等同志进行多方面的卓有成效的营救工作是分不开的。

人生自古谁无死,留取丹心照汗青!汪秀璋没有幸运地被营救出来,解至安庆后不久又被押送到南京,在雨花台英勇就义,牺牲时年仅33岁。汪秀璋先生在被逮走直至牺牲期间,遭受的非人折磨具体情况无从查考。1984年9月1日,中华人民共和国民政部核发其新的《革命烈士证明书》存根中,我们读到了"汪秀璋,男,1911年出生,贵池人,牺牲前职务为丁庄沿江办事处主任,中央人民政府于1953年11月18日批准……"从这里,我们不难看出敌人认定汪秀璋先生就是沿江行政办事处主任,先生至死也没有向敌人表明自己真实的身份,他表现的民族气节令人敬仰……

(作者系池州市贵池区党史和地方志研究室主任、池州市新研会常务理事。)

吴华玉:为抗日捐躯的维持会长

高兴起

吴华玉(1902—1939),淮南市人。他从小在私塾和新式学校读书,他天资聪颖,学业优异。成年后在家乡的九龙岗小学任教师,后任校长。他主持工作有条不紊,教学业绩卓著,群众口碑载道,在社会上深受众望。

吴华玉

1938年,日军占领了淮南,为了学生安全考虑,吴华玉决定提前放假,不再当小学校长,而变换身份,谋一个伪职做掩护,从此开展抗日活动,以身报国。后被日军头目任命为九龙岗地区的维持会长。他上任后,日常事务举措得当,应付自如,忙中抽空就筹谋抗日救国事宜。私下寻找新四军四支队,筹集物资和银圆帮助新四军四支队渡难关,临危不惧救战友,后被日军发现,1939年7月12日被日军杀害于怀远县。为了彰显这位抗日志士的坦荡胸怀和浩然正气,2009年9月,安徽省民政厅发文:"经省人民政府批准,同意追认吴华玉同志为革命烈士。"

1938年2月,日军侵占上窑。当年6月,穷凶极恶的日军占领淮南,那些外国强盗觊觎淮南最早开发的大通煤矿及九龙岗东西两矿,此外还有田家庵发电厂。那年月,东方三镇是日军横行霸道最厉害的地方,烧杀掳掠无恶不作。人们看在眼中恨在心里,城乡百姓都过着提心吊胆的苦日子。

变换身份为抗日

日军占了淮南,学校不会安宁。为了学生安全考虑,学校提前放假。九龙岗小学校长吴华玉耳闻目睹日军的野蛮暴行,恨得咬牙切齿。时值壮年的吴华玉不仅有一颗赤诚的爱国心,还有壮怀激昂的爱国情。怎样才能救国呢?他思忖再三,并做通了家人的思想工作,决定不再当小学校长,而变换身份,谋一个伪职做掩护,以此开展抗日活动,以身报国。

一日上午,吴华玉邀集了20多名群众到九龙岗街上赶集。他掏钱买了鸡鱼肉蛋,此外还有香烟美酒、瓜果和时鲜蔬菜。一群人挑着一面日本旗,敲锣打鼓来到日军驻地。日军见当地百姓来慰劳,不禁喜出望外。日军头目得知领头人是吴华玉校长,赶忙上前和吴握手,连声称赞吴华玉等人是大大的良民,是大日本帝国的好朋友。当时,日军的头目就正式任命吴华玉为九龙岗地区的维持会会长。

为了理想勇敢前进。吴华玉稍作准备便走马上任。没过三天,吴华玉当了日军扶植的维持会会长的消息不胫而走。认得他的人常在背后窃窃私议:这么好的文化人怎么成了汉奸?街头巷尾,风言风语。吴华玉早就料到会被群众当汉奸议论,为了抗日,他忍辱负重,不去理会别人的闲言碎语。

私下寻找新四军

吴华玉上任以后,日常事务举措得当,应付自如,忙中抽空就筹谋抗日救国事宜。7月初的一天,吴华玉几经周折,终于找到了活跃在定远、凤阳、淮南、寿县一带的新四军第四支队领导。经过交谈,支队领导同意吴华玉从事秘密的抗日活动;同时,委派他担任淮南矿区游击大队的

队长。

与此同时,日军小头目认为吴华玉的维持会长工作干得不错,还委任吴当九龙岗煤矿矿警队队长。平心而论,吴华玉肩上的担子着实不轻。吴华玉自从秘密组建淮南煤矿抗日武装大队后,积极开展革命活动。7月26日,吴华玉派队员曹宜云等人绕过日军的封锁线,从旱路把当时紧缺的物资食盐送到新四军四支队,解决了他们生活中的燃眉之急。

8月初,吴华玉指派郑德元率一队人员到孔店附近,将铁路桥上的枕木扒掉,然后浇油点火烧掉枕木。此外,还两次扒掉日军通往九龙岗的铁路,使日军的交通运输多次中断。

8月下旬,吴华玉指派地方抗日武装队员桂兴云秘密通知洛河游击队员柴开业、王恩海、王思茂等9人击毁日军在淮河上游弋的小汽艇,有力地打击了日军水兵的嚣张气焰。

9月,吴华玉指示吴化明、鲁凤山两支游击队配合铁路游击队队员协同作战,利用雨夜将大柿园至胡拐两村之间的部分铁轨和枕木扒掉,致使日军行驶的火车脱轨停驶。游击队员趁势全力出击,打死押车的日军,缴获火车上的所有物资及大量枪支弹药。小战大获全胜,振奋了游击队员的士气,有力地打击了日伪军的狂妄气焰。

帮助新四军渡难关

11月,天气渐冷。定远游击根据地遭到日军严密的封锁,新四军四支队的给养出现严重困难,战士缺衣少食,寒冬还穿着单衣。吴华玉根据四支队教工科的指示,积极筹措钱款。吴华玉凭借自己的威信及能力,到淮南敌占区几位开明地主家筹集到1500块银圆,为四支队紧急采购生活急需物资,让战士们渡过了难关。

在旧社会有句民谣:"四路无门把炭掏。"走投无路的穷苦人冒着生命危险,在矿井下干活挣钱以养家糊口,他们受着层层剥削。日军来了,暴戾恣睢的把头和监工凶残毒打工人。有压迫就有反抗! 12月上旬,6名矿工游击队员在矿井下愤怒地用石头砸死两个日本监工。日军头目古川下令逮捕了曹宜云、廖德标、阮化全等6名矿工。吴华玉私下组织人员保释未成。翌年2月下旬,吴领导九龙岗东西两矿工人大罢工,要求日方无条件释放被捕工人。古川见情况不妙,无奈只好释放6名工人。

夜袭击伪区公署

吴华玉注重抗日宣传工作,指派吴怀南负责散发抗日传单。他在两年内秘密散发传单近万份,张贴50多张抗日标语,起到了教育群众、震慑敌人的作用。

1939年4月下旬,驻定远县炉桥地区的新四军四支队和周建群率领的淮南抗日游击队准备夜袭九龙岗的日军。是夜,月黑风高,善于打夜战的新四军和游击队员们众志成城,一鼓作气攻下伪区公署,解救了100多名被日军关押准备送往部队做慰安妇的年轻女子,还有60多名为日军做苦役的壮丁同时被解救。此次夜袭,敌人死伤近30人,战士们还缴获了一批物资和枪支弹药。新四军速战速决,随即凯旋。

临危不惧　救战友

7月12日,吴华玉派联络员陈晓廷去定远炉桥新四军四支队拿抗日传单。在吴华玉安排下,以往陈晓廷往返都从北嘴孜渡口走,那里位置偏僻,乘客稀少,较安全。岂料,陈晓廷返回时却绕道洛河,铸成大错。他带的一箱抗日传单,被日军伪稽查队查扣,陈晓廷当场被敌人逮捕。警觉的吴华玉发现陈晓廷当天没有回来,又过了两天仍不见踪影,知道

情况有变。吴华玉立即通知抗日骨干尽快疏散,肩负重任的他依旧坚守岗位。身为维持会长的吴华玉临危不惧。又过了两天,日军的大头目派小头目古川带两名伪军请吴华玉到大通"开会"。吴华玉和身边的随员吴化礼一道乘小火车到大通。刚下火车,就被荷枪实弹的宪兵队警备队包围,这些家伙凶神恶煞地缴了吴华玉的枪,并把吴带走。家里人得知吴华玉被捕,两个女儿和奶奶一道,将有关抗日的资料、信件及进步书刊统统销毁。日本兵和伪军多次来家搜查均无功而返。

7月中旬,一些矿工和吴大郢的群众纷纷捐款营救吴华玉。以前以为吴是汉奸的人如梦初醒,原来吴华玉是矢志不渝、顽强抗日的领导人!家乡的父老乡亲为心中的抗日英雄捐了很多款,但想花钱从日军的魔窟里救人谈何容易! 不久,日军将吴华玉送往蚌埠,旋即又押送怀远宪兵队。吴的母亲闻讯,前往怀远县探监。她见儿子面容憔悴,满身伤痕,衣服和血肉粘在一起,潸然泪下。吴华玉劝慰母亲:炎天暑热的,您老要保重身体。您年事已高,不要为我操劳了,赶快回家吧……老母亲回家没几天,吴华玉就被穷凶极恶的日军杀害了。

吴华玉是平民中的抗日英雄。被捕后,他咬紧牙关,受尽酷刑,宁死不屈。他牺牲前后,手下的抗日战友安然无恙就是最好的例证。吴华玉是新四军的好朋友,是江淮人民的好儿男。他抗日救国,以身殉国,享年37岁。他死得很有价值,彰显了一位抗日志士的坦荡胸怀和浩然正气。2009年9月,安徽省民政厅发文:"经省人民政府批准,同意追认吴华玉同志为革命烈士。"

壮哉! 乾坤正气悼先烈,日月光华照忠魂。

(作者单位:淮南矿业集团新四军研究会)

张云川:温温君子度　桓桓壮士心

刘怀德

　　张云川(1904—1965),1904年出生于江苏萧县(今属安徽)张寿楼村一个农民家庭。15岁考入江苏省立第七师范(徐州),后考入黄埔军校第四期,供职于第五陆军政治部,北伐至天津。后加入国民党临时行动委员会(中华民族解放行动委员会)任中委。1938年后,至重庆李济深主持的战地党政委员会任观察员,参与组建中国民盟,任中委,中国农工党成立,任中委、常委。其间代表民盟考察访问苏北新四军根据地、参与策反汪伪淮海省长郝鹏举和傅作义等活动。1949年参加全国政协第一次全体会议和开国大典,任国务院参事、一届人大代表及人大常委会法案委员会委员,兼民盟中央副秘书长、农工党中央执行局委员。后被错划为右派,1965年病逝于北京,1980年其右派冤案平反。

早期的革命活动

　　云川先生由于农民家庭的影响,自幼养成了朴实正直的性格。在江苏省立第七师范(徐州)读书时正值五四运动爆发。该师范是当时徐州地区进步学生运动中心,受进步书刊和"赤潮"社的启发引导,有着强烈爱国心的他积极参加并领导反帝反封建和抵制日货的爱国学生运动。毕业后到家乡当了两年教师和校长。1926年,受南方革命思潮影响,他

奔向当时全国革命的中心广州并考入黄埔军校第四期。在该校期间,出于正义感,他常常发表批评时政以及反对蒋介石专横跋扈的言论,被国民党右派视为左倾激进分子。四一二反革命政变后,被迫离开广州到武汉,参与国民党江苏省的地下反蒋活动。七一五反革命政变后,供职于第五路军政治部,1928年进抵天津后弃武从教于山东金乡、诸城等地。在金乡因支持民众反对县长吞没公款而遭逮捕。不久获释。1930年加入了邓演达领导的中国国民党临时行动委员会(后易名为中华民族解放行动委员会),被推选为中央委员。随后奉派至北平、山东、河南、绥远等地进行抗日宣传和组织工作。

1938年,他到重庆参加李济深主持的"战地党政委员会"任观察。为揭露日寇侵华罪行,他不顾个人安危,于1939年5月,只身前往北平,搜集大量日伪罪行资料。返回途中遭日军逮捕,受尽酷刑,后因"罪证"不足被释放。幸亏事前他把资料早作掩藏。他把搜集的资料带到重庆战地党政委员会展览,向国统区人们揭露了日伪罪行。

1941年,中国民主政团同盟成立,云川先生被选为中央委员,旋即到香港代表同盟筹办《光明报》并任副社长。他用"雨三"笔名著文驳斥国民党反动派对民盟的诬蔑。

香港沦陷后,他返回重庆,代表民盟和中华民族解放行动委员会展开又一次冒险行动。

苏北之行　结缘陈毅等新四军将帅

云川先生是一位孤胆英雄。北平沦陷区之行是证明,这次苏北之行更是一次英雄之旅。

当时的重庆,国民党右派为反共媚日,大肆造谣共产党、新四军"游而不击""破坏团结"。为以匡视听,民主同盟经与周恩来、董必武密商赞同,委派具有孤胆英雄精神的苏北萧县籍中委张云川先生前往解放区考察。1943年春,他从重庆国统区出发,西走剑门,越秦岭,过潼关,屡闯敌占区,辗转几千里,不惧敌人的通缉和逮捕,历尽艰难和危险,3月终于到达苏北新四军根据地。他先到了盱眙县的黄花塘新四军军部,然后马不停蹄地参观访问新四军二师和位于洪泽湖畔的四师,先后受到了陈毅、罗炳辉、谭震林和彭雪枫等将领的热情接待。他不仅看了简朴的军师首脑机关,还深入连队、地方政府和群众团体、老百姓当中调查、座谈,领略了解放区欣欣向荣火热的团结杀敌景象和民主气氛。

他满载收获返回重庆后,立即作了汇报,并接受塔斯社、路透社记者的采访,还以"刚文"的笔名在新华社办的《群众》双周刊上发表了《苏北见闻》。这些,他都对新四军根据地的政治、经济、文化作了详细而客观的介绍。接着他又赴昆明、桂林等地向知识界、文化界人士宣传,扩大了共产党、新四军的影响。

云川先生在当年6月下旬,和陈毅等新四军将领依依惜别时,陈毅赠诗四首①,其中二首:

其一

彩凤忽东翔,万里载德声。

天心赞民主,舆论器同盟。

社会薄乡愿,狂狷丑令名。

抗建永合作,吾党寄深情。

其二

春风取花去,酬我以清阴。

海泽良饶沃,山岚足苦辛。

温温君子度,桓桓壮士心。

乔木莺迁候,重游锡玉音。

陈毅代表新四军和共产党热情赞扬了云川先生及其民盟,尤其是赞

---

① 萧县政协编:《文史资料》,1986年第2期。

扬云川先生为了全民族团结抗战而不辞辛苦共济时艰,"温温君子度,桓桓壮士心"的精神风貌,并期望他"重游锡玉音"。

罗炳辉、谭震林等也有热情的函赠。罗炳辉赠函曰:

"兄志在四方,迹遍宇内,为民主政治之实现不惮嘤鸣将半伯之呼求,旨意正隆,抱守亦谨,故能感人之深也。……贵同盟、贵党诸君子关怀敝党之一切政策实施,敝军之艰难作战,高谊隆情,使人感佩。……弟等代表敝师全体同志谨向兄致最敬之谢意,并以胜利品军刀、手枪奉赠,略壮行色。"

还嫌未尽厚谊,罗炳辉另以镌刻有"精诚团结,御侮图强,挥此利刃,扬我国光"十六字的短刃相赠,函曰"匆匆而别,未及尽吐欲言,怅惘之情可以想见……短刃奉赠,敬希哂存!"

如前所述,云川先生既不虚此行,更未辜负解放区众将士军民的厚望,他回到重庆国统区的演讲、文章,犹如一道闪电,击碎了国民党右派对共产党及其军队的造谣污蔑,向世人展示了共产党解放区的光明图景,昭示了共产党是抗战求解放的希望。

家乡人民没有忘记这位著名爱国民主人士的这次英雄之旅,在著名风景区皇藏峪建造了陈毅等诗赠张云川先生的艺术碑廊,供人们世代瞻仰怀念。

冒险犯难　参与徐州和北平的两次策反

时隔一年,云川先生应诺了陈毅将军"重游锡玉音"赠诗之托,他冒险犯难,积极参与了策反汪伪淮海省长郝鹏举之举。

此事先要从郝氏说起。郝氏当时具有策反的基础。郝鹏举原系冯玉祥旧部,曾因被派往苏联学习炮兵指挥,尚未学成即擅自回国,故冯对其不喜,一直未予重用。抗战爆发后,郝氏在胡宗南麾下任参谋、中央军校西安七分校少将总队长,后因与一团长夫人通奸事败被蒋介石下令羁押。郝氏后来买通看守越狱逃跑,投奔汪精卫部下缪斌,在缪氏推荐下得到重用。后靠策反苏北实力派国民党鲁苏游击副总指挥李长江而得汪重用,1944年由汪伪"中央陆军将校训练团教育长"升任伪淮海省长,驻守徐州。郝氏这时据有四个师加一个独立旅等兵力,还有汪封第八方面军总司令头衔。

最初陈毅通过上海文化界名流(时称三大词家之一)龙榆生进行秘密策反活动。龙通过好友钱恩康(万选)以到郝氏家教钢琴名义,试探郝氏。汪精卫死后,钱探得郝氏眼见日寇汪伪溃败在即,有自谋出路、转投同盟意向(也有投蒋行动)。龙据此到北平找到民盟北方负责人张东荪,张又介绍本盟同道张云川,商定张龙二人会合徐州就近跟郝氏和苏北新四军陈毅接洽,各方接洽事宜主要由张云川办理。

云川先生为此往返奔走于徐州城乡,出入于日寇蒋帮特务之间,倍极艰辛,每历危险。蒋帮特务曾奉令通缉云川先生。经过一年多的艰苦努力和等待,郝氏终于在日寇宣布投降后向解放军投诚。但是此前蒋介石也在对他笼络诱降中,先是投靠了蒋介石,被任命为新编第六路军中将总司令。然而其后郝氏的投诚,毕竟对蒋介石集团是一个打击。

但是后来,这个"二十年内换了四个主子"反复无常见风使舵的小人,眼看蒋介石大举进攻山东解放区,不顾陈毅和解放军的教育、劝告,又一次叛变投蒋,反噬我军。后来其部终被解放军围歼,郝逆在押解途中企图逃跑被击毙。

继此次被誉为"几名书生的一次军事行动"策反郝氏之后,云川先生接着又参与了名垂青史的策动傅作义起义、和平解放北平的秘密工作。1947年1月,中华民族解放行动委员会在上海举行会议,正式易名为中国农工民主党,云川先生当选为中委、常委。次年5月,他到北平先后与民盟北平负责人张东荪以及聂荣臻取得联系。朱宗震一篇文章中写道:彭泽湘受民革主席李济深委托,带着李给傅作义的信,到北平

找到侯少白。侯见傅言明彭意后,傅表示暂不同彭面谈,也不便接受李的信。但傅委托侯少白做他与彭之间的联络人,经几次间接交换意见后,傅表示愿意考虑彭所提问题。"这时彭就约民盟在北京负责人张东荪及农工党负责人张云川和彭共同进行。"另一资料也显示相同情节,彭辗转找到傅的老友侯少白,从中斡旋,傅表示愿意考虑,"彭又找民盟北平负责人张东荪和农工党负责人张云川继续做傅的争取工作"。

诚然傅作义的和平起义,并非哪一个方面的单独工作所达成,而是一个在中共强大军事压力下有关各方协力促成的结果。但是在这一"协力"的历史里,生动体现了中国共产党"党的领导、武装斗争和统一战线"三大法宝的威力中,民主党派以及张云川先生确是功不可没的。

有关两次策反的诗词花絮

首先来看诗人儒将陈毅元帅面斥反复无常、投诚又叛变被捉拿的郝鹏举后,即席写给他的一首诗:

教尔作人不作人,教尔不苟竟狗苟。

而今俯首尔就擒,仍自教尔分人狗!

何其尖锐痛快!

其实,陈毅等对郝氏这种人,是基本了解并本着两手准备的。从教育挽救出发,同时也防备他叛变。从陈毅这首即席斥郝的短短四句诗,既可看出陈毅等对他的一以贯之的光明态度和严明立场。最终不愿做人宁愿做狗的郝逆受到应有的惩罚。

20世纪30年代在上海创办《词学季刊》传到延安,得到毛主席喜欢并成为词学知音的龙榆生,是云川先生的好友。上海解放后,时任上海市长的陈毅到京参加全国政协第一次全体会议,云川先生在会间向陈毅谈起龙的近况,陈毅如获至宝(因为陈毅知道当年龙先生参与过策反郝鹏举一事），散会回沪后即专门接见了龙并安排了他的工作。1956年1月，全国政协二届二次会议期间，毛主席钦点龙氏参加会议（据说这是主席唯一的一次特例），并在怀仁堂接见他，又设晚宴招待。龙氏即席赋词《点绛唇》（这里略去不记）。值得一书的是就在这次进京参会间他写的另一首词《清平乐·与张云川重见都门》：

停车仁苦，有恨凭谁诉。十载伶俜悭会遇。犹忆彭门夜语。 难教竖子成名，衰年喜见河清。最是多闻直谅，相期无负平生。

词中所谓"十载伶俜悭会遇，犹忆彭门夜语""难教竖子成名"云云，指的就是十年前的徐州策反郝氏"竖子"一事。

1965年3月，云川先生病逝于京，张东荪悼诗怀友：

十年未敢望停云，一夕骑鲸掩泪闻。淮海沧波风过静，江湖豪气梦思存。佩归天上还何憾，电抹人间岂待论。悲起无方枯坐里，更看旧雨落缤纷。

接着龙氏步韵和张氏悼诗一首：

间关几度指形云，乱后谁能记旧闻？雪满长淮随梦去，蓬飘短鬓匪思存。南冠憔悴终相解，北阙沉埋忍更论。怅望幽州台上月，花林如霰落纷纷。

两位老友心底笔下都未忘却当年他们共同的徐州行动，"淮海沧波风过静""雪满长淮随梦去"，同对友人长眠而"悲起无方枯坐里""怅望幽州台上月"！龙先生"多闻直谅"和东荪先生"江湖豪气"的八字评断，当是对云川先生的确当盖棺！

还有，云川先生逝世16年之后的1981年，许宝骏先生见到张龙二位悼诗，低徊讽诵，不能释怀，遂追和一首：

风涛历尽化烟云，后死余生纪旧闻。成败枯荣人易逝，文章事业史长存。世间寥落伤孤忆，地下相逢喜共论。永夜青灯呵冰笔，书成题罢泪纷纷。

许氏系民盟重要发起人之一。云川先生曾于1942年到北平许氏家

中召开民盟北方会议。他的这些老友都没有忘记云川先生的故都潜行、苏北访察、淮海壮举、北平斡旋等"文章事业",其情其谊其感其哀不禁令人扼腕!

云川先生泉下有知,亦当欣慰。

(作者单位:萧县新四军历史研究会)

陈次权:困难之际显真情

汪灵友

陈次权(1896—1961),安徽青阳人。出身官宦之家,上海同济专门学校商科毕业。

曾任青阳县立第一小学校长,省黄山管理处处长,抗战期间被选为县赈济委员会主任,1943—1947年任国民党青阳县党部书记长,同时又先后被选为省参议员、国大代表。

新中国成立后,陈次权曾去上海莹阴针织厂任董事,1950年被安排为皖南行政公署委员,同年5月参加民革,此后一直留居芜湖。在担任红十字会会长期间,积极筹建市红十字医院,吸收了一批医术较高的中医,为群众看病治病提供方便。1950—1954年陈任市建筑工程局局长,1954—1958年任芜湖市人民政府副市长。曾任民革芜湖市第一、第二届主任委员,1957年,被错划为右派,1961年含冤病逝,中共十一届三中全会后平反。

正统的家庭熏陶

走进池州市青阳县梅溪村,迎面看到一座斗拱飞檐的大门楼,门楼后面是一个广场,广场后面便是爱国名士、新四军之友陈次权故居。

陈次权祖籍山东曹县,后迁至青阳,逐渐发展成为世代书香的名门望族。清咸丰三年至同治二年(1853—1863)因清军与太平军战事,陈氏房屋毁于战乱,陈次权的祖父和本族人等外逃至江苏丰县,由于生活艰辛加上劳累,陈次权祖父病死异乡,后归葬曹县祖墓。

战争结束后,陈次权的祖母带领全家返回青阳。那时,陈次权的父亲陈啸青(字嘉言,1869年生)还在襁褓中,家里的生活十分拮据。陈次权祖母咬紧牙关,让陈啸青接受较好的教育。而陈啸青也不辜负母亲的殷切期望,勤奋好学,念了几年私塾后考上了安庆敬敷书院。

该书院的"山长"(即院长)赵尔巽,是清同治年间进士,曾任安徽按察使、山西巡抚等职,很有声望,治学严谨。陈啸青原本基础较好,再加上用功勤读,很快成为赵尔巽的入室弟子。后来,赵尔巽北上当上了清末的东三省总督,就把陈啸青调去东北,两度委以县令,并派他到日本考察教育事业。

陈啸青考察后,对于日本明治维新,特别是日本的现代化教育印象颇深,回国后,著有《东游考察日记》,那时,中国正是帝国主义列强瓜分的主要对象,而东北又是日本和沙俄激烈争夺的"盘中餐"。就在那世纪之交的短短几年里,接连发生了甲午海战、八国联军入侵、沙俄洗劫东北、日军入侵辽东等事件,清政府接连签订了《马关条约》《辛丑条约》等一系列丧权辱国的条约。这一幕幕"人为刀俎,我为鱼肉"的惨剧,给身处东北这个风口浪尖的陈啸青留下了终生难忘的创痛。

陈啸青在东北做官时,家务事全由母亲掌管。她一生勤俭,把家庭安排得井井有条。后来,陈啸青的堂弟陈在休在安徽铜陵县大通镇开设了一个钱庄,名叫陈怡大钱庄,陈啸青的母亲就把积攒下来的钱拿去入股。钱庄营业不断发展,陈啸青家每年可以分得几百元到一千多元的红利。陈啸青的母亲就用这些钱购买田地,在二三十年间使田产从几亩增加到400多亩。

民国初年,陈啸青的结拜兄弟,曾在北洋政府当过总长、总理等职的许世英当上了福建省主席。陈啸青接受许世英的任命,先后担任福建康平县和仙游县的县长。在这期间,陈啸青和许世英过从甚密,陈啸青曾把二子陈次权过继给许世英。

当时，陈啸青看到虽已改朝换代，孙中山的"革命尚未成功"，国家仍是封建军阀割据局面，他所憧憬的明治维新式的政治依然可望而不可及。于是，他毅然抛弃仕途，回青阳为发展教育事业而奔走，并且拿出自己的积蓄，在梅溪村创办了梅溪小学，免费招收本族子弟和佃农子弟入学，聘师施教，以造福乡里。

许世英调任安徽省主席后陈啸青就任安庆（当时是省会）造币厂厂长。1917年，陈啸青又一度担任北洋政府的众议院议员（挂名而已）。

陈啸青一生大半时间在外地任职，与子女的接触不多，但他家风纯正，对子女的管教十分严格，除了让子女接受正规的学校教育外，还要长年请家庭教师进行课余辅导。陈啸青那种耿直不阿的秉性、清正廉洁的操守和忧国忧民的社会责任感，对子女影响颇深。

陈啸青育有五子一女。

长子，陈维藩，字次屏，青年早逝，遗一子，名法周，1939年初加入中共地下组织，后任中共青阳县秘密组织负责人，新中国成立后曾任青阳县长、安徽省当涂中学校长等职。

次子陈维舆，字次权。

三子陈维稷，字次谦，曾任纺织工业部副部长，中国民主建国会中央常委。

四子陈维岱，字次岳，本乡小学校长，开明绅士，抗战期间支持和帮助中共地下组织革命活动，新中国成立后在上海市商业部门工作。

五子陈维霆，字次泽，在陈维稷的影响下，参加中共地下组织，在青阳梅溪一带主持建立了农民抗敌协会，抗战胜利后到上海第一印染厂工作。

女儿（排行老六）陈维仪，字次芳，与国民党爱国将领冯玉祥的妻弟李连增结为夫妻。

原全国政协副主席陈锦华是陈啸青堂侄。

陈啸青的整个家庭环境同样给陈次权的影响也是很大的。

陈次权年轻时从上海同济专门学校商科毕业后一度学医。回乡后，常常免费给乡下穷人治病，不少农民患病后不远几十里赶来请他诊治。

国难之时显真情

全面抗战之前，陈次权就逐渐成为青阳知名人士。曾任青阳县立第一小学校长，黄山管理处处长。

1938年初，陈次权三弟陈维稷的好友方向明(中共党员，又名方彬，原安徽省政协副主席)任安徽省民众总动员委员会皖南分会巡视员，负责青阳、繁昌、泾县、南陵、铜陵等县的抗日工作。方向明受中共皖南特委和新四军政治部委派，到青阳开展革命工作都在梅溪陈家住居落脚。陈次权受陈维稷之托全力资助和保护方向明的行动。

1938年3月，陈次权三弟陈维稷因妻子身患重病，从香港返回老家青阳并与方向明取得了联系。他们在青阳积极开展抗日宣传活动，把许章法、许英汉、李景白、徐育英、陈法周等进步知识青年团结在一起，开展组织活动。陈维稷与方向明一道去泾县云岭新四军军部会见政治部主任袁国平和中共皖南特委书记李步新，接受指示回青阳开展对上层人士的统一战线，其中就包括了青阳知名人士、东乡士绅陈次权。通过他，方向明的工作顺利开展，而且使新四军的力量渗透到地方武装中，很快在国民党青阳常备队中建立了一个秘密支部。

1938年5月，青阳县筹建了青阳县民众抗日委员会，主任由时任青阳县长朱毅生兼任，副主任由陈次权三弟陈维稷担任。委员会下设宣传工作团和儿童团。

在方向明和陈维稷的影响下，陈次权对抗日很积极，被推选为青阳县赈济委员会主任。

青阳县民众抗日委员会和赈济委员会组织大批青年学生到各个乡

村巡回演出抗日话剧、教唱抗日歌曲、散发抗日传单,捐款捐物慰问伤员。这些抗日组织名义上是国民党政府官办的,实际领导权却掌握在中共组织和进步人士手上。

陈次权利用合法身份给予陈维稷和方向明工作很大资助和便利。青阳县民众抗日委员会开展工作的经费严重不足,陈次权、陈维稷兄弟俩便拿出家里的稻米慷慨资助。因而当时乡邻们亲切地称呼他们"二先生"和"三先生"。

1938年10月,方向明受中共皖南特委指派到青阳建立了工作委员会。

1939年初,中共皖南特委又派沈鹰等一批党员到青阳筹建县委,经特委批准,将青阳工委改为青阳县委,下辖5个区委,3个直属支部,2个交通站。

中共青阳工委和中共青阳县委就设在梅溪村陈次权宅院里。

1939年底,中共上级组织根据当时的形势变化,决定让陈维稷离开青阳去重庆从事统战工作。这时,陈维稷妻子卢氏病逝不久,留下四个孩子,大的才9岁,小的只有4岁。四个孩子既不能带走,又不能自立。这时陈次权主动为陈维稷担当起两个孩子的抚养,直至1946年,整整六年。(另两个孩子由陈维稷妻舅抚养)。做好以上安排后,陈维稷离开家乡,经由李克农安排去重庆。陈维稷离开青阳后,方向明等也撤到泾县。

1941年1月6日,在北移途中的新四军9000多人行至泾县茂林地区时遭到国民党8万多人的包围袭击,新四军英勇奋战七昼夜,弹尽粮绝,除2000人突围外,大部分壮烈牺牲,这就是震惊中外的皖南事变。这次事变是国民党顽固派蓄谋已久的行动。事变发生时,在青阳梅溪村国民党军有一个营部、两个连,路口都有岗哨把守。

事变发生后的第五天,突围出来的刘妹钟和其他4名战士,突破重重关卡来到梅溪村,秘密联系上了陈法周和陈次权。这时国民党军队也

有所察觉,马上组织搜查。但陈次权及其家人配合地下党组织,安排锅巴、炒米等干粮,避开警戒线,使5位新四军指战员脱险,顺利地渡过长江。

1941年1月底,时任中共泾太县委书记方向明在皖南事变发生时不幸被捕,在押送上饶集中营的路上,跳窗跑脱,逃出虎口,历尽艰险来到青阳梅溪村,隐藏在陈次权家中,秘密住了几天后渡过长江至无为,任中共皖南特委秘书长,半年后派往芜湖主持党的地下工作。

方向明回忆:"当时,中共青阳县地下组织负责人陈法周利用陈次权以及梅溪陈氏社会关系的掩护,没有暴露身份,青阳的党组织也未遭到破坏。陈次权及其家人,为一些失散的新四军安排住宿,给隐藏在青阳万级岭一带山洞里和石缝里的新四军战士送粮送钱。我在他们家的几天里,几乎每天晚上都有突围出来的新四军指战员来敲他家的门,有时三两个,有时一二十个,陈次权先生全家总是热情接待,筹米做饭,筹钱做盘缠,我看着很激动。"

皖南事变后的一段时间内,经陈次权、陈次泽、陈法周等接待、掩护和营救后脱险的新四军指战员不下数十人。名姓可查的有方向明、许英汉、王镇国、陈宗汉、刘妹钟、陈中明、苏拓夫、季光甫等人。

1943年8月,陈次权在中共地下组织的暗中支持下,利用国民党内部的派系矛盾,当上了国民党青阳县党部书记长,时任青阳县长唐克南是个一贯反动的家伙,和陈次权表面共事,骨子里针锋相对,水火不容。

唐知道陈法周曾在新四军教导队学习过,很想抓住陈法周搞倒陈次权,几次派人抓捕陈法周,但在陈次权及家人的掩护下,都未得逞(此时,陈法周已是中共青阳县地下组织负责人)。陈法周身份未暴露,青阳县地下组织未遭到破坏,直至迎接大军渡江,青阳县解放。

原全国政协副主席陈锦华,幼时读小学及初中得到了陈次权的全力资助。陈锦华回忆:1944年我小学没有上完,适逢青阳中学恢复招生,但我因为家境困难没有报考,陈次权知道后主动到我家里,一再劝我的父母让我上中学,当我父母表示无钱交学费时,他说学费由他交,在说到还有生活困难时,他又讲生活费也由他交。就这样我上了青阳中学。后来我到了上海,他还经常写信给我,勉励我努力学习,要学有所成。

陈锦华晚年回青阳中学时,主持成立了陈次权助学基金会并塑造陈次权铜像,以示纪念。

方向明同志的回忆录中写道:"当革命处于极端困难的时候,像陈次权这样的爱国民主人士,如此深明大义,处事不惊,临危不惧,见义勇为,实在难能可贵。我们永远不能也不应该忘记他们。"

陈次权是真正的爱国人士,新四军之友。

(作者系青阳县新四军历史研究会副会长,曾任中共青阳县委党校常务副校长)

孟昭潜:性格刚直　善谋政事

砀山县新四军历史研究会

孟昭潜(字仰陶),生于1886年10月16日,砀山县周寨镇孟楼村人。早年毕业于南京优级师范学校,受孙中山先生三民主义影响,反帝反封建思想浓厚,民主意识强烈,面对积贫积弱的旧中国,怀有报国之志。是当时砀北废除私塾,开办新学、男剪辫女放足的主要发起人。为此,险遭奉军杀害。

孟昭潜

1927年秋,在军阀撤离砀境,革命军尚未入砀期间,砀山的政治经济一片混乱。为了维持社会秩序,稳定砀山形势,砀山各界人士一致推举性格刚直、善谋政事的孟昭潜为代理县长。在任年余,由于他办事公道,不辞劳苦为民排忧解难,在群众中享有很高的威望。

在抗日战争前,孟昭潜认为教育可以救国,从事教育工作多年。他虽主教英语等课程,但始终坚持对学生进行爱国、爱民及民主思想教育,是一位深受学生尊重的好老师。孟昭潜在教育学生的同时,自身也在不断学习,接受新思想,给自己取字"仰陶",意含仰慕在当时教育界很有名望的陶行知先生。

孟昭潜的长子孟宪琛,1929年读砀山师范时加入中国共产党,积极参加党的革命活动。孟昭潜在长子的影响下,非常敬佩共产党人的信仰,拥护中国共产党的纲领。因此,他积极支持,尽力保护子女、亲属参加革命活动,从事革命工作。

1931年九一八事变爆发后,中共砀山县委委员孟宪琛刚从砀师毕业,受县委派遣回家乡孟楼发动群众,开展党的工作,并兼任孟楼党支部书记。当时,需要办一所小学掩护党的活动,还能解决孟楼一带适龄儿童的入学困难。孟宪琛的想法,得到父亲孟昭潜的大力支持。帮助儿子选定校址,筹集建校款物,并动员侄儿宪庄、宪恭、宪文全力参与,仅用20来天的时间,就建成了大门朝东,有堂屋六间、南屋四间的一所小学。举全家之力建成的孟楼小学,孟昭潜实为首功。该校开学后,白天教儿童,晚上办成人夜校,吸引附近村庄的群众来参加学习。孟楼党支部利用这个活动阵地,发展党、团员,成立穷人会,组建人民武装,打击封建地主势力,把孟楼一带搞得热火朝天。

当时革命斗争的环境异常险恶,共产党组织被破坏,共产党员被捕的事件时有发生。中共砀山县委书记朱秀章(孟宪琛的表兄)不慎遭到国民党当局逮捕,在狱中受尽酷刑,在当时砀山党组织中引起不小的震动。有一些革命意志薄弱者产生了动摇,甚至倒向革命的对立面。这时孟楼有一个人劝宪琛说:"我们不愁吃,不愁穿,革命也不一定能成功,即使成功了,也不是我们这辈子的事,你也得不到革命的好处……"宪琛总是严肃驳斥他:"我干革命不是为自己,是为了国家,为了人民,为了我的信仰!""我相信革命一定会成功!我参加革命,就做好了为革命牺牲的准备……"这个人认为和宪琛是发小,关系好,继续劝说、纠缠。

孟昭潜知道这件事后,把这个人叫到自己住的屋里,很严厉地对他讲:"做人要有信仰,要有道德,要有尊严!一个人违背自己的誓言,叛变投敌,无德无操,可耻透顶、可恶至极。你今后再在宪琛面前胡说八道,就不要进我们家,我也不愿意再见到你。"在大是大非面前,孟昭潜坚定地站在共产党一边,支持儿子的革命工作。

1933年4月,孟宪琛被国民党当局逮捕入狱,5月被作为政治要犯押

往镇江,送进国民党江苏省临时军法会审处,准备"严判"。孟昭潜当时在盐城政府谋事,便亲往南京找到同学黄炎培,请求他出面周旋,尽量轻判,并表示愿出重金。黄炎培先生是一位忠诚于孙中山先生三民主义的国民党元老。由于他的斡旋和金钱疏通等多方营救,才免于一死,被判处有期徒刑15年,而且还把孟宪琛押解到盐城监狱服刑。

孟宪琛在狱中服刑期间,秘密组织狱中共产党员成立党支部,开展狱中革命斗争。还组织了一个"狱中互济会"帮助在生活上无接济的同志免受饥寒之苦。以上活动所需财物,均由孟昭潜筹措送至狱中孟宪琛之手。

1934年秋,孟昭潜因故辞去盐城政府工作,担心他离开盐城后,孟宪琛会受到迫害,便变卖家产,通过同学黄炎培,花费重金买通了国民党江苏省主席韩德勤,同意将孟宪琛解回砀山服刑。在解回砀山乘火车的途中,孟宪琛在明光车站乘机跳车逃走。

1937年冬天,砀山成立动委会。孟昭潜虽年过半百,为抗日大计,亲任砀山县三区(周寨一带)青年救国团团长,发展青救团员八九百人,其中有200多人走上了抗日前线;亲编抗日歌词,教民众咏唱,其抗日热情不让后生。其老伴李桂芝,任三区妇救会长,除带领妇女儿童开展抗日宣传外,还要负责招待南来北往的抗日仁人志士。其中有延安抗大、陕北公学来的共产党人;苏鲁豫支队支队长彭明治(开国中将)、副支队长梁兴初(开国中将,抗美援朝时第38军军长)经常来砀北活动;湖西抗日义勇队第二总队总队长李贞乾、政委郭影秋等都和孟楼联系紧密;还有丰沛萧砀党的活动分子,他们在孟昭潜家开会,共商抗日大计。为了能让来往的"客人"吃上一顿热乎饭,一直都是雇一个做饭,雇的人抱怨说:"你们家的表亲真多(当时共产党的活动还不公开,只能说是亲戚)",嫌活重忙不过来,通常是全家妇女齐上阵。时间长了,外地来的革命人士称孟昭潜的家为"抗日饭店"。

其长媳段慧生,1932年即加入共产党,除担任本乡妇救会长外,还积极协助公婆操办抗战事宜。长子孟宪琛1938年8月带领本村及邻村十来位青年到陕北公学学习。年底，受组织派遣带领延安的12位青年回砀，组织并参加动委会，开展抗日救亡工作。

孟宪琛活动在丰单砀萧一带发展人员，动员枪支，组建抗日武装。次子宪璞是大哥宪琛从事革命活动的得力助手，跟随大哥东奔西走，动员人员筹措物资。三子宪珠、四子宪瑚、女儿劲梅年龄小，担任站岗放哨、传递情报的工作。在抗日救亡的号召下，孟昭潜一家，不惜节衣缩食、变卖家产、积极抗日，群众称赞其家为"抗日之家"，孟楼为砀山的"小延安"。

1939年8—11月，湖西发生了"肃托"事件。中共砀山地方组织的骨干力量惨遭杀害20多人，其中有孟昭潜的长子孟宪琛，孟宪琛当时任苏鲁豫边区党委警卫营营长。遇害的还有侄儿孟宪理、外甥朱秀章及跟随孟宪琛参加革命的亲朋好友等七八人之多。孟昭潜陷入巨大的悲痛之中，但仍不失对共产党的信任。1940年3月，孟昭潜等13位遇难烈士家属及当地士绅名流写信给山东分局并转呈陕北党中央毛主席，反映"肃托"事件真相。山东分局将湖西"肃托"事件的调查报告和孟昭潜诸先生的信，于当年夏交由徐向前带往延安。由于路途遥远，战火频仍，一年多后，即1941年，中共山东分局、山东战工会复函孟昭潜等贤哲，告知毛主席十分重视此不幸事件，并对在"肃托"事件中被诬陷牺牲的同志深表哀悼，向被难烈士家属致以慰问。对当地父老贤哲仗义执言，奔走营救及对抗战大业之关怀眷顾表示感激难忘。

1940年3月，中共中央发出抗日根据地政权建设的指示。各根据地在有条件的地方，相继成立抗日民主政府。为了更广泛地吸收各阶层人士参加抗日，1940年4月15日，苏鲁豫边区宪政促进会在金乡宣告成立，选举德高望重的孟昭潜为常务驻会代表，团结苏鲁豫边区各派力量，共同抗日。在抗日战争胜利前后，多次参加苏鲁豫边区党、政、军召开的各种会议，并赴延安参加会议，积极参政议政，尽力效忠于祖国的解放

事业。

由于孟昭潜积极服务于抗日大业,被国民党反动当局视为眼中钉,欲除之而后快。国民党江苏省第五区(苏北)专员,特务头子汤铁飞带特务队来砀,假借商谈事宜发请帖邀请孟昭潜。孟昭潜信以为真,第二天上午11时左右,刚走到国民党砀山县政府大门内,巧遇县长窦瑞生(孟昭潜的学生)。窦瑞生忙把孟昭潜拉到一旁,惊讶地说:"老师,你怎么真的来了,徐州来的人已在后边磨好了铡刀,骗你来是要杀你的。"孟昭潜听后镇定地和窦商量对策。窦瑞生领着孟昭潜找到砀山县常备队营长李效先,让他把老师保护起来。因早年李效先和其兄在徐州与一伙人结下生死之怨,后经孟昭潜从中周旋调解,化解了双方怨恨,解除了一场生死之难。李效先大有感恩之心,尽力保护孟昭潜。

在孟昭潜赴县城的第二天,家里的人得知了汤铁飞的诱杀之计,一边吩咐人绑软床以备抬尸首用,一边派人到县城打听孟昭潜的被害地点。正在家人准备办丧事的时候,孟昭潜被人护送,安全回到家中。

在解放战争时期,孟昭潜多次营救我方被捕人员及革命群众。1946年下半年,国民党军队大举向我湖西根据地进攻,我党政干部及武装被迫北撤,国民党的保安团、地主还乡团卷土重来,疯狂杀害共产党的家属和群众积极分子。孟楼农会会长孟昭年,先是被周寨区的反动武装抓捕,孟昭潜利用自己的威望把他保释。还有孟楼的秘密共产党员傅培和在孟楼北10多里的一个村庄(属丰县管辖)活动,作为有共产党嫌疑被敌人抓住,如果不及时保出来,共产党员的身份可能暴露,性命将不保。孟昭潜利用自己学生多(如丰县县长黄体润是其学生)等人际关系,把傅培和的事揽在自己身上,说是我让他出去办的什么事,和其他的没牵连,救下了傅培和。再如1948年秋,我地方武工队战士王振起,被国民党地方武装常备队逮捕,押到孟楼时已到中午,准备在孟楼"找"点饭吃后,便将王振起押至汪庄之北枪毙。孟昭潜得知后,主动请常备队队长到家就餐,在酒桌上将王振起保释。此类之事数起之多。

　　新中国成立后,孟昭潜在党和政府的各项工作中事事率先,1951年春至1953年底被推选为华山县及山东省鲁中南地区人民代表。孟昭潜在土地改革、抗美援朝、发展生产等工作中自始至终精神抖擞,出谋划策,贡献力所能及的力量。为了宣传党的政策,动员群众响应党的号召,孟昭潜多次登台演讲,演讲时声音洪亮,言语真切,说理深入浅出,很有感召力,鼓舞人心,深受广大群众的赞誉和欢迎。

　　其子宪璞、宪珠(又名孟亚人)、宪瑚(又名孟铁一)都走上革命道路。新中国成立后,孟亚人任北京市供电局副局长离休。孟铁一任江西省工会宣传部部长离休。孟昭潜一家可谓满门忠烈,其家庭住宅被砀山县有关部门命名为爱国主义教育基地。

　　孟昭潜于1960年10月5日逝世。鉴于先生一生对革命作出的突出贡献,1994年清明节,砀山县人民政府在孟昭潜墓前立纪念碑一座,用以告慰前贤,昭示后人。

（作者单位:砀山县新四军历史研究会）

金稚石：无为的陶行知

耿松林

金稚石（1888—1965），安徽无为人。早年投身反帝反封建进步活动，20世纪20—30年代，先后在无为城乡一些中小学任教，与一批进步知识分子一起，成为无为"新派"人物。抗战时，在无为中学、无城北园王氏学堂、无为东乡王村学堂，践行陶行知"生活即教育，社会即课堂"的教育理论，为皖中抗日根据地输送了大批干部。1942年当选皖中参议会议长。1945年11月任

金稚石

苏皖边区参议会主席团成员。1949年6月加入中国共产党。20世纪50年代，先后任安徽省政协常委、省博物馆副馆长、省政府参事室主任。

无为的"新派"人物

金稚石，又名金性畲，1888年8月6日出生于无为城一个书香之家，父亲金城是清末无为县的最后一个举人。孩童时他进入父亲任教的私塾，饱读四书五经、八股文、试帖诗等，打下了扎实的国文基础。1906年就读于无为简易师范，次年进入芜湖皖江中学学习。

---

① 参见《百年沧桑话无为》，安徽大学出版社，2006年11月第一版，第400-401页。《濡须风云——无为红色故事》，九州出版社，2021年元月第一版，第227-228页。

当时同盟会创办的《明报》同改良派的《新民丛报》之间,展开了一场是革命还是改良的论战。金稚石关注双方的论战,逐渐接受同盟会的观点,时常和同学们交换看法。1910年考入安庆巡警学校,学校中同盟会活动十分活跃。他逐渐认识到黑暗腐败的清政府非推翻不可,并积极投身于反清活动。

辛亥革命爆发后,淮上起义军进军无为,金稚石不顾父亲的反对,积极参加迎接活动,父子间发生了争执。金稚石来到上海担任家庭教师,自谋生路。1912年考入安庆江淮大学,就读于法律别科。

五四运动时期,金稚石通过接触《新青年》《觉悟》等进步报刊,开阔了眼界,思想发生了急剧变化。认为要使民主得到发展,普及教育为先,决定自己终身从事教育事业。20世纪20—30年代初,他先后在无为县光明小学、陡沟王村小学、无为县立中学任教。其间,他经常与卢仲农、倪仲坦、朱子帆、胡竺冰等一批进步知识分子聚集在无为城北园私立学堂,研究社会,讨论时事和新文化,成为当时无为"新派"人物。1928年,金稚石又应聘为《安徽警刊》编辑。

1933年徐庭瑶被任命为保定行营主任兼国民革命军十七军军长。徐为报答金稚石当年对他的资助,邀请他到军司令部担任秘书。他赴任不久,因看不惯军中逞凶压榨等腐败现象,加上眷念教育工作,遂辞职回乡。徐于是聘请他在无为徐家私立图书馆——拨云楼担任馆长(位于今无为市人民医院内)。

无为的陶行知

全面抗战爆发后,金稚石离开徐家图书馆,决心把自己的全部知识运用到抗日救国中去,再次来到无为中学任教,同时在无为城北园王试之家私立学堂任教。他在北园学堂开设了新文学、数学、自然等课程,并指导学生阅读《拓荒者》《向导》《狂人日记》《女神》等进步书刊,重点启发学生的爱国意识,激发学生们的抗日救亡热情。

1940年6月,日军攻陷无为城。金稚石和家人逃往城外,后来定居在东乡王村。住的是临时搭起的泥草屋,睡的是土坯垒起的床,衣食不全,生活艰苦。他因陋就

金稚石创办的"王村学堂"

简,借用人家堆放杂物的旧草房,于1941年办起了一所新型学校——王村学堂,为皖中抗日根据地输送了一批又一批干部。当年的学生,后任福州教育学院领导的王春生回忆说:金先生对人民教育家陶行知的"生活即教育,社会即课堂"的教育理论,注入了新观念,增加了新内容。新就新在他认为当时最重要的"生活"就是抗战,最新的社会就是中国共产党、新四军领导的抗日民主根据地。

金先生让每个学生准备一条扁担、一个算盘、一支笔,教学之余,和同学们一道劳动,赤脚挑东西。对于"先生不像先生,学生不像学生"的嘲讽,先生处之泰然,自得其乐。先生编了几首歌谣,让学生传唱。其中一首扁担歌:"小小扁担不简单,百斤重物它承担;吃苦求学不忘本,头枕扁担读书忙。"金先生挂在嘴边的一句话就是:"吃苦是做人的秘诀,苦到哪里做人进步到哪里。"

针对当时学生文化水平参差不齐,年龄差别大,金先生按文化层次分班教学,并在学生中实现小先生制,以大带小,以高带低,但所有学生都要按时分批轮流到金先生的方桌前坐着听课。这样虽然保证了教学质量,但金先生负担过重,从早到晚没有休息时间。为了让学生们听得懂、学得快、记得牢,金先生以"临老学做吹鼓手"的精神,自学地理、数学、理化等知识,再自己动手编写通俗易懂的教材,可谓是呕心沥血,一心扑在教学上。

　　金先生除重视传授各方面文化知识外,还突出了"抗日"这个重大课题。他将《新民主主义论》《论持久战》和《整顿三风》等文献,直接作为教材,向学生宣传中国共产党的抗日救国政策。王村距离临江坝、神塘河等处日伪据点较近,甚至长江上日军的巡逻艇和据点的探照灯都能看清楚,日伪军经常下乡"扫荡",金先生带着学生与敌人捉迷藏,敌人走后,又回村上课。恶劣的环境,却对金先生的培育人才没有发生大的影响。王村学堂实际上是我党在敌我边缘区的一个赶不走拔不掉的抗日宣传阵地。

　　抗战时期无为县流传的"文学金稚石,武学戴安澜",就是无为人民将二人并列,作为乡梓学习楷模的生动写照。金先生当年的学生,后任南京市老干部局局长的王绪仓回忆道:"经他教育的近百名学生一批又一批地参加革命。在抗日战争、解放战争和新中国成立后的社会主义建设时期,全国许多地区的党、政、军和文化教育部门都有他的学生。其中在军队中担任师以上职务,在地方上担任厅局领导,在教育界担任大学领导的就有好几十位。"

当选议长,"这是我政治生命的开始"

　　1942年7月25—28日,按照"三三制"原则组建的全地区人民代表机关——皖中参议会在恍城召开,无为、和县、巢县、庐江、桐城等县代表参加会议,以无记名投票方式民主选举产生第一届皖中参议会。金稚石以全票当选为议长,周新武、陈可亭为副议长。会议通过了成立皖中行政公署的决议,选举吕惠生为行署主任,唐晓光为副主任。皖中参

1942年7月,皖中参议会召开,金稚石当选参议会议长(左七)

议会既是民意机关,又是权力机关,一大批在地方上有声望,能反映民意,拥护抗日政策的各方面人士当选为参议员。这对于加快根据地民主政权建设步伐,团结各界人士共同抗日,起到了重要作用。金稚石当选议长后,一边继续教书,一边配合新四军第七师党组织开展各种抗日活动。他的思想有了巨大变化,从一心教育救国,逐步转变到以民主革命为己任。他在回顾这一段经历时说:"这是我的政治生命的开始。"在参议会上讨论各项提案时,他总是从维护党和群众利益出发,调动各方面积极因素共同抗日。他常以"盲热"为笔名,在《大江报》上发表宣传抗日,驳斥国民党顽固派投降论调的文章。

当无为大堤黄丝滩新堤落成后,金先生在参议会上提出:"吕惠生为皖江行署主任,政绩卓著,为大堤建成呕心沥血,功劳很大。我提议把大堤命名为'惠生堤'。同时'惠生'二字含有惠及民生的意义。"这项建议得到大会一致通过,并报第七师党委同意。从此"惠生堤"这个名称一直沿用至今。

1944年春,皖江联立中学在无为东乡复办,金稚石兼任校长。许多青年学生从招生广告上看到金先生的名字,打消了疑虑,欣然报名入学。1945年5月,金先生和几位同志被选为皖江地区代表,准备赴延安出席解放区人民代表大会,后来由于形势的急剧变化而没有成行,他一直引为憾事。

金先生和无为许多进步人士成为好友。早在1926年就和吕惠生结为志同道合的挚友。1945年新四军北撤,他和吕惠生分水陆两路分头撤退,以后再也没有见面。1946年4月金先生在淮阴才得知吕惠生壮烈牺牲的消息,顿时老泪纵横,执笔写下了一副挽联表示哀悼:

扬子咽涛声,千古皖江遗恨在;

民主溯功烈,史书首页让君先。

金先生和张恺帆也是友谊深厚。1959年张恺帆下放劳动前,特来向金先生辞别,并把吕惠生生前最珍贵的一本日记本交他保存。

1945年北撤时,第七师政委曾希圣拉着金稚石的手,说:"金议长,你年纪大了,留下来做保卫家园的工作吧!"他坚定地说:"没关系,身体还可以,和大家一道走。"一个年逾花甲的老人,坚定不移地追随革命,对所有人员撤退都是一个极大鼓舞。当年11月到达江苏淮阴后,金稚石担任苏皖边区参议会主席团成员,在接受新华社记者采访时,尖锐有力地揭露了敌人的丑恶嘴脸:"顽军来到撤退区,其对人民残酷毒害的本领,竟比鬼子还强。他们那些军政大员一下车便搜刮'开办费',每亩粮食二斗,后又增加为三斗,现在已是每亩六斗了。这还不够,人民只要有一点储粮,便一律用低价强迫'收买'干净……"《国民党在皖江的罪行——金参议员稚石的谈话》一见报,皖江地区的人民群众反响巨大,一时广为传颂。

1946年夏,蒋介石发动全面内战,金稚石随部队从淮阴经涟水到了山东。在队伍过了黄河之后,才住定下来,学习中央文件,参加当地土改。金先生在冀南故城参加土改学习时,认识到"非无产阶级出身的小知识分子,只有在党的教育和培养下,才能解放自身与更好地进步,也才能真正地为劳苦大众服务!"于是他向党组织递交了入党申请书。华东局组织部部长曾山和他作了一次恳切的谈话,鼓励他在革命的道路上继续前进。1949年6月,他被批准入党,多年的愿望终于实现。他激动地说:"我是一个旧知识分子,党指引我走上革命道路,今后我一定为党的事业奋斗终生。"曾希圣同志也称赞道:"金稚石同志,旧社会是一个穷教员,参加革命受到锻炼,在革命遭到困难的时刻,相信党的事业必胜,坚定地跟党走到底,是难能可贵的。"

新中国成立后,金先生被选为皖北行署委员,先后担任合肥女中、合肥第二初级中学校长。1953年调省文史馆,1954年当选为省人民代表,1955年被推选为省政协常委,1956年任省博物馆副馆长,1958年起任省政府参事室主任。

1965年9月23日,金稚石先生因病在安徽省立医院去世。在9月26日的追悼会上,挚友郑曰仁在祭文中评价道:"从一个民主主义者转变成为一个共产主义者,他所走的道路也就是中国革命知识分子的道路。"在

金先生诞辰100周年暨兴办王村学堂50周年时,中共无为县委书记徐业培,出席了专题座谈会并作了讲话。后来出了《人民教育家金稚石先生纪念专集》,当年的王村学堂学生王春生、王绪仓、王绪奇、杨阜民等都写了怀念文章。当年学生之一,中共安徽省委党校原副校长、省新四军历史研究会副会长卫道行,在《无私奉献的一生——怀念金稚石先生》一文中指出:"金稚石的一生,是追随革命、追求光明、从事教育的一生,也是他为人民无私奉献的一生。"

(作者单位:无为市人大常委会办公室)

金笑侬:从民主人士到共产党员

蒋克祚

金笑侬,1898年出生于安徽省无为县的一个商人家庭,少年就读无为县立丙等学堂。17岁去江西省一商家当学徒,后回自家店内经营美商美孚煤油的"洋油栈",是美孚煤油在无为、庐江两县的代理商,本人被推选为无为县商会会长。抗日战争爆发,弃商从戎,参加皖江抗日根据地建设,担任皖中行政委员会委员,皖中参议会参议员,选为副议长。担任皖中人民武装委员会主任。抗日战争胜利后,毅然随军北撤,在淮阴的苏皖边区政

金笑侬

府担任参议员。经过艰苦危难的战争考验,金笑侬逐步锻炼成一名合格的新四军战士。新中国成立后,经商、搞接待工作,他都严格要求自己,向共产党员的标准靠近。他是安徽省第一、二届人民代表大会代表。1954年,金笑侬被批准为中国共产党预备党员,两年后转正式党员,实现了他一生的理想与愿望。金笑侬从一位含着"金钥匙"长大的公子少爷,毅然投入革命队伍,以几近传奇的经历,把自己锻造成一名无产阶级革命战士,是值得我们学习和纪念的。1962年11月6日,金笑侬因病在上海逝世,安葬于合肥大蜀山革命公墓。

---

① 参见《巢湖中共党史人物传》,中共党史出版社,2011年5月,第149页。

从逃难到投入抗日斗争

金笑侬,出身商人家庭。13岁到16岁在县立丙等学堂读书。17岁到江西省一家商店当学徒。20岁回到自家店内经商,直到44岁参加革命。

1937年爆发了七七卢沟桥事变,日寇大举侵华。无为沦陷只在旦夕。金笑侬不愿死在日本强盗的屠刀下,更不愿在日寇铁蹄下做亡国奴,他变卖家产,仓促筹措现金1万余元,毅然决然,举家于1938年4月向大后方逃亡。

金笑侬率全家先由长江水路到汉口,随着武汉失守,长沙大火,抗日形势不断恶化,只得又向湘桂方向逃亡。直到这年年底,一路漂泊了8个多月,来到了湘桂边境的零陵。接到家乡来信,说日本强盗尚未进占无为县城,农村已有新四军在进行抗日救亡活动。权衡再三,他和家人于1939年春绕道江西、皖南折返家乡。

1940年7月17日,日本强盗进攻无为县,无城沦陷。金笑侬不愿在日寇的铁蹄下苟且偷生,又逃难到农村。

抗日战争全面爆发后,一支新型的人民抗日武装队伍驰骋在无为大地上,这就是中国共产党领导的新四军江北游击纵队。人们把抗日救国的希望寄托在新四军身上。

1941年1月,国民党顽固派制造了皖南事变。新四军皖南部队伤亡惨重。从皖南突围的零星部队和人员陆续来到无为。为了反击国民党顽固派破坏抗日、反共反人民的罪恶行径,根据中共中央、中央军委的命令,1941年5月,新四军第七师在无为建立。几乎与第七师建立的同时,无为抗日民主政府也宣告成立,著名的爱国民主人士吕惠生从淮南抗日根据地调回担任无为县抗日民主政府县长。吕惠生是金笑侬的至交,以主持正义闻名。抗战开始他即同中共皖中工委、无为县工委建立了密切联系。其时，新四军江北游击纵队建立不久，粮弹两缺，吕惠生毅然以地方领袖的身份到处奔走，策划捐募，不遗余力地支持江北游击纵队的抗日活动。1940年春，在一次牌桌上，县保安司令吴绍礼无意透露国民党顽固派正密谋杀害他。金笑侬获悉后，火速转告吕惠生。在地

皖江抗日根据地三老：金笑侬（左）、金稚石（中）、何谦堂（右）

下党组织的帮助下，吕惠生秘密逃往江北游击纵队驻地，后转往路东淮南抗日根据地，任仪征县抗日民主政府县长。

金笑侬从新四军身上看到了抗日救亡的希望。就在国民党制造皖南事变，掀起第二次反共高潮的白色恐怖中，他"因认识到民族革命的需要，又因友人吕惠生的介绍，不受顽方引诱，毅然于民国30年（1941），参加民主政府抗日"，跨出了弃商从戎决定性的一步。这一步成了他一生的转折点。不久，金笑侬当选为皖中行政委员会行政委员、皖中参议会参议员，并被选为皖中参议会副议长。参议会是按照"三三制"原则建立的抗日民族统一战线组织，既是民意机关，又是权力机关。参议会对团结社会各阶层爱国民主人士一道抗日，加强抗日民主政权建设，巩固和发展抗日民主根据地，起着十分重要的作用。皖

抗日民主政权的商会发行的地方性货币"无为县兑换券"，由会长金笑侬签名

江抗日根据地的建立与发展,严重威胁日寇重要运输线长江和淮南线安全,日寇视为心腹大患,专门成立了"清乡"司令部,对皖江抗日根据地进行"扫荡"。1943年3月17日,日寇抽调兵力6000余人,兵分八路对巢无根据地中心地区奔袭"扫荡"。4月3日,又集中兵力2000余人,再次进行突袭。在这次"扫荡"中,皖中参议会副议长陈可亭、水利委员会负责人叶玑珩不幸壮烈牺牲。在仓皇突围中,队伍走散,金笑侬因而幸免于难。皖江抗日根据地处在敌、伪、顽犬牙交错的地区,不仅日寇常来"扫荡",而且国民党反动派广西军也经常进犯烧杀抢掳残害人民。面对国民党反动派广西军经常进犯烧杀抢掳杀害人民,作为参议会副议长,他勇敢地"配合政府亲到现场了解,做到慰问救济并召开群众会议,对反动派罪恶揭发与愤怒"。1943年12月21日,他还领衔与皖江抗日根据地领导人吕惠生、张恺帆、周新武联名发表长达千余字的《抗议顽固军无理进攻通电》,通电全国,揭露和控诉国民党反动派消极抗日,积极反共、残害人民的罪恶行径。1943年10月,皖中人民武装委员会成立,第七师政委曾希圣提议由金笑侬担任皖中人民武装委员会主任。

在新四军队伍中磨炼,建立革命信仰

1945年8月15日,日本宣布无条件投降。为避免内战,争取国内和平,新四军第七师和皖江抗日根据地的党政人员奉中共中央命令,决定北撤。是留还是撤,这时的他,经过几年来党的教育和整风学习,经过抗日战争艰苦的锻炼和考验,经过抗日民主政权建设的实践,政治认识和阶级觉悟有了显著的提高,对中国共产党的性质,对抗日救国、民主解放、阶级斗争和实现共产主义之间的关系,有了粗浅的认识,他拒绝了家人的哀求和一些好心人的劝告,毫不犹豫地踏上了北撤的征途,决心跟新四军走、跟共产党走。

组织上派共产党员胡治平担任留守处主任。胡治平曾任无为县抗日民主政府七区区长、皖中参议会驻会参议员。胡治平留下来后,皖江大地已完全被国民党反动派所统治。一片白色恐怖。作为新四军第七师留守处的负责人,胡治平竟然一直住在金笑侬的家里。日本投降后,金家又恢复了在当地小有名气的老字号杂货店,叫"中孚"号,胡治平就住在"中孚"商店的楼上。他天天忙于应酬,"客人"不断,三五天就要请一次客。他常说:"人情大似债,头顶锅盖卖。"当时谁也不知道他为什么这么热情好客。后来才知道,他是在"工作"。实际他是用金家作掩护,金家就是"留守处"。尽管国民党特务活动非常猖獗,这个"留守处"却始终未遭到破坏。

1945年9月下旬,金笑侬随第七师北撤。渡过巢湖后,日夜兼程,长途跋涉,于10月初到达苏北淮阴集中。这时,苏北、苏中、淮南、淮北几个根据地已连成一片,于是就在淮阴成立了苏皖边区政府。金笑侬被安排为苏皖边区参议会参议员。1946年7月初离开淮阴北上,到达山东解放区沂水的铜井,按华东局指示,继续北撤到渤海区,经过蒙阴、新泰、泰安南大汶口、肥城、东阿、聊城、临清,在临清休整了一个短时期,又转到德州西南的河北故城,住大杏基村一带。这时已是1947年的春天了。他们经过长途行军,疲惫不堪,由冀南区党委与华东局联系,同意这支部队留在故城进行休整。

这次北撤,1945年9月下旬由皖江抗日根据地出发,经过苏北、山东,直到1947年春天到达河北南部的故城,行程数千里,历时一年半,天上有国民党飞机轰炸、扫射,地上有国民党军队拦阻、追击,昼伏夜

1948年南下干部队集体照(后排左二金笑侬)

行,长途跋涉,完全靠两条腿。对每一个北撤的人来说,这都是一次革命意志和革命信念的严峻的考验。经过北撤的战斗洗礼,金笑侬是一名合格的新四军战士了。

在革命队伍中改造自己,铸成无产阶级战士。1949年1月,金笑侬随南下大军来到合肥。这时皖南尚未解放,皖北人民行政公署刚刚建立,他被分配任行署税务局顾问。8月,又被调往六安地区任贸易公司经理。六安地处大别山腹地,交通闭塞,经济落后,但木材、茶叶、苎麻、烟叶等土特产品甚为丰富,亟待开发。把富有经商经验的金笑侬派到这里,正是用其所长,让他有所作为吧!

金笑侬曾经赋诗:"奋斗如今二十年,技能微末觉徒然。寸阴宝贵须珍惜,改造存心赶向前。"他真诚地改造自己的思想,以革命干部甚至共产党员的标准严格要求自己,他从不因为是民主人士而有丝毫特殊。1943年皖江根据地由于日寇的多次"扫荡"和国民党反动派的袭扰,经济十分困难,缺衣少食。他作为副参议长,"领导干部、勤杂开荒种山芋1亩2分,节约粮食;种棉花1亩5分,解决1944年冬8个人冬衣棉被,减少政府供给;种菜养猪,改善伙食。"北撤途中,缺少冬衣御寒。组织上发给每人2斤未加工的羊毛,要大家自己动手捻线织毛衣。金笑侬这时年已半百,居然也把那一团一团杂乱无绪的羊毛变成了毛衣。这对于过惯了富裕安逸生活的他来说,确实不是一件易事。新中国成立后,他曾不无自豪地对家人说,这毛衣是我自己捻线织的哩!

他对自己要求严格,有时甚至几近苛刻。进城了,战争结束了,生活安定了,像他这样上了年纪又享受一定待遇的干部,完全有必要也有条件把亲属接来,使自己生活有所照顾。直到逝世,解放后十几年时间,金笑侬一直过单身生活,吃在食堂,洗涤缝补自己动手。

1956年,金笑侬已年届花甲,组织上为了照顾他,把他从繁忙的商业部门调到相对比较清闲的专署交际处任处长,交际处的接待工作既繁忙又重要,看起来只是吃、住、行的生活小事,但却容不得半点差错,丝毫不敢懈怠。他发现这里接待条件很难满足需要,他就利用省里的熟人关系,来回奔波,跑经费,跑材料,千方百计,使交际处的接待条件得到很大的改善。

1949年12月,皖北区召开各界人民代表会议,他是大会的直接邀请代表。实行人民代表大会制度后,又连续当选安徽省第一、第二届人民代表大会代表。经过多次申请,1954年金笑侬被批准为中国共产党候补党员。两年后成为中国共产党的正式党员,实现了梦寐以求的愿望。

1962年11月6日,金笑侬因病在上海逝世。安葬在合肥大蜀山革命公墓。

(作者单位:无为市档案馆)

季嚼梅:国民党爱国中将

王敏林

季嚼梅(1888—1961),号勉斋,无为市无城镇
黄闸村人。1916年毕业于保定陆军军官学校,
1926年参加北伐战争,任国民革命军总部中校参
谋。1929年起先后任第四路军总部参谋处上校
副处长、第四师参谋处上校处长、少将参谋长等
职。1935年冬,任国民党中央军事参议院参议,
领陆军中将军衔。1939年参与了著名的昆仑关
战役、滇西战役。1943年11月,出任中国远征军
司令部高级中将参谋。1949年新中国成立后,拒
去台湾。1955年,被聘为安徽省文史馆馆员。1961年3月因病逝世,享
年73岁。

季嚼梅

年少自强投笔从戎

1888年4月14日,季嚼梅出生于无城镇黄闸村。据老辈人回忆,季
嚼梅的父亲曾是私塾先生,家有兄弟三人,季嚼梅排行老大。然而,在他
读私塾读到17岁那年,他的父亲突然因病去世,小小年纪的他扛起了家

---

① 参见《中安在线·皖人故事》,2020年5月26日。

庭的生活重担。

彼时清廷腐败,列强大肆侵略中国。为了不做亡国奴,拯救国运,血气方刚的季嚼梅毅然决定投笔从戎。1911 年辛亥革命爆发,他去武昌当了学生军,入编湖北学生军第

季嚼梅参与指挥長城古北口对日作战

一总队第二大队。国民政府成立后,季嚼梅的部队被编入了陆军第二预备学校。由于训练刻苦,作战勇敢,指挥有方,季嚼梅的职务不断提升。1921 年,季嚼梅调入安徽混成旅二团任上尉副营长。但他发现,在当时黑暗的中国,北洋各路军阀争权夺利,置国计民生于不顾。特别是 1927 年蒋介石背叛革命,发动臭名昭著的四一二反革命政变,大搞独裁统治,血腥屠杀共产党人,更激起了季嚼梅等有识之士的义愤。

抗日战争期间,季嚼梅任第十七军少将参谋长,1933 年初日寇进犯热河,季嚼梅率领第十七军开赴长城在前线抗日,参与指挥了长城古北口、九松山等战役。后任军事参议院少将参谋。而在此期间,季嚼梅还与合肥人、孙中山先生的卫士卫立煌私交密切。1943 年 11 月,卫立煌被蒋介石任命为中国远征军司令,接替指挥在缅甸的中国军队与日军作战,他当即将季嚼梅招至麾下,请他出任远征军司令部高级中将参谋。抗战胜利后的 1946 年,季嚼梅奉军委会命令退役,并长居芜湖。

拳拳之心摆脱泥潭

抗战胜利后,季嚼梅不愿同室操戈,放弃了在南京的高官厚禄,卸任

回到芜湖,住在萧家巷3号。正在东北担任"剿匪"总司令、东北行辕代主任的卫立煌三番五次为邀季嚼梅将军远赴东北,许诺让他当总参谋长,都被季嚼梅为身体不适等理由推掉。他不再与当地国民党组织联系,而是密切关注时局的发展。通过观察,他深刻认识到"只有中国共产党才能救中国"。他

1946年季嚼梅退役,长居芜湖肖家巷3号,利用合法身份和地位,掩护共产党人、营救新四军北撤后坚持游击斗争的指战员

开始积极拥护和支持中国共产党,利用自己的合法身份和地位做了大量有利于革命的事情,先后掩护了张恺帆、季鸿、季道等共产党人的革命活动。他甚至以自己在芜湖的府第肖家巷3号作为掩护,让季道、季汉章、季永友等共产党人在他这里存放枪支,而这在当时是要冒着巨大的生命危险的。

1949年全国解放前夕,国民党人纷纷逃往台湾,季嚼梅向往革命,反对国民党政府,加之对故土难舍,他谢绝了亲友要他去台湾的恳求,留居内地。

热心公益乐善好施

季嚼梅一生乐善好施,热心家乡公益事业,为兴办教育和水利事业不遗余力,深受家乡民众的称赞。

1936年,他会同族人创办了濡光小学,1946年,他又捐田10余亩和部分教具,并动员季姓富有者捐米若干,会同舍后井乡邻创办了四维小

学。学校开办之初便招收学生120余名。新中国成立后改为公办舍后井学校,也就是现在坐落于上胡村的无城镇舍后井小学。

1955年,季嚼梅被聘为安徽省政府文史馆馆员。他以自身的经历撰写文稿,为安徽省的建设建言献策,一生为国为民分忧,做出了自己力所能及的贡献。

（作者单位:无为市委史志研究室）

胡竺冰:党外布尔什维克

蒋克祚

1940年4月初,一个杜鹃啼血的黄昏,繁昌县方家大屋新四军三支队医院里,被人们誉为"党外布尔什维克""鲁迅式战士"的胡竺冰先生,从病榻上艰难地挣扎起来,躺在警卫员怀中,断断续续道出了他一生最后的眷念:"胡家后代都要参加新四军……"

胡竺冰

立志救国

胡竺冰,又名可文,字铸侬。1893年生于安徽省无为县江坝乡冒新村胡家瓦屋。胡家祖籍枞阳县浮山,祖辈在清光绪年间逃荒至无为。先后在六洲、隆兴洲、还古洲开荒种地,后定居白茆洲冒新村。胡竺冰有四兄 姐和 个妹妹。四位兄长从小就随父耕作,家中颇具田产,生活逐渐富裕。胡竺冰自幼聪慧,父母为将来家里有个光宗耀祖、支撑门户的人,在他14岁时让他进入了乡村私塾。他深知读书的机会来之不易,学习格外勤奋。几年后,塾师推荐他进入县城正规学校。1916年,23岁的胡竺冰又经名师引荐,以优异的成绩考入设在安庆的省立法政

---

① 参见《巢湖中共党史人物传》,中共党史出版社,2011年5月,第49页。

学堂。

然而,五四运动前后的省城安庆"山雨欲来风满楼"。一方面皖系军阀为维护其反动统治,加紧压迫和剥削人民;一方面资产阶级民主革命的新思想、新文化极大地解放了人民的思想。胡竺冰在安庆学习和工作的几年,正是安徽新旧思想斗争激烈、民主爱国运动不断兴起的几年。特别是五四运动后,胡竺冰阅读了《新青年》《湘江评论》《觉悟》《向导》以及《唯物主义浅说》《共产党宣言》等革命书刊,思想发生了很大的变化。他开始用新的目光审视那黑暗的社会。面对军阀的专横残暴和人民惨遭蹂躏的现实,他逐步感到教育救国无法从根本上救国救民,要改造社会就必须起来斗争,推翻反动军阀的统治。于是他将希望寄托在孙中山领导的国民革命和三民主义上。看准了这一目标他便申请加入了中国国民党。他在安庆期间,在周新民、王步文领导下积极参加了六二学潮和反军阀贿选以及驱李(北珍)、逐吕(调元)、倒舒(鸿贻)的斗争,投身罢课、罢教和游行示威的洪流之中。

启迪民众

1923年春,安庆的军阀政府向进步力量疯狂反扑,无数革命者被投入了监狱或倒在血泊之中,胡竺冰被迫返回家乡无为县。胡竺冰不甘沉寂,为了实现自己的理想,他联系先后返乡的旅外进步青年高莫适、季庶仁、倪茂芬、高士林等到处贴标语、散传单、发代电,力图将城市斗争火种播撒到无为,用亲历亲见亲闻的事实唤醒民众的觉悟。并联合地方有声望的开明人士,共同组织成立"地方公款清理委员会",通过清理公开账目,揭露反动派巧取豪夺、愚弄人民的丑恶嘴脸。为了发展革命势力,1924年夏,胡竺冰和北方交通大学学生、地下共产党员卢光楼等人,利用暑假之机成立了"青年读书会"。并在第二国民小学举办了演讲会和"假期义务补习班",除教授文化知识、介绍进步书刊外,还通过讲故事、说笑

话等群众喜闻乐见的形式宣传时事,讲述革命道理。1926年,他又同高莫适、季庶仁等在"义务补习班"的基础上创办了"义务小学",广招青年知识分子任教和贫苦子弟入学。学生的书籍费、学杂费全免,学校的一切开支均由胡竺冰等人捐助或向地方富商、士绅募集。1927年以后,这所学校很多师生都加入了中国共产党,或成为中共无为县委领导的革命斗争中的骨干分子。

在北伐战争节节胜利的形势鼓舞下,1926年冬,胡竺冰同吕惠生、高莫适、季庶仁等经过周密的筹划和准备,成立了国民党无为县党部,胡竺冰当选为常务委员,负责宣传、组织工作。他所发起组织的进步团体和领导的革命活动,有力地推动了全县革命斗争的进展,也使他自己增长了才干,提高了觉悟,赢得了人民群众的尊敬和信赖。1927年3月22日,他同季庶仁一起被推选出席国民党安徽省第一次代表大会。次日,因蒋介石亲手策划三二三反革命事变,使会议在与军警冲突之后中断。亲身经历这一事件后,胡竺冰看清了蒋介石的反动面目,开始意识到在革命阵营中还有包藏祸心的反革命势力。

出掌县政

1927年3月,无为县县长刘朝纲即将交任之际,其卫兵在无为东乡抢掠,枪杀了无辜青年邢学年。被害的家属及邻里将尸体抬至无为城老衙门哭诉,刚刚从安庆返回无为的胡竺冰再也按捺不住满腔怒火,同吕惠生两人面对围观的群众挥臂演说,痛斥反动政府草菅人命的罪行,然后组织游行示威,要求严惩凶手。县政府置若罔闻,愤怒的游行队伍抬尸冲入县衙,停于大堂之上。刘朝纲派兵驱散示威群众,强令死者家属抬走尸体。并以蛊惑群众之名查捕胡、吕两人。致使这一人命案未能及时得到雪冤。

4月上旬,北伐军第七师三营抵达无为,各界人民欢欣鼓舞,革命热情再次高涨。胡竺冰抓住大好时机,以国民党县党部的名义,要求继任县长高寿恒立案查处前番人命案。高竟然通知刘朝纲及凶手离开了无为。在全县人民欢迎北伐军的大会上,胡竺冰和吕惠生揭露了县政府与军阀狼狈为奸、祸害无为人民的罪行,以及高寿恒放走刘朝纲及凶手的真相。万民激愤,要求北伐军赶走高寿恒。在北伐军的支持下,胡竺冰、吕惠生带领数千人闯入县衙,声讨高寿恒,北伐军随之逮捕了高寿恒,解散了反动政府。与反动县政府的斗争告一段落后,各群众团体纷纷要求胡竺冰组建一个能为群众说话和办事的新政权,于是"无为县临时行政委员会"应运而生。胡竺冰被推为主任委员兼司法科长,吕惠生任秘书兼第一科科长,王绍宸任国民自卫团团长。这便是无为县历史上第一个由人民群众民主产生的政权机构。

胡竺冰领导的这场农民革命尽管后来被扼杀在襁褓之中,但作为人民群众第一次与反动政府的殊死斗争,具有十分重要的意义,极大地鼓舞了无为人民的革命斗志,为后来中国共产党在无为乃至皖中地区开展革命活动奠定了坚实的群众基础。

大革命失败后,中国革命前途处于最黑暗的时刻。胡竺冰流亡彭泽期间,陷入了深深的思考之中。蒋介石为什么要叛变革命?在北伐战争中发挥了重要作用的中国共产党为什么要遭到清洗和镇压?三民主义的前途在哪里?中国将向何处去?一时间他痛感理想破灭前途渺茫。他在一首诗中这样写道:"远村垂暮霭,山色欲朦胧。绕树归寒鸟,疏林听晚钟。松风当户啸,枫叶染霜红。我欲归园圃,殷勤问老农。"他不知道如何才能实现自己的理想,自比绕树之寒鸟,表现了倦鸟还巢和归隐田园的悲凉心境。1927年7月初,胡竺冰抵达大革命中心武汉,不辞劳苦地找到了设在这里的中共安徽省临时委员会。周新民、王步文、薛卓汉等热情地接待了他,对他在革命低潮时所作的选择给以极高的评价。自此,胡竺冰第一次与共产党组织发生了直接的接触,标志着他从一个民主主义者转变成一个反帝反封建的坚强战士。

探索方向

到武汉仅数日，胡竺冰又经历了汪精卫制造的七一五反革命政变。党组织为了保存革命力量，进行了秘密转移，胡竺冰来到他的祖籍枞阳县浮山。在爱国教育家房秩五创办的浮山中学与黄镇、诸良培、吴克正、郑曰仁、祖逸湖等分别担任了各科教员。1928年，王步文也辗转来到浮山中学，在房秩五的掩护下创建了党团组织。浮山附近的农民运动风起云涌，革命形势发展很快。胡竺冰和党团员们一起办起了农民夜校，将《共产党宣言》等马列著作当成教材，并将《新青年》等杂志介绍给学生。一次，他向学生讲解《在无畏之前自有路》一文，讲到高兴处，情不自禁地高声朗诵道："不惜个人牺牲，敢于冲破黑暗，拯斯民于水火，这才是有志者，亦是无畏者。一切黑暗终必冲破，光明大路就在前头。"他用这些话鼓励同学们，也鼓励自己。

夜阑人静之时，胡竺冰常掩卷沉思，他怀念着如火如荼的斗争岁月，怀念着家乡父老乡亲，渴望革命高潮的再次到来。他的一首诗充分反映了这种心情："一夜北风紧，推窗大雪飞。孤山羁过客，三载别慈闱。拥被寒浸骨，挑灯泪湿衣。隔床呼郑子①，已独沉眠矣。"

沪上斗争

1929年春，胡竺冰受中共安徽省临委指派，前往上海从事地下工作，他寄身于上海交通大学教务处，并通过地下联络员史殿召接受了刻印宣传品的工作。

在上海期间，胡竺冰还加入了"中国左翼作家联盟""中国社会科学家联盟"等进步组织，并成为"世界语学会"会员。他结识了仰慕已久的

---

① 注：指同宿舍的郑曰仁。

鲁迅和沈钧儒、章乃器,还和美国著名社会活动家史沫特莱有深厚的交往。在他们的影响下,胡竺冰思想更趋成熟。

1930年,原中共芜湖中心县委书记宋士英生病来沪治疗,胡竺冰多方筹款,甚至典当衣物相助。宋士英病逝后,胡竺冰为他收殓,并通过地下党组织,以同乡会的名义在安徽会馆举行了追悼会。

1933年,张恺帆、李白玉在上海找到了党的中央组织,并分别受任吴淞、闸北两区区委书记。后因叛徒出卖相继被捕,胡竺冰又多方设法营救。因营救失败,自己却引起国民党反动派注意,住处竟一度受到特务监视和军警包围查抄。李白玉在狱中被折磨患病,胡竺冰再度冒险将其保释就医。李不幸逝世后,胡竺冰又强忍悲痛,妥为安葬。

在革命低潮中,在白色恐怖最严重的时刻,胡竺冰始终坚持为党工作,冒着生命危险营救党的干部,与共产党人同舟共济,足见他对共产党的忠贞不渝和对革命事业的必胜信念。据同代的老共产党人的回忆,早在国共两党第一次合作期间,党曾派商恩普介绍胡竺冰加入组织,但胡竺冰考虑到自己早年患上胃病和肺病,并已日趋严重,入党后会连累组织,表示在党外为党工作更方便。他在组织上虽然没有入党,但党组织和同志们都把他当成亲密的战友。如同鲁迅一样,胡竺冰始终在自己的岗位上,发挥着一名普通党员无法起到的作用。

抗日救亡

安排好李白玉的后事,敌人再次盯上了胡竺冰,中共组织及时安排他离沪返皖。他曾在贵池、凤阳等地辗转寻找党组织。八一三淞沪战役起,胡竺冰正因旧病复发去沪治疗,眼看国家危亡在即,他不顾痼疾缠身,日夜兼程赶回无为,誓死要在家乡发起抗日救亡运动。是年8月,张恺帆、桂蓬、黄先、林李明等获释,他们身带病伤一路乞讨回到无为。胡竺冰闻讯即前往张恺帆家探望,并将他们全部接到自己家里养伤养病。与此同

时，一些在外地从事革命活动的同志纷纷回到无为，聚集于胡家瓦屋。他们通过收音机了解前线战况和国际形势，研究无为的抗敌斗争。

1937年11月，八路军南京办事处派李世农到无为，在这里建立了以李世农为书记，张恺帆、桂蓬为委员的中共皖中工委。从此，中断了十余年的桐城、舒城、庐江、巢县及无为等县党的组织相继恢复，中共无为工委也在胡家瓦屋成立。南京、芜湖沦陷后，国民党军队纷

胡竺冰成立的"无为国民抗日自卫总队"

纷溃退，一些散兵流落无为。胡竺冰、吕惠生、张恺帆等人决定委托进步青年张君武收容这些散兵，组织了一支抗日武装。"无为县国民自卫总队"在胡家瓦屋成立，被群众称为"胡家兵"。不久，胡竺冰又资助吴锦章、倪化黎建立了无为县第一支党领导的抗日武装"无为县国民自卫分队"。这支队伍不断发展壮大后，被整编命名为"新四军第四支队无为二中队"。成为活跃在无为的一支影响很大、战斗力很强的部队。

1937年秋，日军占领了上海和中国北方大片领土。平津流亡团到达无为，胡竺冰以"无为县抗敌后援会"名义亲赴无城邀请流亡团到东乡宣传抗日。胡竺冰主持了声势浩大的抗日动员大会。一些爱国青年看了流亡团的演出，听了胡竺冰的演讲，纷纷报名参加抗日队伍。无为人民抗日热情再次高涨，并很快影响到周围县市。

再任县长

1938年2月，安徽省动委会成立。胡竺冰应章乃器、朱蕴山、周新民

电邀,赴任省动委会文化委员会委员,开始从事全省范围内的抗日动员工作。

该年夏,日机两次轰炸无为,国民党县长韦廷杰惊恐万状,置全县人民于不顾,带着常备队逃往无为西南乡。一路上还大肆搜刮抢掠,老百姓骂他们是"官家的土匪"。一时间,全县境内土匪横行,盗贼猖獗,民怨鼎沸。中共舒城中心县委、无为县委通过省动员委员会内知名爱国人士,敦促省府撤销韦廷杰职务,并推荐胡竺冰担任县长。省府迫于形势,于同年9月任命胡竺冰为无为县长。韦廷杰抗拒交任,他还命令常备队固守无城、襄安两地以武力相威胁。滞留在舒城县的新四军第四支队,决定派军队武装护送胡竺冰接任。支队参谋长林维先亲率手枪团、老七团随胡到达庐无边界,传信正告韦廷杰遵命交接。韦仍然向襄安增兵,林维先遂率部攻克襄安,再逼无城,韦携带金银细软逃至无城北门时,被其卫兵枪杀。新四军又乘胜消除了各地匪患。

10月8日,胡竺冰就任县长,亲自拟定《告民众书》,以稳定局势,受到各界人民热烈欢迎。

在中共无为地方组织的帮助下,胡竺冰力除反动势力,大量吸收共产党员和抗日爱国人士担任县政府各科科长、各区区长及县、区抗日动员委员会负责人。建立了以原无为新四军二中队、七中队为基础的有千余人的"无为县抗日人民自卫军",自兼司令,共产党员张学文为副司令,中共舒城中心县委书记桂蓬为政治部主任,军内建立了秘密党组织。他改组县动委会,自兼主任,魏今非任指导员、胡德荣任组织部部长;任命吕惠生为县政府秘书,主持日常公务;任命周光春主持县税务、贷款工作,为新四军筹措了大量经费。停办一年多的城乡小学和无为中学也恢复招生。无为县党政军及一些进步团体的权力完全控制在共产党人手中。使无为城乡社会安宁,人心舒畅,抗日运动蓬勃开展。党的组织迅速发展,全县党员发展到700多人。

但是反动派不甘心失败,他们从县城到省会到处散布"胡竺冰成共

产党了""无为完全赤化了"。10月下旬,省长廖磊即以"擅起兵端,破坏合作抗日"为由将胡竺冰革职查办,派马炯接任县长。胡竺冰在任仅20余天,对于革职他早有思想准备,但未想到来得如此之快。趁马炯未到无为,他和吕惠生等人封锁了省府革职文件,一面继续履行县长职权为党工作,一面在人民自卫军中挑选一批优秀青年和较好的武器,全部移交给新四军第四支队,编成一个游击大队。

在党组织和章乃器等人的保护下,胡竺冰免遭查办,廖磊为了限制他的活动,遂任命他为省府参议员。他识破这一企图,拒不到任,请留无为担任县财经委员会主任。他在此任中仍继续为我党我军做了大量工作。

良师益友

胡竺冰不仅是无为人民进行民主革命和抗日救亡斗争的领袖,还是青年的良师益友。在他当县长时,县动委会青年农民画家胡铁锋经常画抗敌宣传画,出于景仰,画家曾送给胡竺冰一幅画。胡竺冰称赞是"有铁有血,很有力量的抗敌画",十分珍爱地挂于卧室。不几天,胡铁锋突然发病,临终时双手捶胸喊道:"我就这样死在妻儿的怀中吗?就不能让我死在战场上吗?我看不见中国最后的胜利了啊!"胡竺冰听说后极为悲痛,当即含着热泪挥毫写就《悼胡铁锋君》一文,发表在抗战刊物《铁流》上。他称画家"是个不吹牛,不拍马,有血有骨气的青年……他的灵魂是纯洁的中华民族的解放与复兴,许是寄托在这方面吧!"这催人泪下的悼文,在青年中产生了强烈的共鸣。

出于对青年的殷切期望,胡竺冰卸任县长一职后,兴致勃勃地兼任了无为中学及抗日干部训练班教师。先后主讲了《论新阶段》《论持久战》等专题。他和学员们成了知心朋友,课余时间经常给学员讲新四军、鲁迅和世界语。由于他讲话总离不开这三个内容,大家都戏称是他的

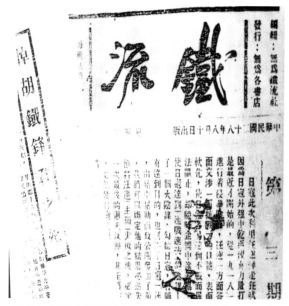

胡竺冰发表在"铁流"半月刊上的《悼胡铁锋君之死》

"三部曲"。一次,在课堂上讲授辩证法,学员中许多共产党员和知识分子,都为他对马克思主义哲学的透彻理解表示惊讶。有一次课余活动,有学员问他县长被撤有何感想,他真诚而又严肃地说:"我是为抗日当县长的,只要抗日主张不变,我个人进退决不萦怀。"学员们无不被他的一身正气所折服。

胡竺冰对自己的亲属、晚辈也要求严格,言传身教。

1940年除夕,长子胡师伟奉新四军领导命令调至津浦路东江北指挥部工作,行前冒着大雪回家告别,母亲、弟妹留他过年后再走,胡竺冰得知后厉声训斥:"真没出息,这么大的人还离不开家。你是抗日战士,当知军令如山,难道还要过三天年再执行吗!"胡师伟内疚地背起行李立即出发。

胡竺冰当县长时,一天,次子胡斯夫随卫兵到澡堂洗澡,老板听说是胡县长的公子坚持不收钱,胡竺冰得知硬是要斯夫送去洗澡钱并赔礼道歉。

后辈们都将胡竺冰的品行当作修养道德情操的一面镜子。在他的影响下兄弟、子侄、亲属乃至胡家的雇工,先后20多人参加了革命。除长子胡师伟牺牲在新四军连长岗位上外,其侄婿倪合台、夏子旭在大革命失败后就先后担任过中共无为县委书记,均牺牲在反动派的屠刀之下。侄子胡师林、胡珀光都是抗日烈士,早年的雇工沈光厚长期跟随他从事革命,后参加新四军,成长为人民解放军的高级指挥员。

　　1939年春,胡竺冰因过于劳累忽视治疗而使病情加重,只能居家养治。此时,国民党反动派竭力推行"攘外必先安内"的反动政策,不断向新四军发起武装挑衅,并拟定逮捕共产党人和进步人士的名单,胡竺冰被列入了黑名单之内。无为籍著名爱国教育家卢仲农在省会得知这一消息,专程返无告知胡竺冰要他迅速转移。但胡竺冰仍然放不下手中的工作,坚定地表示:斗争越艰苦,环境越险恶,越是要为无为人民做些力所能及的工作,自己不能自顾逃命而动摇民心。党组织遂派沈光厚率10名新四军战士做他的随身卫队。

　　此后,胡竺冰在家中多次接待前来看望的新四军领导人。张云逸参谋长负责指挥江北新四军期间,多次看望他并促膝长谈。同年4月底,叶挺军长和邓子恢、罗炳辉、赖传珠等领导人到无为,三天中两次接见胡竺冰。叶挺军长高度评价他为抗日事业所作的贡献,并指示江北游击纵队加强对他的安全保卫。9月份,史沫特莱来江北游击纵队采访时曾在胡家瓦屋与胡竺冰彻夜长谈。

与世长辞

　　1939年底的一天,胡竺冰突然通知沈光厚集中卫队,收拾行装随他出发,当晚扶病赶到驻无为县西乡开城桥的江北游击纵队司令部。原来是孙仲德司令员得到可靠情报,反动派要对胡竺冰下毒手,考虑到胡竺冰可能不愿轻易离开,便下了一道手谕。在司令部,胡竺冰开始卧病不起。等病情稍有好转后,孙仲德又按胡竺冰的要求,派人送他回到了胡家瓦屋。

　　1940年4月初,国民党保八团突然向无为东乡新四军发起进攻,胡竺冰的安全再次受到威胁。孙仲德司令员经与前来视察的张云逸参谋长商定,派人于夜晚将胡竺冰抬在担架上,绕过重重封锁渡过了长江,前往新四军第三支队医院就医。经诊断,胡竺冰的胃病因延误医疗已成为不治之症,后医治和抢救无效,不幸病逝,终年48岁。

胡竺冰的一生是光辉的一生,战斗的一生。他始终以一位爱国民主人士的身份,在救国救民的道路上历尽艰辛,出生入死,百折不挠。他将自己的绝大部分财产直至宝贵的生命都献给了人民解放事业,不愧为"党外的布尔什维克"和"鲁迅式的战士"。新中国成立后,人民政府追认他为革命烈士,并将他的遗骨从铜陵县凤凰山麓迁葬于无为县绣溪烈士陵园。无为人民将永远缅怀胡竺冰烈士的功绩,永远褒扬烈士的不朽英名。

(作者单位:无为市档案馆)

胡治平:隐蔽战线上的斗士

蒋克祚

胡治平(1905—2003),1905年2月出生于安徽无为县陡沟镇小河口一富农家庭。少时入塾读书,成年后,秉性耿直,乐善好施,被乡邻称为"胡善人"。在抗日烽火中加入中国共产党,担任抗日民主政府虹桥区区长,为救助贫苦农民,胡治平倒贴10余亩良田赈济。1942年5月,胡治平被任命为皖中参议会筹委会主任,积极筹备,成立皖中参议会,并当选驻会参议员。1942年11月,胡治平

胡治平

担任无为县交通大站站长,从事情报隐蔽战线工作。积极营救被捕的新四军人员,想方设法,动用一切力量把战友从敌伪手中营救出来。善于利用情报手段,做抗日统一战线工作。新四军北撤后,胡治平受命担任留守处主任,在白色恐怖中,与敌人周旋,保护了一大批留守人员的生命安全。胡治平于2003年逝世,享年98岁。

抗日入党,投入皖中抗日根据地建设

1937年七七事变后,张恺帆等人经党组织营救从国民党监狱获释回到家乡无为,县内热血青年和进步人士先后聚拢到爱国进步人士胡竺冰家和张恺帆一起共商无为的抗日大计。胡治平听说后,立即前往

白茆胡家瓦屋,融汇到一群仁人志士之中。他们决定在无为县城和白茆洲一带成立"无为县青年救国协会""无为县抗敌后援会",着手组织工农群众,联系爱国士绅,开展抗日救亡活动,无为县的抗日烽火从此开始点燃。

1938年8、9月,胡治平受胡竺冰委派,任虹桥区区长。他到任后,走村串户,安抚民众,每日辛勤奔波,终于使该区的社会秩序稍微安定,有的困难群众甚至无米为炊,有的农民把田荒了,胡治平都给予及时援助,传说中一年区长倒贴了10亩良田之事就发生在这一时期。

皖南事变后,1941年5月1日,新四军第七师和无为县抗日民主政府成立,8月,胡治平被任为无为七区区长。1942年5月,皖中行政公署准备召开参议会,胡治平由于对无为政情、社情比较熟悉,被行政公署委任为皖中解放区参议会筹备会主任。他不负领导的重托,终日繁忙,终于使无为县参议会在7月胜利召开。除无为代表外,还邀请了巢、和、含、桐城、繁昌、铜陵各县代表出席,根据代表要求,决定成立皖中参议会,胡治平当选为15位驻会参议员之一。皖中参议会的成立,标志着皖中抗日根据地的建设进入一个新的阶段。

致力隐蔽战线工作,营救被俘新四军人员

1942年11月,胡治平被任命为无为县交通大站站长,无为县是皖江抗日根据地的中心区,无为交通站是非常重要的部门,它负责根据地的交通、联络、情报等工作。在此后的几年中,他为根据地的党、政、军、群各部门及时地提供了十分重要的情报信息。营救黄龙部长就是其中的一个故事:

日本侵略军多次对驻无为一带的新四军第七师进行"扫荡",由于第七师的交通情报工作做得好,早作预防,损失较小,而损失最大的是1943年3月17日,日军对无为的"扫荡"。这一次日军从南京、芜湖、铜陵、

安庆等地抽调兵力6000余人,分8路突然向皖江根据地首脑机关所在地——无为县严桥、恍城地区进行奔袭"扫荡"。新四军第七师突遭袭击,以致伤亡200余人。被俘后殉难的有师供给部副部长郭仪鸿;下落不明的有第七师卫生部长黄农及爱人张惠新。中共皖江区委书记、第七师政委曾希圣和前来皖江根据地检查工作的中共华中局组织部部长曾山,也经历风险,几遭不测。在粉碎这次日军"扫荡"后,华中局来电严肃批评:"此次七师在反'扫荡'中重大疏忽……今后必须接受此种血的教训。"

正当曾希圣为"扫荡"中牺牲、失散的人员焦急之时,无为县交通联络站站长胡治平向他汇报了第七师卫生部长黄农夫妇的下落消息,曾希圣紧张的神情稍微得到了一些缓解。

原来在"扫荡"前,黄农结核病复发,和已怀孕快临产的妻子张惠新(卫生部保健科长),在恍城区陈家祠堂休养。在反"扫荡"突围时,因行军不便,被组织安排随当地群众转移,躲进一个较为隐蔽的山洞里。第二天,日军反复搜山时,这个山洞被发现,20余人全部被俘。

曾希圣得知此情况后立即指示胡治平说,黄部长是从延安来到新四军的高级医务干部,你们一定要通过敌伪关系,不惜代价,设法营救。这虎口救人的工作要迅速果断,于是,胡治平当即赶到无为县城郊,开始紧急的营救工作。

无为县交通联络站在城内有几条情报线索,胡治平的弟弟胡守濯是负责搜集日伪上层人士情报工作的情报人员。

胡治平到城郊后立即约见在城内的弟弟,与他共同商讨营救黄农的办法。他们商量结果是:第一步先把黄部长夫妇转移到伪

胡治平鼎力营救的新四军第七师卫生部部长黄农(王雨田)

县政府监狱,第二步才开始实施营救工作。伪无为县县长吴振璜则是关键人物。吴振璜与胡治平兄弟早就相识,抗战时期,他知道胡治平是新四军,也知道胡守濯身在城内万字会,心在城外新四军。吴对新四军是既恨又怕,恨的是新四军的抗日斗争阻挠了他卖国行径难以得逞,怕的是他土生土长,全家老小皆在无为,担心身家性命难保。胡氏兄弟根据吴振璜这些情况,决定大胆地对吴振璜开展工作,要他设法营救王雨田夫妇。

吴振璜贪财是出名的,胡治平在向曾希圣汇报后,筹措了一些金条交给胡守濯。一天,胡守濯到县政府找到吴振璜,说有个亲戚在这次日军"扫荡"中被俘,关在县政府监狱,请县长给予关照释放。吴说是知道由行动队转来的医生,但尚未审理,不便释放。胡守濯在临走时放下金条,说这是王雨田家中送来的感谢费用,请县长各处打点,早日放人,以免家中着急。

几天后,吴振璜派人找到胡守濯,说县政府监牢里有几个生病的犯人,决定转移到万字会关押和治疗。两天后,又突然押来被日军"扫荡"时抓捕的两名女同志,一是第七师卫生部的药房主任,一是师教导队的干部。四人在根据地里朝夕相处,但在万字会里、警察面前却装作互不相识,内心却是激动不已。

此时,胡守濯经常向黄部长报告各方面的信息。一日,胡守濯得到消息,说明日吴振璜与日军要作最后审问,要他们四人做好准备。次日,张惠新等三个女同志被带到伪县政府,吴振璜和一个日军及翻译鲜于谦简单地审问了几句,她们都按事先商定的口供作答。回到万字会后,胡守濯说吴振璜答应过几天就放人。

胡治平得此信息后,立即向师部报告,请师部指派在芜湖的地下交通人员准备做好接应工作。几天后,日军派人到万字会用竹凉床把黄农抬上卡车,他和张惠新随小分队到达芜湖,说第二天到上海。正巧当晚芜湖市区发生爆炸,第二天日军和黄农夫妇到达火车站,但不准中国人

上车,日军上了火车,把黄农夫妇留在车站。我第七师在芜湖的接应人员很快找到了黄农和张惠新二人,随即送他们回到无为县恍城区的第七师司令部。同时,关押在万字会的另外两位女同志也被释放,立即由营救人员接回到师部。

在白色恐怖下坚持斗争,保护留守人员的生命安全

1945年8月,日本帝国主义投降。根据国共和谈精神,中共让出包括皖江在内的八块解放区。10月,新四军第七师部队和皖江地区的党、政、干部随军北撤。为了掩护伤病员和地方上党、政干部家属免遭反动派的迫害。皖江区党委决定留下少量自卫武装,由人脉关系广,社会上人称"善人"的胡治平任新四军第七师留守处主任。这一工作责任重大,且十分危险复杂,第七师政委、皖江区党委书记曾希圣亲自找胡治平谈话:"在万不得已时,可以向敌人假自首,但不得陷害同志。"

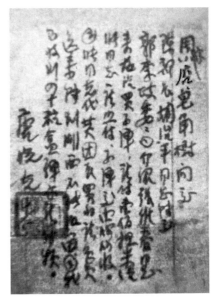

唐晓光致函第七师留守处主任胡治平,提出关于开展武装斗争的具体意见

自北撤后,国民党反动派卷土重来,在无为实行白色恐怖,胡治平和留下来的同志与反动派作了不懈的斗争,保护了一些伤病员和干部、战士家免遭反动派的侵害。

1946年胡治平被国民党无为县调查室行动队捕捉关押,无为各界人士多方营救,经组织批准后假自首出狱。

1947年4月,胡治平设法摆脱国民党控制,辗转芜湖、上海当地,8月进入苏北淮阴找到第七师留守处并参加工作。

1948年7月,胡治平任无为县政府副县长。

1949年1月23日,胡治平和陈仲平等人作为无为县民主政府的代表接管无城,并于当日召开了无为县各界人士座谈会,维护地方治安。

新中国成立后,胡治平先后任巢湖专署建设科副科长、皖北行署农村处水产科科长、省文史馆办公室主任,省人民政府参事室参事直至离休。

胡治平于2003年逝世,享年99岁。

（作者单位:无为市档案馆）

胡邦宪:智斗敌顽的抗战县长

吴毅安

胡邦宪(1902—1991),原名胡允恭,安徽寿县
杨庙乡人。1922年考入上海大学,1923年由瞿秋
白介绍加入中国共产党,1926年被中共两广区委
军委调国民革命军第四军担任团政治指导员,在
北伐战争中负伤退出了国民革命军,潜回上海。
1931年曾经派任中共山东省委书记,1932年4月
被王明以"莫须有"的罪名解除职务。1933年脱党
后去香港、日本。全民族抗战爆发以后回国,先后
在福建、安徽担任明溪、同安、福安、怀宁县长职

胡邦宪

务。新中国成立后,曾出任福建师范学院院长,1952年调任南京大学历
史系教授。1983年恢复了党籍,实现了多年的夙愿。1991年在南京逝
世,享年89岁。

1939年春到1939年底,胡邦宪任安徽省怀宁县县长期间,怀宁县的
抗日救亡运动红红火火、有声有色。胡邦宪和共产党人密切配合,加强抗
日武装,袭击安庆日军;广泛发动民众,宣传抗日救亡,打击汉奸流氓势
力,支援新四军作战发展。在皖西南地区掀起了一股全民抗战的浪潮。

1939年春,经李宗仁介绍、安徽省国民政府主席廖磊任命,胡邦宪以
无党派人士身份来到安庆西南小镇石牌,就任怀宁县长。胡邦宪早年加
入过中国共产党,1933年脱党了。1938年冬,他在福建接到刚刚就任新

四军军长的叶挺将军的秘密来信,要求他回到安徽,设法通过主持安徽政局的国民党桂系上层关系,取得合法身份,在皖西南地区配合新四军敌后抗战。

壮大抗日力量

胡邦宪就任怀宁县长以后,发现当时怀宁情况很复杂,坚持消极抗战、积极反共立场的国民党顽固派势力较大,国民党县党部书记长黄定文豢养着一支百余人规模的流氓武装,经常拦路抢劫商户,还以共产党嫌疑犯的由头任意逮捕抗日进步人士,不经县政府直接送省党部;而怀宁县抗日救亡动员委员会指导员费力夫是国民党CC分子,经常与黄定文沆瀣一气,狼狈为奸。县民团训练总队副总队长赵东江是军统,在怀宁县城石牌镇还驻有一个桂系"长江军事特派员办事处",特派员孙福安是桂系安插在皖西南专门对付共产党新四军的,此人惯于揽权管事、干涉行政。这些情况是在怀宁开展发动民众抗日救亡工作的最大障碍。

胡邦宪在中共党员、时任安徽省抗日动员委员会组织部部长的周新民帮助下利用行政职权改组了县政府,他安排共产党员身份的辛先昌担任怀宁县第二区区长,倾向抗日的丁汉成担任怀宁第三区区长,中共党员(中共怀宁区委书记)查化群任第四区区长;中共党员郝笃先为民政科科长,进步人士杨盟山为军事科长,中共党员王文质为县督学,使坚持国共合作一致抗日的进步力量在县政府系统得到加强。

此时,戏剧家、中共党员刘保罗率领进步作家孟波、黄灿等30多名进步青年来到安徽六安,投身抗日。皖中抗战司令部司令、桂系一七六师师长区寿年将刘一行编成"鄂豫皖边区游击兵团东南分区政治总队第三大队",任命刘为大队长。不久因刘热心宣传抗日,反贪官污吏、土豪劣绅,引起区的不悦,区派刘去皖中各县做流动宣传工作。刘保罗到怀宁地域以后,胡邦宪主动与刘洽谈,邀请刘参加怀宁县政府的抗日活动,

并且留驻怀宁一带宣传抗日。这样,胡邦宪、查化群、刘保罗、杨盟山四人遇事常在一起商量,无形中一时形成怀宁抗日救亡工作的领导核心。

整顿抗日武装

胡邦宪就任怀宁县长以后,把县域内的武装力量组织在一起,成立了一个"怀宁抗日游击指挥部"。当时怀宁的武装队伍主要是驻扎在怀宁江镇和石牌的二十一集团军第九游击纵队,另外就是怀宁县自卫队和政警队。当时怀宁没有公安局、没有警察队伍,只有县政警队行使治安警察的职能。胡对政警队人员进行调整、加以扩充,委任自己人做队长与分队长。怀宁县自卫队有5个中队,胡以曾经担任北伐军十二师三十五团政治指导员、参加过北伐战争的经历,巡视过5个中队,在五个中队中选员重新组成第二中队,留怀宁县府严加训练以后,将二中队骨干人员派到其他中队为分队长,为此胡很快掌握了近200人的武装,保证了县府工作推进与安全,为抵御日寇做武装斗争准备。

1939年初,二十一集团军第九游击纵队驻扎怀宁,纵队司令云应霖思想倾向进步、参谋长李伟烈是中共党员,胡了解到云、李二人均为十九路军的旧部以后,就告知自己与原十九路军高级将领蔡廷锴、陈铭枢相熟,取得了云、李的信任与合作。为争取这支部队,胡邦宪和查化群协商,由县动委会、四区署和在怀宁的14抗敌工作团共同抽人组成"怀宁县抗日前线八乡政治工作队",由查化群担任指导员,开赴第九游击纵队驻地,发动群众开展支前工作,配合军队行动;4月,经中共桐怀潜中心县委研究并报请鄂豫皖边区党委批准,14工作团改名为第九游击纵队政治工作大队,中共党员石安国任队长,集体进入九游纵队,帮助做部队政治思想工作。政工队以集体讲演和个别接触的形式,提高士兵的思想觉悟,激发他们的抗战激情;同时做驻地群众的抗战宣传工作,协助搞好军民关系。逐步把这支由散兵游勇组成的队伍,改造为有进步思想觉悟的抗日武装(1940年3月九游在大别山发动起义失败,李伟烈等牺牲,部队被打散,部分官兵突围以后在无为加入了新四军)。

打击反动流氓势力

鉴于国民党县党部书记长黄定文及其豢养的流氓武装对怀宁县国共合作一致抗日的局面构成严重威胁,胡邦宪和查化群等商量决定,采取截断黄的经济来源方式,打击黄定文,迫使黄手下的流氓武装解散。

石牌镇是远近闻名的戏曲之乡,民国时期上下石牌都有剧场,有多个京剧和黄梅戏班社在镇上演出,黄定文武装的经费来源,靠霸占戏剧场和开设赌场聚赌抽头。打击国民党县党部,最好的办法是取缔其赌场、妓院、戏班等,切断他们的经济来源。为了确保成功,胡邦宪还利用矛盾,积极争取孙福安的支持。胡与孙福安都是安徽寿县人,胡到怀宁任职以后,以同乡名义与孙交往。胡去找孙说:"怀宁离长江很近,日本特务侦探很多。县党部书记长的武装尽是些流氓,搞了好多赌场、妓院、剧场,乱糟糟的不大安全,万一让日本特务混进来就不好交代了。我固然要负责任,你是长江军事特派员,对地方治安更要负责。"孙和县党部之间原来矛盾很深。县党部有百十人的流氓武装,而孙作为军事特派员手中却没有武装,腰杆子不如黄硬气;孙对黄霸占剧场聚赌捞钱而他得不到一点好处之事也早已心怀不满,闻言便表态支持胡邦宪召开县政会议,通过议案禁止赌博妓院和整顿黄梅戏班和剧场。

几天以后胡邦宪召集县政扩大会议,由刘保罗提议通过禁赌禁娼、防止日寇侦探渗入的议案,由于孙福安首先表示赞同,其他数人附议,所以很快被通过了。胡邦宪命令政警队通知解散赌场、关闭妓院、赶走流娼,戏班离开石牌。不几天,县党部养兵的经济来源断绝,手下的一批武装流氓见没了油水可捞,很快就自动解散了。一个不利于地方合作抗日的消极因素暂时得以排除。

抵制加入国民党

黄定文在一次县政扩大会议上,要胡邦宪、杨盟山、查化群、刘保罗等集体加入国民党,黄提出:"在座的县长、科长、区长、刘大队长都不是国民党员,大家既要抗日,就应该参加国民党。"说完拿出国民党登记表要在场的人填写。查化群站起来反对说:"加不加入国民党这完全是个人的志愿。蒋委员长宣布军政训政时期已经结束,也就是一党专政已经结束。现在提倡国共合作,团结抗日,也就是说宪政时期。谁愿意加入国民党我不反对,但强迫人参加国民党是非法的。"胡邦宪和刘保罗等人也理直气壮地发言,支持查化群的意见。黄定文被驳得哑口无言,最后无一人参加国民党。

支持《抗建日报》和抗敌组织

全民族抗战初期,在怀宁望江边境的郝家山,有个知识分子郝中玉,在国共合作抗日救国的感召下,自办一份油印的报纸《抗建日报》,自己采写编印、自己邮寄并且奔走于怀宁各村镇,张贴发行,宣传抗日。胡邦宪看到报纸以后,觉得该报虽系油印,但办得还不错,郝中玉的精神更是可嘉。为此胡每月批给郝中玉几百块钱办报,并指令县府机关代其推销发行。一次,区寿年到怀宁视察,胡邦宪特意带区视察报社,请他题写了《抗日战报》四个字的报头。郝深为感动,自愿向胡邦宪提出,愿意去劝其一个投靠日军并为日军把守安庆西门的弟弟郝文波反正。不日以后郝进城劝弟,其事果成。

1939年夏,胡邦宪接第四区署、14工作团关于成立怀宁县青抗会的报告后,当即予以批准,并批拨了一笔经费表示支持;召开成立大会时,胡委派杨盟山代表怀宁县政府出席大会讲话并赠送了锦旗。

策划攻入安庆城内袭击日寇

1939年5月,胡邦宪率领地方武装,偕同查化群的区署运输队、刘保罗的政治宣传大队,配合第九游击纵队攻打安庆。在内应郝文波的反正部队配合下,联合攻入安庆,对敌震动很大。

郝中玉的一个弟弟郝文波在日寇占领安庆以后率部变节投敌,日寇令其部(一个大队百把条枪)把守安庆西门。胡邦宪让郝中玉进城劝其弟,经过一番动员,郝文波同意反正,在抗日武装进攻安庆时打开城门,接应抗日部队入城作战。5月5日,云应霖集中第九游击纵队负责攻城,胡邦宪组织县自卫队秘密开到前方接应,查化群组织运输队和担架队保障后勤,刘保罗的政治宣传大队也参加这一行动。胡邦宪事先把作战计划报告了皖中抗日司令部的区寿年,区却认为凭这些杂牌武装不会干出什么大事,并没有给予任何直接的支持和指导。

5月5日深夜12时左右,部队用暗号和郝文波取得了联系。郝部干掉了守卫安庆玉虹门的日本兵,引导九游部队进入安庆城内,在西门一带打了一个多小时,击毙日伪军百余人。郝部同时在安庆城内外多处纵火,烧毁日伪机关多处,在日军大部队集中反扑前迅速撤出。此战对驻扎在坚城之中的日寇以较大震撼,打击了侵略者的嚣张气焰。事后蒋介石传令嘉奖,给了10万元奖金,却被区寿年个人侵吞。

建立检查站与递步哨、保障新四军交通联络

抗战期间,国共双方都在长江两岸的渡口要津设置了检查站,负责检查行人和信件。这些检查站的职能一是防范敌方特务渗透,一是传递内部重要信件信息。胡邦宪和查化群等商量决定,以怀宁县政府的名义在长江北岸设立一个检查站,竖起一个特别高便于辨认的旗帜,预先派

人到江南找新四军联系,叮嘱他们的交通员一过江就主动到怀宁县府检查站接受检查。有了怀宁县府发放的通行证,新四军交通员一直到桐城都可以通行无阻。

当时为了阻滞日军沿安合公路进犯,从江边到桐城100多公里的公路在1938年就全给毁坏,只能骑自行车通行。为了及时传递重要信件,胡邦宪指示在交通线上设立递步哨。所谓递步哨,就是专门组织一些人,每人包干一段路,像接力棒一样把重要信件一段一段往前传。送信的人全部骑自行车,车子由县政府配备。递步哨的人员均由查化群组织,工资由县政府供给。这个递步哨对新四军帮助较大。在胡邦宪任职期间,递步哨较好地承担了大江南北重要信息传递的职能,为皖南的新四军军部与新四军江北指挥部以及怀宁、桐城的地下党组织之间传递了大量机密文件,从未丢失过一份信件。

掩护共产党人安全撤退

抗日战争进入相持阶段以后,国民党确定了"溶共、防共、限共、反共"的方针,把反共摩擦重点放到华中地区。自此,主持皖政的国民党桂系军队转向反共,从1939年开始,不断制造反共摩擦,逮捕迫害共产党人和抗日民主人士。皖北第一行署专员张威遐,到怀宁视察,点名要见查化群、刘保罗等中共党员,胡邦宪料其不怀好意,推说他们都下乡了,不通电话,不知行程,不便寻找,予以拒绝。

国民党顽固派早就对胡邦宪与共产党人密切合作深为不满,张自此后先后收买怀宁县府人员操安、陈乃疆等,令其暗中监视胡邦宪,同时通过替换黄定文的县党部书记长杨祺暗中调查、公开发难胡邦宪,联手孙福安企图逼走胡邦宪。

11月,胡邦宪以怀宁县府名义保释了被张威遐逮捕的前往宿松联系工作的中共党员吴传福;张威遐派陈乃疆回怀宁秘密搜集胡邦宪"通共"

的证据,胡邦宪与云应霖商议逮捕了陈,获悉了张布置特务准备绑架查化群、把怀宁县的共产党人与进步人士一网打尽的恶毒计划,立即通知查化群迅速转移,派杨盟山护送查离开怀宁县境,秘密前往无为。张威遐指令长江特派员办事处逮捕了怀宁第四区区员吴功等中共党员和进步青年,胡邦宪旋即通过与孙福安的同乡关系,将他们保释出来,安全送走。此外,中共党员郝晓辉等被省府通缉时均受到胡的掩护而安全撤离。

鉴于胡邦宪是通过桂系上层刘斐和李宗仁介绍来怀宁的,他们不敢下黑手,于1939年12月撤销胡邦宪的怀宁县长职务。随后叶挺军长把胡邦宪的情况写信介绍给在新四军江北指挥部张云逸,胡邦宪在去无为途中遇地主武装阻挠未能成行。不久,悉知无为新四军撤往津浦路东,胡邦宪再回福建,在任教中继续抗日工作。

(作者系安庆市新四军历史研究会副会长、安庆师范大学教授、安徽外国语学院教授)

胡卫中:淮南煤矿铁路守护者

高兴起

胡卫中,北京人,1893年生,先后就读于北平工业学堂、青年会英文夜校、经济传习所、保定陆军测量学堂、陆军讲武堂等。抗战初期,与新四军有来往,并联系不断。1938年,日寇进军淮南,负责主持淮南铁路建设的程士范邀请胡卫中前来协助。于是,胡卫中在1943年11月来到淮南煤矿,任工程师兼总务课长和会计课副课长,负责选线、勘测、桥涵工程、资金管理、土地征购以及地方交涉等事宜。后担任铁路局副局长,还兼任淮南矿路警察总所所长、淮南矿路地产处处长和淮南矿路福利委员会主任委员职务。1949年1月,淮南和平解放。胡卫中任临时军事管制委员会委员。为了表彰胡卫中在护卫淮南铁路中的功绩,中国人民军事委员会铁道部淮南铁路管理局于1949年7月给胡卫中颁发了奖状。

胡卫中,原名胡维垣,1891年出生于北京,他高小毕业后,先后就读于北平工业学堂,青年会英文夜校、经济传习所、保定陆军测量学堂、陆军讲武堂等。

1934年1月,胡卫中来到淮南煤矿任工程师兼总务段负责人,负责淮南铁路建设工程的选线、勘测、桥涵工程、资金管理、土地征购以及地方交涉等事宜。他廉洁自律,一尘不染。1936年秋,被任命为淮南铁路副局长兼总工程师。

全民族抗战初期,胡卫中就和新四军有过联系。后来他从淮南到重庆后,通过订阅《新华日报》对共产党的主张与政策有了一些了解。1938

年春夏之交,日军逼近淮南。矿路公司命令胡卫中坚守到不得已时方可撤离。为阻滞日军进攻,有关当局决定将铁路破坏,新四军也派人与胡卫中联系,要求他毁路拒敌。于是,他先将所有的机车、车辆撤至九龙岗以后,将气缸全部毁坏;然后将不能运走的机车浇上汽油、煤油点火焚烧;又动员铁路沿线群众,拆除钢轨和枕木,对路基进行了部分破坏。迫使日军欲速不达。日军抵达淮南上窑时,胡卫中才带领最后一批人员撤离淮南,辗转到达汉口,向总经理程士范禀报撤退情况后,携家眷去重庆居住。

抗战胜利后,胡卫中回到淮南,他除担任淮南铁路局副局长外,还兼任淮南矿路总公司警察总所所长,淮南矿路地产处处长和淮南矿路福利委员会主任委员等职,负责主持铁路修复事宜。

他是当时唯一身跨两局的人物,有一定的社会地位和影响。他是无党派人士,对国民党的腐败深恶痛绝,反对国民党发动的全面内战。他经常深夜秘密收听新华社广播,更进一步看清了形势,认清了前途。

1947年冬至1948年底,胡卫中与地方绅士倪荣仙在九龙岗住处或煤矿局招待所,多次会见中共津浦路西工委书记张剑鸣和豫皖苏军区第六军分区情报站站长王剑等人,双方就保护淮南矿路的财产和人身安全等问题进行会谈并达成共识。

此后,胡卫中与倪荣仙不断将国民党的有关情况传给中共方面,并在暗中保护矿路的财产安全。

1948年11月,胡卫中任淮南矿区非常时期执行委员会主任委员,既要应付国民党当局和总公司事宜,又要保护工人运动,支持矿工请愿,成立护矿、护厂、护路队,公开发给工人枪支弹药,指挥矿路警察巡逻放哨,驱赶土匪保卫矿山。

1949年1月15日,国民党国防部派工兵将一车皮30吨炸药运到淮南矿区,企图炸毁电厂和煤矿。胡卫中、倪荣仙二人通过宴请贿赂国民党军官,送给国民党军队700吨煤炭和金圆券若干,再加上工人的阻拦,爆破部队迫于当时形势的压力,没敢动手,撤离了淮南。使这场大破坏

化险为夷。

1月18日上午,胡卫中带领矿路警察和护矿负责人,到田家庵与解放军会合,并陪同部队首长到大通,九龙岗巡视,同时宣布所有警察起义。尔后,部队首长宣布淮南和平解放。

1月20日,胡卫中被任命为淮南矿区临时军事管制委员会委员。2月,豫皖苏军区驻淮十二团奉命南下,胡卫中把8挺轻重机枪送给人民解放军。

同年10月,中国人民解放军管制委员会铁道部济南铁路局称胡卫中为护卫淮南煤矿铁路的功臣,并给他颁发了奖状。

（作者单位:淮河能源新四军研究会）

钮玉书：大时代的先锋

孙为忠

钮玉书（1902—1947），字祥麟，1902年出生在怀远县龙亢西钮家湾一个农民家庭。1909年家里省吃俭用供他上学，1918年报考怀远县美国教会中学，毕业后，1925年夏考入免交学费的南京金陵大学神学科。入校后，他关心政治，阅读进步书刊，学习马列主义。1925年秋加入国民党，并担任国民党南京市党部执行委员兼青年部长，1926年秋加入中国共产党。因中共党员身份未暴露，一直在国民党内坚持斗争，在策反伪剿匪司令路家云反正抗日中起了很重要的作用。1946年被国民党逮捕，1947年3月在宿县城北被活埋，时年45岁。

钮玉书

一、在峥嵘岁月里

钮玉书，字祥麟，化名许行君。1902年出生在怀远县龙亢西钮家湾的一个中农家庭里。1918年报考怀远县美国教会办的含美中学。1919年，北京爆发了五四运动，反帝反封建的革命洪流，激荡着一代青年。钮玉书很关心国家大事，阅读了大量进步书籍，思想活跃，积极宣传反帝反封建的新思想，发动和组织同学罢课、上街游行，反对卖国的"二十一

条"，抑制日货，演出了话剧《云南起义》，积极声援北平发起的学生运动。与此同时，成立了含美中学学生会，钮玉书等三人被推选为负责人。可是，美籍校长赖尔慈反对学生参加爱国的政治活动，开除了钮玉书等12人。因此爆发了反对美国文化侵略、反对赖尔慈的罢课游行示威。他们联合启慧女中，县立中学和县城小学进行罢课斗争。提出：一、以怀远县学生联合会名义，要求北洋军阀当局不得在《巴黎和约》上签字；二、要求怀远县当局撤换美籍校长和一批教员（牧师）；三、收回被开除的学生；四、不得强迫学生做礼拜，反对美帝文化侵略等。斗争持续一个多月，赖尔慈不得不公开承认错误，收回被开除的学生，斗争取得了胜利。

1937年抗日战争全面爆发，钮玉书参加冯玉祥夫人李德全在南京组织的抗敌后援会的宣传工作，奔走于上海、南京一带。同年秋冬，他在南京、浦口一带积极发动群众募集了大批棉衣及其他用品，及时通过上海救国会，由任崇高转送到前方。同年底"四川旅沪同乡会战地服务团"从上海撤退到南京，该团李浩然等10多位同志，患了伤寒传染病，钮玉书同志主动提出送他们到怀远教会医院去治病。李浩然等三位同志病情稍有好转，钮玉书又把他们送到自己的家乡钮家湾养病。李浩然病愈后，给他路费回到徐州去。姜书桂（女）是四川旅沪同乡会战地服务团成员，是东北人，因患伤寒病留在钮玉书家，治好病后与钮玉书结婚。

1938年2月，蚌埠、怀远沦陷后，钮玉书与姜书桂就地组织地方武装保卫地方。3月，西北军一一〇师师长张轸驻防怀蒙交界处一带，钮玉书、姜书桂号召、动员群众参加抗日队伍，很短时间就组织地方武装七八百人。钮玉书被张轸任命为少校秘书，带领这支地方武装，配合张轸部参加台儿庄会战。徐州突围时，他又组织地方武装，夜间挖断重要公路，拆去铁轨炸毁桥梁，破坏敌交通。在一一〇师奉命于萧县、三铺集结向平汉线周家口突围时，钮玉书组织熟悉地形的人员做向导，疏通道路，掩护突围。在钮玉书的协助下，一一〇师和机械化炮兵团及全体突围部队安全到达阜阳。此后，钮玉书离开一一〇师，到武汉八路军办事处去找党的组织。6月16日上午7时,周恩来、罗炳辉等领导热情接待了钮玉书。钮玉书向领导汇报了在敌后工作开展情况,请示下一步的工作。

罗炳辉说:"我们干革命要有人、有枪、有基地,没有基地就没有依靠。"同时指示:新四军在皖北准备建立游击支队,要求钮玉书要执行毛主席提出的开展敌后游击战争的战略方针,到皖北组织敌后武装,建立皖东北根据地,要联络地方实力派,做好统战工作,共同抗日。6月下旬,钮玉书同志带着领导的指示回到老家钮家湾。

钮玉书在皖北积极组织地方红枪会,曾组织数千人抗击日军。1940年彭雪枫部二进淮上,钮玉书被任命为新四军第六支队参议员,豫皖苏边区联防委员会主任,淮上动委会主任(姜书桂任秘书),在中共淮上地委领导下,在怀远县褚集、双桥集等地宣传党的方针、政策,积极开展抗日活动,并发动民众,组织向抗日子弟兵捐钱捐物。皖南事变后,钮玉书以中国国民党革命行动委员会长江支部书记名义,发表"对时局紧急宣言"刊载在1941年2月26日《拂晓报》上,号召各党派团体联合抗日。《拂晓报》在编者按中说,钮玉书深得人民信仰,为国民党中有数气节特出之士。5月,钮玉书随新四军四师东撤,同年秋任淮北苏皖边区参议会参议员、常委、驻会代表等职。经常往返津浦铁路两侧抗日根据地之间,从事对敌斗争和抗日民族统一战线工作。

二、策反路家云反正抗日

路家云是怀远县最大武装实力派人物。在抗日战争中,日军与国民党军队在涡河北激战中,丢下大批武器和弹药。路家云靠这些武器和弹药组织了一部分群众,后来在沙沟联保主任孙宗景大力扶植帮助下,逐步扩展到1500余人枪,连日本鬼子也惧怕他三分,可他不识字,是地地道道的武夫,认为要抗日没有识文断字的不行,于是就派人前往寿县请懂文识理的他的族叔路杰之回来执掌军权。这时安徽省政府主席廖磊

通过路杰之对路家云的情况汇报后,拨给万余元饷银和部分军需品。1938年7月13日傍晚,路杰之一行携款物到达怀远县西南廖巷子,国民党怀远县保安大队梅凫士部防地住下,梅凫士派人将路杰之及随从人员全部杀害,将钱及军需品全部抢去。第二天路家云知道后放声大哭,因为他的武装力量不敌梅凫士,便投靠了日军想给族叔报仇。

路家云投靠日寇惊动了安徽省民众总动员委员会。1938年11月中旬,省民众总动员委员会指派熟悉情况的钮玉书代表省动委会伺机来做路家云的工作,第一次路借口开会没有接待,第二次虽然接见,但没表态。

钮玉书认为,要做通路家云的工作,只有找沙沟联保主任孙宗景先生共同做工作,才会有效果。

孙宗景是沙沟孙氏族中长辈,统称"六爷",全面抗战爆发后,他卖掉数十亩上等好地,购置枪支弹药,组织护乡抗日游击队,对外抗日救国,对内维持地方治安。后把护乡抗日游击队全部交给当时只是国民党第四十七绥靖团副连长的路家云,并任命他为队长。另外还发动族人有钱出钱,有粮出粮,有人出人,并动员把看家枪支全部拿出来,交给路家云;同时和时任贵州省代主席的亲侄儿孙希文联系,也拨来一大批军费支持。

路家云被孙宗景扶植起来后,曾数次跪拜孙宗景。后来孙宗景发帖子,正式招路家云为干儿子。

1939年3月29日,路家云突然派人来送信,要求钮玉书来举行第三次会晤。

钮玉书按时前去。为保密起见,路家云骑着高头大马,带着警卫连前往距司令部八里之外的双沟集,迎接并举行谈判。钮玉书提前一天通知孙宗景也去参加。

双沟集岗哨林立,中午时分,钮玉书也来到双沟葛吉甫客厅,看到孙宗景已先到一步,便寒暄道:"宗景兄爱国抗日之精神,真让小弟感激之至!"

孙宗景立即起身弓手回谢道:"彼此彼此,国家兴亡匹夫有责。"他们正说着,路家云走进客厅看到孙宗景也在座,立即跪拜道:"家云儿有罪,无颜见六爷!"

钮玉书上前扶起路家云道:"我们知道小弟虽表面投靠倭寇,并没有助纣为虐,内心还是抗日的。"4月1日,路家云正式宣布反正抗日。

路家云反正抗日,对伪军震动很大。伪二区区长程同光,伪三区区长孙福廷及姚七、姚八等部300余人,携枪反正抗日。

新四军游击支队《拂晓报》也作了报道:"经各方努力,伪怀远剿匪司令路家云率1500人枪反正抗日。"后经钮玉书联系,将路家云调到阜阳。解放战争中路家云担任国民党团长,并率部起义。

三、钮玉书被捕入狱壮烈殉国

1945年10月29日,因斗争形势需要,原淮北二地委改为苏皖边区八地委,吴芝圃任地委书记兼军分区政委。1946年上半年,钮玉书在淮北行署学习期间,认识到斗争形势的突变,了解了国民党真内战假和谈的阴谋,为此编写了许多宣传材料给国民党各界人士,对国民党的阴谋予以深刻揭露。1946年6月26日,蒋介石悍然撕毁《停战协定》,发动了对解放区的全面进攻。路东的七地委所属的区乡损失严重,被俘和牺牲的县以下干部战士千余人。同时,宿怀县已孤立无援,四面受敌,并与八地委失去了联系。双桥地区也是敌人袭击的主要目标之一。这时,钮玉书仍按照组织上交给的任务,以办教育的公开身份开展革命工作,主要是发动群众,宣传党的政策,与各界知名人士接触,开展敌区国民党内部的统战工作。8月16日(农历七月二十日)晚,国民党还乡团陈万祥部偷袭双桥乡,并开枪打死我乡长陈志勤,同时也袭击了钮玉书的住处,从窗口向钮玉书打了两枪,床腿被打断,所幸人未受伤。陈万祥抢走了许多公

粮,在沘河北遭遇到宿怀县委书记汪冰石率领的县大队武装的阻击,夺回了公粮。不久,由于形势恶化,宿怀县委决定暂时撤离,钮玉书这时从双桥转移到陈小营子,隐蔽在陈文斗家。10月8日(农历九月十四日)上午,国民党还乡团陈万祥带领60多人,突然闯进陈小营子,包围了陈文斗的家,将钮玉书和陈文斗同时逮捕。陈万祥知道红枪会准备组织千人来营救的消息后,非常害怕,将钮玉书头上罩上黑布,连夜押到国民党统治区的涡河南界沟集邵楼顽乡公所。丧心病狂的敌人叫他面朝下,用耙卡在他身上,再压上沉重的石磨,叫他求生不能求死不得,用惨无人道的酷刑企图逼他招供,在邵楼关押折磨28天,敌人什么情况也没得到。不久,敌人把钮玉书押送到国民党宿县军法监狱,并派国民党怀远县三青团要员,即钮玉书侄儿钮俊生去劝降。钮玉书横眉冷对,宁死不屈,决不自首。国民党反动派无计可施,于1947年3月的一天,把钮玉书推上囚车,活埋在宿县城北,钮玉书壮烈牺牲。

(作者单位:怀远县新四军历史研究会)

章啸衡:统一战线工作的先锋

芮进西

章啸衡(1896—1965),原名章家霖,化名童天一、铜陵人。1927年3月参加北伐,任国民革命军33军3师6旅独立营营长。1939年11月到新四军四支队工作,在沙洲大棚创建抗日武装——沙洲游击队,章啸衡任新四军三支队特务营营长,长江游击纵队队长。

皇南事变后,多次组织群众护送新四军突围人员安全北渡。1942年任皖江参议会驻会委员,1949年4月章啸衡任芜湖市军管会交际处副处长。参与芜湖市政协筹建工作。历任芜湖市政协驻会委员,芜湖市政协副秘书长、副主席等职。

章啸衡

仗义疏财

章啸衡(1896—1965),原名章家霖,化名童天一、汪寿南,安徽铜陵县西联乡(原太平乡)钱家湾人,出身贫苦。1910年前后,过继给在省府为官的伯父,在养父的督导下,他的学业有所长进。1919年,他离开乡塾,到设在芜湖的省立五中读书。由于俄国十月革命和中国五四运动的影响,芜湖的工人运动、学生运动轰轰烈烈地开展起来。他积极投身芜湖的学生运动,曾与反动军阀皖南镇守使马联甲进行过面对面的斗争。

在芜湖的这一段经历,对章啸衡后来的生活道路产生了重要影响。1925年间,中学毕业后的章啸衡,在养父的再三逼迫下,到贵池县当卷烟税局局长。这是个令人垂涎的肥差,但章啸衡却深恶痛绝,勉强干了3个月,便弃官回乡。

在乡间,他重义轻财,乐善好施,不论贫富贵贱,他都乐与交往,与远亲近邻结下了深厚的友谊。他热情好客,且酷爱杯中之物,常邀人回家畅饮。到他家的客人,有富绅士,也有穷乡邻。有时,穷哥们请他喝酒,他也不推辞。到穷人家喝酒,他从不讲究,哪怕是几粒盐炒黄豆,他也喝得有滋有味。甚至在田边地头,他也能与穷哥们就着萝卜干开怀畅饮。

在他养父去世之后,家产由他接管。这时,他更是无所顾忌地交朋结友,凡有人遇到难处,他都乐意解囊相助。每逢灾荒之年,青黄不接之时,他就开仓放粮,接济穷人。由此,他在乡邻中的声望越来越高,传言有"食客三千",暗地里誉他为"小孟尝君"。"江河不纳细流,不能成大川,人不广交朋友,不能办大事",这是他的一句口头禅。他结交的人物十分广泛,可谓三教九流,无所不包。其中也有不少是当时社会上层人物,甚至有些是反动人物。他在与这些反动人物结交时,恪守着一个原则,这就是"绝不与之同流合污"。正是由于广泛的交游,使他在以后的革命生涯中具有一种特别的优势,有利于号召群众,扩大影响,并能化解凶险,脱离困境。

参加北伐

1927年北伐军兴,章啸衡与早年参加过反袁斗争的陈春圃(新中国成立后任铜陵县副县长)和铜陵城关的胡晓楼等号召有志健儿响应北伐。他们3人在当地都有较大的影响,一呼百应,很快拉起了一支队伍。没有武器,他们就沿江打捞军阀孙传芳部溃逃时丢弃的武器弹药,没有经费就拿出各自家中钱财作为粮饷。有钱有枪,这支队伍汇入了北伐大军的行列,被收编为柏文蔚率领的国民革命军第三十三军所辖的第三师第六旅,任独立营营长。独立营的官兵,除了跟随出来的家乡子弟外,还编进了部分川鄂籍士兵。章啸衡平时爱兵如子,士兵对他敬若父兄。蒋介石发动四一二反革命政变之后,柏文蔚坚持孙中山先生的"联俄、联共、扶助农工"三大政策,率所部师、旅、团、营官佐共同联名电请蒋介石下野。蒋介石十分恼怒,柏文蔚因此被解职,所部被编遣支解。章啸衡所在部队当时驻在六安、霍山一带,他因平时言辞激进,又在电报上署名,被视为共产党嫌疑而遭逮捕关押。在生死关头,受过他的恩惠的士兵,千方百计地为他寻找活路。有一士兵潜往合肥找到章啸衡养父的故交童茂情老先生出面斡旋,再经柏文蔚通过内线关系说情,终将章啸衡营救出来。他的部下被迫解甲归田,但约有一个排的鄂籍士兵,追随章啸衡来到铜陵落户种田,与章啸衡同甘共苦。

坚定信仰

亲历四一二反革命政变和七一五反革命政变的章啸衡,痛恨蒋介石、汪精卫之流的所作所为,虽然白色恐怖日益严酷,他却逐渐地认识到,只有中国共产党,才是中国革命的希望所在。从此,他在结交本地和外地的反蒋志士的同时,更热切地期望结识共产党人。正当章啸衡翘首盼望之际,在中国共产党的领导之下,一场土地革命风暴在广大农村掀起,在安徽的潜山就发生了很有影响的请水寨暴动。

暴动失利之后,有一批共产党员分散到皖南各地,开展建党活动。1930年11月,潜山独立师副师长凌霄来到铜陵。听了先期来铜陵的地下党员洪人英、洪久儒介绍了章啸衡的情况后,凌霄当即决定与章啸衡见面。章啸衡与凌霄晤谈之后,决心投身革命,矢志不渝。他不顾自身及家庭的安危,出面作保,将凌霄以朋友的身份安顿在自己家中。为了

给凌霄的秘密建党工作提供方便,他以当地绅士的身份为掩护,担任地下交通员,护送带路,传递情报,探听消息,介绍建党对象,并且不惜变卖家产,为党组织提供活动经费。凌霄的艰苦工作,加上章啸衡的协助,铜陵的建党工作很快打开了局面。

从1930年底至1931年初,章啸衡、沈默、郑启书等先后加入中国共产党。1931年初建立了铜陵境内第一个党支部——中共铜陵特支,凌霄任铜陵特支书记。中共铜陵特支建立以后,领导当地穷苦农民秘密地建立了农会、妇女解放会、互济会等组织,并指导在湖城涧一带领导农民进行武装斗争的何骏启,成立了湖城农民赤卫队,发动了湖城涧农民暴动。暴动队伍与国民党铜陵县自卫团进行了一场激战,打死打伤白军多人。由于敌强我弱,暴动失利,何骏启被捕惨遭杀害。后来凌霄调往皖南山区的宣城、泾县等地活动。章啸衡因身份没有暴露,仍留在铜陵坚持地下斗争。

1931年,铜陵发生了历史上罕见的特大水灾,洪水冲决堤坝,吞没了村庄房屋,造成许多穷苦农民饥寒交迫,无家可归。为救民于水火,章啸衡及其胞弟章家藩(也是地下党员)等,组织当地穷人发起了向地主老财借粮的斗争。他们带领农民砸了地主家的粮仓,把粮食分给农民。地主老财们气急败坏,纷纷到县府告状。早已对章啸衡产生怀疑而又抓不着把柄的国民党县政府,当即下令缉拿章啸衡。章啸衡通过关系很快得知这一消息,立即出走,逃往上海。在上海,他在中央局接受短期训练后,经组织允许,由养父的老友李振亚介绍,担任了上海闸北灾民收容所管理员。当时,少数教会人员与官方暗中早有勾结,进行反共宣传,所以章啸衡经常将一些教会的人员拒于管理所大门之外,很快,章啸衡就被上海市社会局解雇了。不久,他悄然回到家乡铜陵,与沈默等地下党员暗中进行联络和发展党组织的活动。1933年春,原中共桐城县委宣传部部长苏拓夫,后任繁昌敌后县委书记,由皖南山区辗转来到铜陵,秘密进行党的组织建设工作。很快,紫沙洲、老观嘴、汀洲、程柏村、谢家垄、朱村、宋家宕、犁桥等地发展了一批党员。为了便于党内的交通联络工作,党组织决定由章啸衡在铜陵城关开一个小商店,当老板,苏拓夫化名老王,充当店内伙计。章啸衡在铜陵城关的出现,很快引起了国民党县政府的注意,他们暗中派人侦探盯梢。这个情况通过朋友传到章啸衡耳中。从安全考虑,党组织决定撤掉这个联络点,章啸衡立即到乡下暂避。回到钱家湾之际,又有朋友送来口信,县政府要以共产党嫌疑分子的罪名第二次通缉他。党组织立即采取保护措施,让章啸衡连夜乘船逃往安庆,并由李振亚介绍,担任了安徽省赈灾委员会查放委员。

1935年6月,由于叛徒胡宪友的出卖,中共铜繁无县委及其下属组织遭到彻底破坏。国民党铜陵县政府才从叛徒口中了解到,章啸衡这位农村绅士确确实实是一个共产党员,连忙下了第三个通缉令。此时,章啸衡正在全椒县参加安徽省赈灾委员会召开的放赈会议,会后赴省城安庆。章啸衡到安庆时,发觉风声很紧,过去随到随住的华清池客栈,现在却要提供担保人。章啸衡略一沉思,不动声色地在保人一栏中端端正正地写下许世英三个大字。掌柜接过店簿一看,顿时伸长了舌头,暗想:许世英任过安徽省省长,现在又听说在中央当什么大官,由他担保,此人来头不小哇!二话没说,赶紧给他安顿好住的地方,热情招待。第二天夜晚,家乡来人在华清池客栈找到章啸衡,告以铜陵党组织被破坏情况。章啸衡当机立断,立即动身,当夜搭下水轮船离开安庆出走。次日清早,安庆省府派出手枪队到客栈抓人,扑了个空。章啸衡逃出虎口,流落上海、南京,与党组织失去了联系,又找不到工作,只得靠变卖首饰维持生计。首饰卖光了,就靠过去结交的朋友得到一些资助。窘急无奈时,也到闸北难民所喝点稀粥。就这样,饥一餐,饱一顿,度日如年地过了两载流浪生活。

建武装全力抗日

1937年抗日战争全面爆发以后,国共两党实行第二次合作,流落在外的章啸衡才得以返回家乡。湘沪会战以后,上海失陷,日军溯江而上,直逼南京。大批难民沿江经过铜陵,国民党守军纷纷溃退,地方官员都在自谋退路,富豪人家逃往深山。一时间,铜陵境内一片混乱。目睹此情此景,章啸衡毅然挺身而出,开展抗日宣传活动。在章啸衡等人的努力推动下,铜陵县民众总动员委员会于1938年6月在谢家垄成立,章啸衡担任组织部部长。动委会动员民众抗日救亡,慰劳驻铜陵部队,救济外来的难民,惶惑的铜陵城乡,逐渐掀起抗日热潮。日军继续沿江推进,紧逼铜陵,局势进一步恶化,国民党县政府又从谢家垄逃到凤凰山,动委会日趋瓦解。面对国民党当局的畏缩退却和某些苟且之徒的卑劣行径,章啸衡意识到,要抗日就必须拿起枪杆子武装自己,与日本侵略者作殊死的斗争。10月间,他和谢节之以及铜陵二战时期党的部分骨干,在沙洲秘密聚会,酝酿组建抗日武装,得到与会者的一致响应。会后,章啸衡又四处动员人员,收集枪支,筹集粮饷。建立抗日武装的工作正在进行之时,11月新四军参谋长兼三支队司令员张云逸去江北路经铜陵,认为铜陵战略地位重要,鼓励章啸衡尽快建立抗日游击武装。11月26日,铜陵县城与顺安镇同时沦陷,新四军军部和中共皖南特委派在铜陵从事建党工作的张伟烈与章啸衡、谢节之等人协商,决定立即集中人员、枪支,

新四军领导给章啸衡的信件

正式成立沙洲游击大队。数天之内就在沙洲集中了300余人、200条枪,组成了3个中队。沙洲游击大队是铜陵第一支地方抗日武装,成立后的第一件事,就是将在汀洲搞维持会的日伪人员抓了起来,押送江北交张云逸处理。张云逸热情接待了章啸衡等人,决定将游击队正式编为新四军第四支队第二游击纵队第四大队,委任章啸衡为大队长,军部派来的陈正先任副大队长,谢节之为教导员。四大队很快由3个中队扩大为4个中队,并开始对敌展开战斗。第三支队进驻铜繁之后,该部就近划第三支队领导,改番号为第三支队沙洲游击大队。章啸衡亲自拜访谭震林,要求三支队派干部去加强领导。谭震林答应了他的要求,派出几名连、排干部,并让一个主力连带领这支游击队打了几次小仗,锻炼了该部独立作战能力。在三支队的帮助下,该部得到了迅速的发展,不仅控制了沙洲这块长江南北交通"跳板",而且还先后支援了上百名战士补充到第三支队,壮大了主力部队。一次,一小队日军下乡"扫荡",章啸衡指挥刚刚组建的游击队给日军迎头痛击。一向骄悍的日军遭此突然打击,不知底细,急急败退回城。这一仗振奋了铜陵人民的抗日情绪,章啸衡的名声远播城乡。经过这一次战斗,参加游击队的人越来越多,影响越来越大,也引起了国民党第三战区的注意,他们指责江北的游击队不该到三战区活动。

1939年2月3日,新四军领导叶挺、项英、袁国平、邓子恢联名致函章啸衡、谢节之,决定将游击队番号改为新四军三支队铜芜繁游击独立第一大队,仍委任章、陈、谢等人担任原领导职务。这样,才堵住了国民党顽固派的嘴。谁料一波未平,一波又起,由于章啸衡坚持敌后抗日,声威日显,既打击了日本侵略者,也削弱了国民党控制的势力,国民党第三战区又捏造章啸衡"纵兵为匪,苛扰地方"及擅自建立铜繁无边区抗日民主政府等罪名,下令通缉章啸衡。此事幸得三支队副司令员谭震林据理力争,军部也以章部已开往江北为由,虚与委蛇,章啸衡与他领导的游击大队才得以保存下来。

1939年夏季,新四军军部为加强独立一大队的建设,派曾如清等8人组成沙洲工委。同时经军政治部批准,章啸衡为不公开身份的特别党员。后来,独立游击大队在章啸衡的带领下,越战越强,上升为主力部队,编入三支队序列。章啸衡受命留下一个排作为骨干,继续扩大地方武装,番号改为新四军三支队长江游击纵队,章啸衡任纵队长。章啸衡凭自己交游广泛的特殊优势,很快将队伍扩大到600来人,活动范围也由江南的铜陵、繁昌扩大到江北无为一带。

护送突围新四军

皖南事变发生以后,铜陵地区处在阴雾笼罩的恶劣环境中,章啸衡化名童天一,活动在钟鸣、叶山一带,执行中共中原局关于收容新四军突围失散人员的指示。在收容工作中,他不畏艰险,穿插奔波于敌人严密设防的道道封锁线之间,寻找、接应、转移、护送了一批又一批新四军突围人员,其中有皖南特委书记李步新及马惠芳、杨明、王保实等同志,有军部特务团的同志,还有零零星星经过铜陵的新四军伤病员。这些人都在他的精心安排之下,安全经过铜陵到达江北。在护送走一批批新四军突围人员之后,章啸衡及其随行人员自己的处境却日益险恶,敌伪顽加紧封锁,昼夜巡逻,四处设伏。章啸衡等人处于围困之中。这时,有一个人粉墨登场了,此人就是章啸衡过去的朋友王同筹。王同筹是铜陵北埂王村人,后脱党变节。全面抗战开始后,他曾专程来访。章啸衡热情接待。席间,王说:"你已是年近半百的人了,还为人马前卒,带兵打仗,东躲西藏,何苦呢?不如跟

章啸衡任命书

我投蒋,谋个一官半职,也好安度晚年了。"章啸衡听后火冒三丈,严词痛斥,并以"人各有志"逐客,王悻悻离去。目下章啸衡身处逆境,王以为时机已到,又来游说,章啸衡理直气壮地说:"皖南当前乌云密布,相信不会长久,光明一定会到来。"几句话打发了王同筹,从此二人分道扬镳。王同筹的来访,使章啸衡想起了另一位过去的朋友,此人就是繁昌县反共团长黄得枝。该团驻扎在铜繁交界处,黄得枝曾参加过沙洲游击大队,后因过不了艰苦生活,受不了纪律约束,意欲离开,又怕开罪了章啸衡没有好下场,于是就找章啸衡禀明己意。对黄的去留,章啸衡并不勉强,但晓以民族大义,不得当汉奸,并慷慨解囊,赠予盘缠,黄得枝感激涕零,表示"大恩必报"。处此危厄之中,章啸衡觉得黄得枝可以利用,当即写信,派人找到黄得枝,约其相见。

黄果然应约而至,章啸衡开门见山地说:"我等要去江北,你看如何?"黄一口应承:"走我的防区,保管无事。"随后,章啸衡和郭文模、章尚忠等人及眷属,由黄得枝亲自陪送,安全渡江到达无为。此外,章啸衡还通过黄得枝、鲍正刚等国民党军队乃至汉奸武装中的一些特殊关系,解救过一度被捕的新四军及地方党的干部熊振作、张伟烈、郭文模、芮胜等人。过江之后,任新四军七师直接领导的长江游击支队司令员,李步新、黄火星先后任过该支队政委。1942年,长江游击支队改编之后,章啸衡就任皖江参议会驻会委员。

转入地下

1945年9月,抗战胜利之后,皖江地区党、政、军机关及部队奉命北撤。上级组织考虑到章啸衡年龄较大,随军行动诸多不便,留下坚持游击战争也不现实;因为他在芜湖、南京、上海等地还有一些可以利用的关系,决定派他在白区坚持地下工作,主要任务是建立联络点,收集敌人情报,采购药品及其他我方所需物资。受领任务后,章啸衡带领郭文模等

人，与商人鲍华山一道，带着伪保长签发的商人身份证和中共铜青南县委拨给他作活动经费的一船玉米、一船黄豆离开铜陵，顺江而下，直抵南京下关。卖了粮食后，以商人身份住进糯米巷万源客栈，又转至武学源，租了几间民房安顿下来。在此期间，他不顾立足未稳，立即四处联络，积极开展活动。不久，即与来宁的地下党员章家元取得了联系，建立了地下联络站。为了多方收集情报和地下活动方便，他还在国民党内部找到了某些关系，数次通过秘密渠道向上级报告情况。

1946年2月，他根据张凯帆通知，一行数人由南京渡江北行，前往苏皖边区政府。一路上，敌人哨卡林立，盘查甚严。章啸衡一行虽经乔装打扮，但为防止意外，尽量避过哨卡，绕道兼程，历尽千辛万苦，终于到达设于淮阴的苏皖边区政府，向组织汇报了他在南京所搜集到的各类情报。

1946年6月，华中分局副书记谭震林指示章啸衡，仍回宁沪一带从事党的地下交通工作，并拨给他两船盐作为活动经费。为能以合法身份在南京城找到立脚之地，经组织介绍，他到上新河与地下党员何月波、胡治平接头，由何、胡二人安排，住到当地保长家中，并通过这位保长搞到

芜湖市第二届各界人民代表会议选举产生的市协商委员会成员合影（右一章啸衡）

"派司"，混进南京城，在糯米巷、内桥、中华门一带以开猪行为掩护，进行秘密的地下工作。身处敌巢，什么样的怪事都可能发生。一次，他与同乡王同荣不期而遇，而且就住在一幢房子里，一个楼上，一个楼下。王同荣是王同筹的堂弟，早年参加过进步的学生运动，加入过中国共产党。后加入国民党。王同荣对章啸衡颠沛流离的生活深表"同情"，对他在南京的危险处境表示"担忧"，劝他留宁投蒋，为"党国"效力，章啸衡立即严词拒绝，并对王摊牌说："你我虽是同乡、朋友，但各有信仰，公事互不干涉。若我在南京有何差池，你也难脱干系。"王同荣无言以对，点头默认。从此二人见面只谈友情不说公事，倒也相安无事。章啸衡还通过王同荣与铜陵人王进启见面。王进启当时在国民党中央政府某厅供职，其夫人是内务部官员。通过交往，章啸衡发现王进启这个人思想并不是十分顽固，便多次登门拜访，暗中加紧思想工作，劝其弃暗投明。不久，王进启夫妇被争取过来，为我方提供了大量的情报。人民解放军渡江作战前夕，党组织秘密地将他一家接到解放区安置。随着国民党军队在军事上的失利，南京的气氛日趋紧张，国民党特务活动十分猖獗，暗杀事件时有发生。章啸衡等人在南京的秘密活动也遭到特务的盯梢、跟踪和围捕。有一次，章啸衡和黄士余、王近英带了一批准备运往解放区的货物，刚在中华门附近一位黄姓居民家安顿下来，就接到情报，说此处特务已设下包围圈，什么货也不能带，必须火速离开。章啸衡当即作了布置，3人分别扮作买菜的、挑水的、打开水的，分头各奔东西，并按照事先的约定，在雨花台会合，变卖了衣物，搭乘去镇江的火车，巧妙地离开了国民党的大本营——南京这个狼窝虎穴，绕道回到南京郊外。再转回到解放区，投入新的战斗。回到解放区后时间不长，章啸衡奉组织委派，于1947年7月间，赴巢湖、无为一带，从事地下交通、情报工作。

1949年2月，合肥解放，章啸衡到合肥见到了李步新、谭启龙，李、谭二位首长介绍他前往山东青州华中局驻地，另行分配工作。行至徐州，恰逢山东军区第一副政委傅秋涛。傅秋涛抗战时期曾在铜陵与章啸衡

有过交往,见面之后,非常亲热。傅秋涛告诉章啸衡,三野总部不日南进,江南解放指日可待,要他留三野总部,待三野副政委谭震林到达后,一同南进。章啸衡欣然受命,随三野总部由蚌埠抵合肥。4月,人民解放军百万雄师横渡长江,江南获得解放。

新中国成立后,章啸衡随同李步新到芜湖市工作,担任芜湖市军管会交际处副处长,后参与芜湖市政协筹建工作,历任芜湖市政协驻会委员、省文史馆馆员、芜湖市政协副秘书长、副主席等职。1965年10月9日病逝。

(作者单位:芜湖市新四军历史研究会)

崔徐荣:热心为党奉献的文清嫂

章红星

文清嫂,姓崔,名徐荣。1883年8月8日出生于铜陵县黄兴圩,成人后,她嫁到繁昌县永丰圩与芮文清结为夫妻,在革命风暴的影响下,崔徐荣毅然参加了革命工作,动员家族子弟参加新四军,皖南事变发生,主动护送突围新四军战士过江,承担起地下交通员工作。她的家成为中共秘密站,为中共在皖南地区的建设和发展做了大量工作,被中共从事地下工作的同志称为热心为党奉献的文清嫂。

崔徐荣

革命火种传播皖南

1929年,中国共产党领导之下的一场土地革命风暴在广大农村掀起。3月中央巡视员王步文到潜山调研,12月芮兰生任中共潜山县委书记,次年1月芮兰生在梅城召开潜山县委会议,决定在清水寨率先起义。起义成功后,成立潜山县革命委员会和工农革命军潜山独立师,由衙前中心区委书记王效亭任师长,陈履谦任党代表,凌霄任副师长兼参谋长,下辖3个大队,100余人。对此,国民党安徽省政府急令潜山县长崔树龙带领反动武装前往"进剿"。潜山独立师撤离潜山,改编为中国

工农红军第三十四师,中央独立第二师。1930年9月4日,国民党派重兵"围剿"天堂革命根据地,潜山县革命委员会和中国红军中央独立二师惨遭失败而解体。由于参加人员受到国民党的悬赏缉捕,芮兰生先后安排一批参加起义人员撤退到皖南各地潜伏。1930年10月芮兰生同凌霄来到繁昌黄浒镇,准备找当时为芮氏祠堂任主事的堂哥芮文清,哪知道,芮文清已经去世,堂嫂崔徐荣接待了他们,并安排他们居住在芮氏祠堂,接着崔徐荣通过家族关系,托人找到铜陵国民党自卫团长朱世湘,把凌霄安排在自卫团任文书。又帮助芮兰生找到先期来繁昌铜陵交界的地下党员洪人英、洪久儒。1930年11月初,王步文任皖南特委书记(1931年2月安徽省委成立任书记)派黄兴邦在繁昌找到芮兰生,通知到芜湖参加特委大会议,传达中央六届三中全会精神,总结安徽工作的经验教训,部署新的战斗任务。会后,王步文要求芮兰生离开安徽,设法进入国民党军队潜伏,等待时机,临行前,芮兰生不顾环境恶劣。为了落实王步文在繁昌铜陵交界地区建立党组织的任务,返回繁昌,在芮兰生主持下在黄浒芮氏祠堂召开了党员会议,传达中央六届三中全会精神,凌霄、黄兴邦、洪人英、洪久儒参加会议。崔徐荣主动承担站岗放哨工作。会议以后又把从安庆地区参加暴动撤出的丁龙彪、余良富、余良贵、刘会高等人,安排在周边地区做工匠、茶工或教书,通过他们会聚各地革命力量,发展组织。芮兰生秘去南京后,凌霄承担起建立当地党组织的任务,由于经常外出,加上外地语言同朱世湘交流不方便,又被解除了文书职务。于是崔徐荣又托人,找到当地有"食客三千",誉为"小孟尝君"太平乡绅士章啸衡,希望给凌霄找一份工作,当凌霄与章啸衡见面晤谈之后,受到凌霄启发,章啸衡决心投身革命,矢志不渝。他不顾自身及家庭的安危,出面作保,将凌霄以朋友的身份安顿在自己家中。为了给凌霄的秘密建党工作提供方便,他以当地绅士的身份为掩护,担任地下交通员,探听消息,介绍建党对象,并且不惜变卖家产,为党组织提供活动经费。由于凌霄的艰苦工作,加上章啸衡的协助,铜陵的建党工作很快打开了局面,从1930年底至1931年初先后发展章啸衡、沈默、郑启书等加入中国共产党。1931年初建立了铜陵境内第一个党支部——中共铜陵特支,凌霄任铜陵特支书记。黄革非也在繁昌桃冲矿山成立了中共繁昌县委员会。又在七里井、横山桥、泥埠桥等地建立了5个党支部。当时凌霄、黄兴邦都提出发展崔徐荣为党员,被崔徐荣拒绝,理由是由于芮氏家族有家规,禁止家族人员参加党派活动,但是崔徐荣表示孩子多,离不开家,但一定尽力帮助共产党做一些事情。

芜湖芮氏家族

芜湖芮氏家族,先祖为芮世通,他在担任芜湖芮氏家族族长时,治家有方,制定戒党争、勤耕耘、和家庭、睦邻里的祖训,因为祖孙十世和睦同居,受到同里赞美。为此州县上报朝廷:"芮世通,十世同堂,幼稚涕泣,诸母见者皆抱哺,以妇归宁,留其子,众妇共乳,母不问孰为己儿,儿亦不知孰为己母也。"在《元史》列传第八十四"孝友一"记载:"芜湖芮世通,十世同居。峡州向存义、汴梁丁煦,八世同居。州县请于朝,并加旌美。"当时芮氏家族被元政府树立为和睦家庭榜样。芮世通被称为中国家教第一人,芜湖县民国志记载:太平州府拨款建"芮公祠"。清时,顺治帝御赐"芮公祠"匾额"奉天承命",康熙帝也题词"敦孝弟以重人伦笃宗族以昭雍睦。"清政府将芮氏家族制定家规、家教定为重要的国家家庭教育材料,钦定四库全书《大清一统志·卷八十四18人物》记载"芮世通 芜湖人十世共居朝廷旌之"。以后,由于社会动乱,特别是咸丰年间,太平天国北伐,挺进芜湖,由于清兵放弃抵抗,百姓蒙受其难,店铺多为倒闭,居民背井离乡,芮氏宗祠被毁,世代居住芜湖芮家巷(现为龙王庙巷)的芮氏家族为躲避战火,芮家巷搬迁到西河镇,一些后人也先后搬迁到无为、庐江、潜山等地。其中芮文清的父亲芮邦喜也从芜湖搬

迁到繁昌县黄浒镇定居，原因是繁昌永丰圩、感定圩的部分土地，是芮世通后人通过繁昌知县购得，并依靠部分土地收租，所以芮邦喜一家搬迁到黄浒镇后，主要从事农业生产，并在感定圩建设芮氏宗祠，在封建社会，多子多孙，几乎是每个家庭的夙愿。作为一个有着这样背景的芮氏家族，生儿育女自然成为家庭一件大事，当时芮邦喜居住在黄浒镇，先后生了四男三女，由于长子被抽丁而分家，四子过继给他人，二子分感定圩，三子芮文清分永丰圩，于是芮文清就搬迁到永丰圩居住。1890年，芮文清取崔徐荣为妻，崔徐荣嫁给芮文清后，先后生了十个孩子，五男五女，这对于一个家族来说是一件光宗耀祖的大事，但对于一个从事农业生产劳动的家庭，要养活这么多孩子，不是一件容易的事情，要消耗父母很多的心血和金钱。1929年芮文清积劳成疾，离开了人间，家庭为了给他治病也败落了，但是崔徐荣作为一个女人，独自承担起养教子女的重任。在她坚持不懈的努力下，终将十个孩子拉扯成人，随着时间推移，孩子逐渐大了，姑娘出嫁，家庭生活有所改善，还安排年龄小的读一点书。崔徐荣一个人养育十个孩子的事情广泛受到人们称赞，她坚强而伟大的母爱在当地广为流传。

积极参加抗日活动

1937年7月7日卢沟桥的炮火，唤醒了亿万民众，震撼着中华。一场灾难改变了崔徐荣的命运，促使崔徐荣积极投身到抗日活动中去。1939年8月，日军巡江时，无故向长江南岸开炮，一颗炮弹正好落到崔徐荣家中，结果大儿子芮学宏、四儿子芮学发被炸身亡，自己和一个姑娘受伤，家中房子被烧，国仇家恨，崔徐荣深深地感到没有国，哪有家？决定支持小儿子芮学贤参加抗日队伍。在全面抗日战争爆发两周年的时候，芮学贤到铜陵栖凤乡燕窝崔村看演出，实际是当地召开抗战纪念大会，中共当地负责人陈爱曦负责活动组织，陈爱曦见到芮学贤就动员参加抗日组织,回到家里崔徐荣按照家规,没有同意,这次灾难教育了崔徐荣,她认识到,戒党争,不参加党派,但是日本侵略中国,杀人无数,是国争,必须抗日,必须把日军打出去,决定支持芮学贤参加抗日,但要求他不要参加国民党,原因是凌霄讲过,芮兰生是共产党员,他从繁昌秘密去南京后,找黄埔军校六期同学,在国民党十一军任参谋、团长。1934年因为叛徒出卖被国民党杀害在南京雨花台,当地乡政府还派人到芮家里进行搜查,被交了罚款,所以要求儿子跟着共产党。于是芮学贤找到陈爱曦同志,经介绍参加铜陵青抗会和抗日自卫队。1938年8月,新四军三支队派张伟烈来铜陵繁昌交界地区开展活动并积极组织和动员繁昌人民奋起抗击日寇。以后新四军三支队在副司令员谭震林的率领下也进驻铜陵、繁昌一带,动员当地老百姓参加抗日,群众的抗日活动也开展得有声有色。崔徐荣毅然投入如火如荼的抗日斗争中,参加当地妇抗会。在中共领导下,她积极向群众宣传抗日。当时,崔徐荣参加妇抗会组织妇女演唱鼓舞群众斗志的抗日歌曲,有《大刀进行曲》《反扫荡》《国共合作歌》等,她们还参加张贴宣传抗日的标语。1939年中秋芜湖芮氏宗祠举行祭祖仪式,其中有崔徐荣大儿子芮学宏、四儿子芮学发灵位入祠,崔徐荣当场就提出,日军杀害这么多中国人,作为芮氏家族,必须站出来,派我们的孩子参加新四军,报仇雪恨,并提出独子除外,一户一丁,参加新四军,在她的宣传鼓动下,掀起参加新四军的高潮,当时有芮玉金、芮连宝等9名芮姓子弟参加三支队,参加地方武装的有12人。

接送新四军北上

1940年10月初,新四军决定北上抗日,崔徐荣小儿子芮学贤当时在铜陵抗日青年营,营长陈孝凯,叫芮学贤回家想办法搞一条船,送几个人过江,并给了两袋米。崔徐荣知道后,亲自出面找了亲戚,并给了一袋

米,借了船,将另一袋米做成饭团,配小菜用柳条框子抬到江边,船停处,从下午等到晚上,过江的人才来到江边。来了一大批人,还带着枪,上船只有9个人,崔徐荣叫小儿子芮学贤抓紧送他们过江,船快到江北岸时,忽然传来敌人巡逻艇的马达声。这时,江上忽又刮起大风,掀起的大浪使船难以靠岸。情况紧急,芮学贤跳进江里推船,接着有几个人也跳进江中,硬是把船推到岸边。人刚一上岸,敌艇机枪便向渔船扫射,为了安全;一位领导叫芮学贤跟他一起走,芮学贤讲船是母亲借的要还给人家。所以芮学贤等到日本兵走后,才把船划回对江(后来才知道他叫曾希圣),由于在水中泡的时间过长,芮学贤得了痢疾,在家中睡了一个多月才基本恢复,崔徐荣又把儿子送到青年营。

皖南事变发生后,铜(陵)、繁(昌)中心县委书记张伟烈和铜繁芜游击独立第一大队(章啸衡为大队长,谢节之为教导员),在铜繁交界江边接应,先后接到中共皖南特委书记李步新和杨明等11个人,杨明在突围中还受了伤,章啸衡安排姚志健、曹尚富把他们送到崔徐荣的家里,崔徐荣看见他们的衣服全湿了,就急急忙忙地用草把点着了火,给他们烤衣服,又抓了两只下蛋鸡烧给他们吃。还把家中一些他们能穿衣服穿上。对受伤的用盐水和草药进行处理。两天后,铜陵敌后县委书记朱农找到崔徐荣的家与突围人员见了面。经过协商派陈尚和先到江边了解情况,然后由崔徐荣护送他们到坝埂头日寇据点附近,由陈尚和送他们过江,为了安全,崔徐荣要他们化装行动,有的穿着破棉袄,有的身穿长袍,装扮成过年送礼走亲戚的样子,这样就顺利把他们护送过了江。3月初的一个下午,小儿子芮学贤根据组织安排在江堤上巡查,看到3个人,还有一人可能受了伤。就问他们是哪里的?他们讲想过江去,3个人口音不一样,芮学贤感到可能是突围的新四军,就讲你们放心。我回家给你们拿点吃的。然后再想办法送你们过江。回到家里,告诉母亲崔徐荣。崔徐荣把家里一些吃的剩菜剩饭装起来,叫芮学贤先送给他们吃,等到晚上把他们接回家。不一会儿,村里来了一些兵在抓人,崔徐荣拿了两件衣服和自己穿的棉袄马上赶了过去,告诉他们赶快找地方躲起来。这时他们向崔徐荣介绍,3个人都是新四军新3团2营的,他们营长是巫希权,他们跟随大部队,被冲散了。于是崔徐荣叫儿子芮学贤想办法,送他们过江。芮学贤带着他们走了相当一段路也没有找到船,大家都很急,正好看到边上一个池塘有一条打水草的船,当时没有考虑,就把船拉到江里,向对江划去。当时已是夜里,因扶着那位受伤新四军上岸时,不小心船被冲走了,他们就带崔徐荣儿子参加了新四军。

皖南地下交通线

全国抗战胜利后,皖南部队9月下旬开始北撤,地方干部及家属从水路直达江苏六合,在永丰乡崔徐荣家设立集合地点。这个集合地点除去繁昌县委领导同志家属外,还有铜陵县委书记张士杰的爱人叶文已经怀孕,还有敌后中心县委书记朱农的爱人孙太英、舅舅孙林等二十几名同志。由大江护商队安排船只担任护送任务。七师北撤途中,考虑国民党一定会加紧迫害根据地群众,决定安排少量部队和地方干部返回皖南。崔徐荣儿子芮学贤(改名芮胜)带着40多人和一部电台返回皖南,任新四军铜青南地区游击队书记。由于国民党不停挑起事端,返回新四军部队又分批撤退到皖南山区。当时电台受到功率影响,无法同七师联系,便在黄浒设立皖南通讯联络站,由章科任站长,负责与各地党组织联络工作;芮胜任教导员,负责同七师和在皖南山区的部队的联络任务,崔徐荣家及黄浒芮氏祠堂自然成为联络点。当时皖南通讯联络站还在皖南设立了一些联络点,繁昌永丰圩情报交通站站长芮少荣、青阳县甘冲交通站站长陈尚和,铜陵天井湖交通站站长孙科、芜湖洋湖交通站站长王正恺。以后又设南陵三里交通站站长阮秀英。七师同皖南地委的联络工作都是通过芮胜带的电台转送。1946年下半年,国民党破坏停战

协定,调四〇四军的(军长王浚)一五〇、一六二两个师进驻皖南。皖南通讯联络站无法开展工作,杨明派人通知,新四军皖南所有人员向山区转移,这样崔徐荣家就成了地下联络点。1946年10月,曾希圣派人将策应国民党木镇保安中队起

芮胜、章科(芮正国)、芮少荣

义的指示送到崔徐荣家。讲木镇保安中队中有几名皖南事变中同组织失去联系的同志准备起义,因为联络站已经撤离,于是崔徐荣安排三儿子芮学广在南陵找到铜青南地区书记朱农和儿子芮胜。朱农安排芮胜带领着游击队4名队员,在施吉祥带领下,先进去杀了敌大队长,带出50人和48支枪,史称木镇起义。还有华东局"七一指示",由于国民党的封锁,通知在10月才送到芮氏宗祠,为了及时将"七一指示"送到皖南地委,崔徐荣找到当地国民党乡政府,以劝说当地芮氏后代回乡从事农业生产为由,在泾县马蹄坑村找到儿子,把华东局"七一指示"交给皖南地委。

1950年清明,芜湖芮氏宗祠进行祭祖仪式。经统计,当时芜湖成年芮氏人口283人,抗日战争时期先后参加新四军有29人,牺牲人员11名,失踪人员14名,返回人员3名,芮胜、章科(芮正国)、芮少荣。崔徐荣在祭祖仪式上讲,在抗日战争中我们芜湖芮氏积极参加抗日,对得起国家,对得起先祖芮世通,我们要勤耕耘、和家庭,把烈士家人照顾好,不要忘记为了保卫国家牺牲的烈士。

(作者单位:芜湖市新四军历史研究会)

谢立惠:鲜为人知的寻党之路

赵东云

谢立惠(1907—1997),1907年4月生,安徽无为人。1931年中央大学毕业。1932年加入中国共产党。新中国成立前曾任重庆大学、中央大学、复旦大学教授。九三学社与中国科学工作者协会发起人之一。新中国成立后,先后在西南师范学院、重庆大学、成都电讯工程学院任职。九三学社第一、二届中央理事会理事,第三、四届中央委员,第五至七届中央常委。中国科协常委。第一至三届全国人大代表,第五至七届全国政协常委。1997年7月因病逝世,享年90岁。

谢立惠

他,一生追求进步,不畏风险,为革命传递情报,进行革命宣传;他,以自己的专业技术和知识,曾为革命作出过特殊贡献;他,遵从毛泽东、周恩来的嘱托,参与发起创立九三学社,成为民主斗士;他,因意外失去组织关系,一生追寻党,为党的事业笃心工作,无怨无悔……他就是一生追求信仰、践行"科学救国"理念的谢立惠。

少立"科学救国"志

1907年4月23日下午,位于皖江中段北侧的无为县县城一户谢姓人

家,随着一声清脆高亢的婴啼,教师出身的父亲为家里新生的第一个男丁取名"立惠",希望小家伙儿未来能够"修身立业,惠敏聪捷"。谢立惠勤奋好学,博闻强记,在学习上表现出非凡的能力。14岁便以优异成绩考入南京高师附中,20岁时更被第四中山大学(后改名为中央大学)录取。

父亲谢季翔是一位小学教师,他经常向儿子阐述个人命运、家庭兴衰是与国家和民族的命运紧密联系相连的道理,他希望谢立惠能够努力读书,走科学救国的道路。

谢家原本是一个大家族,谢立惠的三伯父谢叔骞、二舅父卢仲农等多位家族成员,曾参加过辛亥革命,接受过革命思想的洗礼。10岁那年,谢立惠前往上海看望三伯父。一天,他跟表兄逛街,到租界里的虹口公园玩,不料一个外国巡捕揪着他俩的耳朵,将他俩拖拽出公园,还狠狠地抽打了他们几个耳光,并指着一块牌子吼道:"两个下贱的'小狗',你们好好看看,'华人与狗不得入内',这也是你们来的地方?"谢叔骞听到孩子回来后的哭诉,表情沉重地告诉他们:外国人之所以敢于在中国土地上横行霸道,就是因为中国贫弱,你们一定要记住这个耻辱!

父辈们的言传身教和中国遭受列强欺辱的残酷现实,对谢立惠产生了深刻影响,他在心中暗自许下宏愿:努力学习科学知识,拯救灾难深重的祖国!

谢立惠进入中央大学后,几个弟弟、妹妹都在中学、小学上学,家里经济压力之大可想而知。为减轻家庭负担,懂事的谢立惠在中央大学图书馆里做工读服务生;不久,他又在私立学校代课挣些代课费,这才减轻了家里的负担。在大学期间,谢立惠没有因为参加劳动、工作而分心,而是一如既往地学习、钻研。

大学期间,谢立惠还积极参加社团活动和学生运动。1928年7月,几名有志于"科学救国"的中央大学学生发起成立了"中华自然科学社",谢立惠积极参与活动,并担任该社的第二任社长。

同时,谢立惠还参加了"大地社"。"大地社"是中国共产主义青年团的一个外围组织,通过该社,谢立惠结识了顾衡、汪楚宝、潘渭年、段超人等爱国知识青年。"大地社"成员间相互传阅革命书籍,砥砺品质。在顾衡、汪楚宝等人帮助下,谢立惠逐渐认识到,科学可以推动社会发展,但不能从根本上解决中国穷困落后的问题。谢立惠在后来的回忆材料中写道:"要发展我国的科学技术,必须有一定的条件,社会条件是土壤,科学是花朵,要有肥沃的土壤,科学才能开花结果。"

支持革命不惧险

20世纪二三十年代的中国,国内政治腐败,军阀混战,社会无比黑暗,列强尤其是日本帝国主义不断加强侵略,中华民族的危机一步步加深,青年爱国学生纷纷走上街头,掀起学生运动,抗议帝国主义侵略,抗议反动政府的腐败无能,谢立惠积极参与其中。

1928年5月,日军为阻止北伐,在山东炮制了震惊中外的济南惨案,蒋介石政府不仅满足了侵略者的无理要求,还压制国内反日运动。南京中央大学、金陵大学等大中学校爱国学生发起大规模的反日爱国学生运动。谢立惠不仅参加游行示威活动,还常常在群众中发表演讲。每次演讲,谢立惠都声情并茂,热泪盈眶。

在参加爱国学生运动的过程中,谢立惠意识到,只有中国共产党所走的道路才是中华民族的希望所在。

1932年1月,谢立惠应校友叶伟珍、王气钟之邀,来到合肥第六女子中学任教。来合肥不久,谢立惠惊喜地见到了找上门来的顾衡。顾衡坦率地告诉谢立惠,他早已参加了中国共产党,现在安徽开展党的地下工作,他想在合肥建立一个秘密交通站,并希望谢立惠能够担此重任。谢立惠当即表示愿意担当此任,并表示希望加入党组织。

谢立惠接受任务后,先后有张同志(后知其为皖北游击大队政委张如屏)、凌同志(中共合肥中心县委宣传部部长凌生)与其联络。为了增强文件保密性,谢立惠利用所掌握的化学知识采取密写法,表面看不出字迹,只有放进特制的化学溶液中,才显示出文件内容。谢立惠还常常以学校名义购买大量文具、纸张、蜡纸、油墨及其他宣传用品,然后设法转交给党组织。有时候,谢立惠直接帮助党组织撰写宣传稿,刻写宣传品。当时,合肥是内地小城市,为了得到更多消息,谢立惠利用自己的物理知识,暗中组装了一部性能较好的收音机,这样,就能够将更多消息传递给党组织,宣传内容也就更为丰富了。

这年秋,凌生告诉谢立惠,党组织批准他加入组织,入党介绍人是顾衡。谢立惠非常激动,他紧握着凌生的手说:"感谢党的信任,我终于找到家了,终于有了归宿!"

在合肥六女中教学过程中,谢立惠教学认真,待人亲切,很快赢得了同学们的信任。一次,李静一、蔡柏等几名进步女学生向谢立惠提出:她们希望建立一个学生组织,谢立惠当即表示支持,不久,"朝曦读书会"成立了。按照谢立惠的要求,读书会除了开展学习座谈会之外,成员还主动接触一些同学,宣传抗日救国和反对封建传统的思想,不断扩大影响。读书会还讨论"中国向何处去"之类的严肃政治话题。很快,读书会成为党的外围组织,成员不断增多,鲍有荪、叶素兰、兰健、蔡善英、朱子扬、曾余等10多人先后参加了读书会。在谢立惠的指导、帮助下,学生们的思想进步很快,谢立惠从中首先发展了李静一、鲍有荪加入党组织。

1934年4月,谢立惠突然失去了与组织的联系,他派李静一去上海寻找党组织,又没有结果。谢立惠为此感到非常苦闷。谢立惠并不知道,此前,除了无为党组织之外,包括合肥中心县委在内的安徽党组织全部遭到破坏,损失惨重。

傲雪红梅明心志

1937年春,谢立惠从报纸上得知中央红军曾在四川一带活动,他想,红军活动过的地方,可能会建立党的地下组织。于是,谢立惠前往重庆,应聘重庆大学数理系讲师兼实验室主任之职。

当时的重庆,仍然处于白色恐怖之中,如果贸然寻找组织,不仅可能会暴露自己的身份,还可以给组织带来不利影响。因此,谢立惠进入重庆大学后,没有贸然寻找组织,他在等待机会。

卢沟桥事变后,国共经过谈判再度合作,中国共产党领导的武装力量改编为八路军、新四军,八路军驻渝办事处、中共中央南方局、《新华日报》报社都设在重庆。那时,在周恩来、潘梓年的关心、指导下,中央大学的梁希、潘菽等知名教授组织了"自然科学座谈会",座谈会对外称切磋学问,实为关心国事,其宗旨就是"号召科技工作者团结起来,投身于抗日民主斗争"。

谢立惠始终参加座谈会组织的活动。谢立惠与潘菽在南京时就已熟悉,而潘菽是新华日报社社长潘梓年的弟弟,因此,谢立惠与潘梓年有多次接触。

一次,谢立惠向潘梓年汇报完工作,见办公室没有他人,谢立惠立刻掩上门,双手紧紧握着潘梓年的手,眼噙热泪地说道:"潘社长,我是共产党员,是 1932 年加入组织的共产党员!"谢立惠向潘梓年倾诉了几年来的经历后,要求潘帮助恢复自己的组织关系。

潘梓年很快就向周恩来汇报了谢立惠的情况,周恩来经过深思熟虑后,要潘梓年转达他的意见:"对谢立惠的积极表现给予肯定。对外,你现在是一个有影响的民主人士和知识分子,希望你继续保持这个身份,配合党做好知识分子的统战工作,在党外可以做得更方便些。这也是党对你的要求。"谢立惠表示服从党的安排。从此,谢立惠成为中共南方局可以信赖的同志。①

当时的自然科学座谈会上,一项经常性的内容就是学习、讨论《新华日报》上的重要文章,每当看到前方八路军、新四军将士战斗的消息传来或相关评论,谢立惠都倍感振奋,与大家热烈讨论,他反复强调:事实证

---

① 《谢立惠传》,学苑出版社 2012 年 9 月版,第 89 页。

明,共产党领导的武装是真正抗日的武装,党的领导是国家的希望,民族的希望。"

皖南事变发生后,谢立惠与座谈会的同志马上组织讨论,经过讨论分析,大家加深了对反动派不顾国家和民族利益、消极抗日、积极反共丑恶面目的认识。由于对国民党蒋介石失望至极,谢立惠和梁希、潘菽等人甚至向南方局提出:前往延安直接参加党的工作。周恩来知道情况后,特意把大家召集到一起,向他们强调:"干工作应根据革命的需要,现在你们在重庆开展工作,是抗日的需要,斗争的需要,尽管有困难,也应该坚持下去。"聆听了周恩来的教诲,谢立惠等人终于转变了思想,并愉快地接受南方局交给的新任务。

宣传战线建殊勋

无论是学生时代,还是担任教职,谢立惠都始终勤勉如一,刻苦钻研,因而具有扎实的学识素养,在重庆大学不到两年,即被聘为教授。谢立惠丰富精深的学识,也为党的宣传工作发挥了很大作用。

1941年春,《新华日报》准备开辟《自然科学》副刊,周恩来、潘梓年找来谢立惠等几位同志座谈,商议如何编辑好这个副刊。周恩来强调办副刊一定要体现战斗性、群众性,希望内容不局限于介绍自然科学,要多样化,文字要通俗易懂。谢立惠承担了这项光荣任务,他积极为副刊提供稿件,还动员其他专家、学者为副刊写稿。每期副刊的稿件,都由谢立惠等人初步编订后,再送往化龙桥虎头岩下《新华日报》社编辑部审定付排。在谢立惠等人的努力下,这个副刊不仅普及了科学知识,还起到了号召科学工作者在争取抗战胜利的旗帜下团结起来、组织起来的作用。

在当时,为《新华日报》撰稿是要冒很大风险的,尤其在皖南事变后,国民党特务对《新华日报》进行严密监视。根据军统大特务沈醉的回忆,当时"化龙桥头有一个茶馆,国民党特务经常坐在外面,对进出《新华日报》社的人进行监视、盯梢,甚至暗中加以逮捕、杀害"。谢立惠不顾危险,与潘菽共同承担了送稿的任务。

一次,谢立惠将稿件系在裤管里,快到化龙桥时,发现有特务跟踪。谢立惠故意绕弯子,佯装问路人,但特务始终跟在身后,情急之下,他闪身进入茅厕,将稿件包起一块石头,沉入粪坑里,就在此刻,一个特务冲了进来,恶狠狠地问:"你在干什么?"谢立惠蹲在茅坑上,故作惊异地说:"肚子坏了,进城看病,你们是什么人?"一番斗智,尾巴终于甩掉了。

谢立惠的专业知识和精湛技术,曾多次为党的通讯、联络工作作出了特殊贡献。

新华日报社有一台美国产的高级收音机,专门用于收听陕北延安党中央的声音,其短波可以接收到延安电台的信号。一日,这台收音机突然坏了,心急如焚的报社同志赶紧将其送到外面修理,几天后取回来,收听广播的功能正常了,但不能接收到延安的信号了。潘梓年想到了谢立惠。匆匆赶来的谢立惠,用自己设计的信号发生器检查,凭着精湛的无线电技术,他很快查明这台收音机已被特务做了手脚:把一个密封的中频变压器稍稍旋偏了一点点,意在降低收音机的灵敏度。谢立惠对其进行校正,很快,这台收音机又能正常接受信号了。潘梓年非常高兴,他指示,以后报社的电子电讯器材坏了,全由谢立惠维修,以防受制于人,也便于保密。

抗战时期,谢立惠还曾远程指导陕北等国统区以外的无线电通讯设备的维修工作。为了维修报社的电子通讯设备,有时候谢立惠忙得废寝忘食,甚至夜晚就住宿在报社的密室内。在谢立惠的心中只有一个夙愿:以自己的技术为革命工作多做一份贡献。

民主革命一斗士

抗战后期,许德珩、黄国璋发起成立"民主科学座谈会"(后改名为"九三学社")。谢立惠不仅加入了座谈会,而且始终坚持参加该会活动。

1945年9月下旬,谢立惠接到南方局通知,前来重庆的毛泽东要接见他和梁希、潘菽、金善宝等知名教授,会见地点就在张治中将军的住所桂园。谢立惠匆匆赶到桂园。会见中,谢立惠和教授们就抗战后的时局、国共和谈、国家的前途等问题向毛泽东请教,毛泽东逐一从容作答。通过这次会谈,谢立惠对毛泽东的领袖风范更加钦敬,并在内心深处更加坚定了自己的人生选择。

1946年5月4日,九三学社在重庆青年大厦正式宣告成立。谢立惠为自己参与发起成立九三学社感到自豪,他认为,九三学社是在中国共产党的支持、帮助下成立的,其政治主张与共产党保持一致。他提醒自己:知识分子终于有了归宿,今后要加倍努力,在争取和平、反对独裁、建立新中国的历史进程中,做好党团结知识分子的工作。

1946年,国民党反动派已经磨刀霍霍,企图挑起内战。谢立惠在九三学社的座谈会上慷慨陈词,他指出蒋介石的本质就是要搞独裁,绝不允许异党存在,更不会允许中共保留军队,因此,内战必然会爆发。谢立惠曾多次接受《新华日报》记者的采访,在采访中,他在一些重大问题上表明自己的政治态度,毫不掩饰。为此,谢立惠的名字上了国民党当局的黑名单,言行也受到特务的重点监视。

1947年五六月间,全国爆发了"反饥饿、反内战、反迫害"的学生示威运动,谢立惠多次参加运动,并发表演说,为此,他多次受到特务的威胁和当局的警告。

新中国成立后,谢立惠看到了国家和民族的希望,他的政治生命、学术生命又重新焕发了生机。

作为教育家,谢立惠先后被任命为西南师范学院首任院长、成都电讯工程学院院长,在教学、科研、高教管理上力求改革创新,不断钻研,为国家建设培养了大批优秀人才,可谓桃李遍天下。

作为九三学社中央委员、重庆分社的负责人,他先后多次被选为全国人大代表、全国政协常委、中央参政委员会副主任。谢立惠积极参政议政,1980年,他撰写了《对于高等工业教育若干问题的意见》,提出了14条建议,报送教育部和四机部,部分意见得到重视和采纳;1984—1988年,他在全国政协会议和四川省政协会议上,就教育结构调整、素质教育改革、倡导学术民主等内容提交提案或提出自己的建议,受到大会的重视并被采纳。为纪念谢立惠对西南师范学院做出的历史性贡献,学院将校区内一条道路命名为"立惠路",西南大学(由西南师范大学、西南工业大学合并而成)将其物理楼命名为"立惠楼",这是对谢立惠一生奉献党的教育事业的最大褒奖。

彭笑千：顽强不屈

宿州市新四军历史研究会

彭笑千(1897—1980)，字效骞，原名彭其峰，又名彭其汝，安徽萧县人。1897年生于殷实农民家庭，1919年于徐州府铜山县高等小学毕业后，受聘于萧县第一高等小学任会计。1923年考入萧县甲种师范学校读书。五卅运动爆发后，彭笑千因支持学生声援上海工人反帝爱国斗争被调离，任萧县教育局文牍会计，后任财务科长。1935年，因不满县长对农民的苛政与暴行而愤然辞职，前往江苏省淞江专署任第二科科长。

七七卢沟桥事变爆发后，日军侵占华北，出兵华中。8月，上海失守，淞江沦陷，彭笑千回到家乡萧县。当时，萧县县长卷款潜逃，县政府机构陷于瘫痪。彭笑千利用他在萧县的声望及与上层人士的关系，奔走呼号，动员各阶层人士起来抗日，共赴国难。在中共党员郭子化和郭影秋的举荐下，国民党第五战区民众总动员委员会主任李宗仁任命王雪琴为萧县县长，彭笑千为县政府秘书。1938年5月18日，日军攻陷萧县城，王雪琴守城阵亡。中共萧县地方组织决定成立萧县抗日民主政府，由彭笑千出任代理县长。10月，彭笑千被推选为县长，兼任政委会主任委员，成为淮北地区共产党领导的第一个抗日政府县长。为了组建抗日武装，彭笑千从旧县政府存款中拿出几万元作为经费，购买大批枪支弹药。他曾随抗日游击队到王寨、朔里等地进行武装宣传，动员群众，武装群众。在中共萧县中心县委的领导下，利用政权的力量，组建300余人的萧县常备大队，由彭笑千兼任总队长。他率领常备队积极开展反"扫荡"斗争，先后取得程蒋山、纵三座楼和吴蒋庄战斗的胜利,创建萧县抗日根据地。民国28年底,日军对萧县进行报复性"扫荡"。彭笑千家中财产被抢劫一空,大儿子彭折民和侄儿彭捷三被捕。日军以此威胁彭笑千。他不为所动,带领抗日武装,粉碎日军的"扫荡"。

在彭笑千主持下,县政府制定根据地建设条例,颁布减租减息章程,采取合理负担和累计征粮,发行抗日流通券,制定工商税收条例等。这些政策的实施,提高了根据地人民的生产积极性与抗日热情,活跃了根据地的经济。彭笑千注重群众运动,全县建立青救会、妇救会和农救会等群众抗日团体,仅农救会员全县发展到12万人。到1939年底,萧县抗日根据地初具规模,被上级党组织誉为抗日模范县。1940年彭笑千被调任豫皖苏边区联防委员会(边区抗日民主政权)民政处副处长。

1941年5月,新四军第四师奉中共中央华中局和新四军军部命令,撤离豫皖苏边区,转移到皖东北地区。中共豫皖苏边区委员会决定,留彭笑千等人在萧县做国民党耿蕴斋和吴信容部队的争取工作。1944年8月,新四军第四师师长彭雪枫率第四师主力部队西征豫皖苏边区。当西征部队进入萧县作战时,在彭笑千等人的争取下,吴信容的弟吴信元率部1700余人起义,西征部队解放萧县全境,建立萧县抗日政府,彭笑千任县长。年底,西进部队收复原豫皖苏边区失地,建立淮北第二行政区专员公署,彭笑千任专员,领导津浦路以西8个县抗日政权工作。

抗战胜利后,彭笑千历任苏皖边区政府第八专署专员、豫皖苏边区行政工作委员会副主任、豫皖苏边区行政公署副主任及中原临时人民政府委员兼农业部部长等职。

新中国成立后,彭笑千一直从事农业工作,先后担任河南省农业厅厅长、中南军政委员会委员兼农业部副部长、中南行政委员会委员兼农业局长、中南财经委员会副主任,河南省副省长、河南省政协副主席等职。1959年,因坚持实事求是,反对浮夸,受到严重打击。"文化大革命"期间,多次遭到批斗。1976年1月25日,中共河南省委为其彻底平反,恢复名誉。1980年1月27日,彭笑千在郑州病逝,终年83岁。

释义方:爱国爱教的革命和尚

池州市新四军历史研究会

释义方(1914—1959)当代名僧,俗名崔思庆,安徽太平县(今黄山市黄山区)人,1934年在九华山出家为僧,曾住持天台、肉身殿、东岩等寺庙,有很高的佛学造诣。

释义方爱国爱教,抗战时期,不惧胁迫拒绝出任伪职;解放战争时期,为皖南游击队提供粮食、情报支持。新中国成立后,先后任九华山佛教总代表,青阳县人大代表、人大常委会常委,安徽省人大代表、政协委员,当选全国佛协第二届常务理事兼秘书长,多次作为中国佛教代表团成员,出访东南亚,也曾深入边疆参访少数民族,为促进世界和平、民族团结做出了贡献。

释义方作为佛门弟子,宗论兼通,在弘法利生同时不忘爱国爱教,特别是在民族危亡时刻,也不忘抗日救国,表现出崇高的爱国热情,体现了爱国僧人的民族气节。新中国成立后,为弘扬佛法和建设祖国贡献力量,为九华山留下了宝贵的精神文化财富。

少年皈依,佛门龙象

释义方,俗姓崔,名思庆,安徽太平县(今黄山市黄山区)甘棠镇人,1914年生于芜湖一富裕商宦之家,崔思庆的祖父在芜湖经营着一家布店,乡下还有田产200余亩,时为芜湖首富,崔思庆母亲早逝,父亲崔祥鸿,毕生从事教育。崔家三代崇佛,崔祥鸿还和弘一法师是至交,有这一因缘,1930年,还在芜湖萃文中学读书的崔思庆得以亲近弘一,深受其影响,想拜他为师,未得到应允,但有了出家的念头,为人父母,对子女遁入佛门多是百般阻挠。崔思庆不同,居然没有遭受家人多少反对。1934年,崔思庆于九华出家,依止天台寺彻园法师,并在宁波天童寺受具足戒,入了佛门,法号"义方"。同时,释义方更方便亲近弘一法师,常用信札往来,亲得弘一诸多勉励,弘一"将整兴名山责任属系释义方法师,故(释义方)受其影响极深,学行俱优,处事对人,尤具热忱,众望所归,全山多所倚重。"

弘一(李叔同)是一个绕不过去的巨大存在。由于释义方未出家前受过比较良好的教育,又在宁波中国佛学院弘法班(研究班)深造,出家道心坚固,为人正派,办事能力强。1937年就住持天台寺,历9年,他一方面图治寺务,一方面潜心研读化城寺藏《藏经》6777卷之全部,精其旨要。同时传戒收徒、讲经打坐,竟无虚日,成为佛门龙象。

念佛不离爱国

释义方立身严正,不阿富豪,不曲权贵,不畏淫威。全面抗战爆发后,日军很快侵占释义方出生地芜湖,崔家也走向分化。释义方的一俗家亲戚中有抗日义士,又有汉奸恶霸。抗日期间,日军曾数次指使释义方的在家亲属到九华山天台寺,极尽威胁利诱之能事,请释义方出山,劝请释义方为日汪政府效力,释义方深明大义,坚决予以拒绝。

解放战争期间,释义方以民族大义为重,成为共产党人可靠的朋友。1947年,皖南游击队在九华山一带活动,释义方想方设法为其提供粮食等补给,还冒着风险给他们传送情报。为中共地下党组织在天台寺设立交通站提供帮助,保守秘密,做了许多极其有益的工作。

　　1949年春,解放大军渡江南下,国民党溃军逃离前大肆抢掠,全山十室九空。释义方率先捐粮,协助人民政府救济灾民。目睹解放后新气象,释义方多次撰文赞颂:"中国人民的解放,给予了中国佛教以涤瑕荡垢、重见光明的机会。"他任九华山佛教总代表时,坚持修持,按时做早晚功课,举行"观音法会""盂兰盆会"等佛事活动。组织全山僧尼坚持学习时事政治,成立三个读报组,学习《安徽日报》《现代佛教》等报刊,号召佛教徒参加劳动生产,开荒造田,为建设祖国作出贡献。

　　新中国成立后,面对九华山区的广大失学儿童,释义方创办了九华山初级小学。并亲自给学生们授课,两年后,又担任11所小学的中心学区校长,他和大队干部一起筹集资金,租用教室,聘用教师,亲自担任校长。

　　抗美援朝战争爆发,在释义方等爱国僧人的带领下,九华山佛教界迅速行动起来,成立了"九华山佛教抗美援朝支会工作组",释义方任组长,入会僧尼约200人,1951年3月,174名僧人参加"拥护抗美援朝示威大会",占前山僧人总数的70%。

　　1951年6月,九华山僧众在九华村召开大会,参加会议的94名僧人中,任运恒、智静、觉安、宏深、曹南山等5名青年僧人当场报名参军。他们表示,青年参军是光荣任务,出家人行菩萨道,其目的就是实践无畏施,就是救人济世,出家人参军报国没有任何后顾之忧,正可以全身心地投身到杀敌战场。这5位青年僧人向九华山全体僧众发出呼吁:不要留恋小小的九华山,而耽误了自己为国家奋斗的大事,每一位佛教徒都要勇敢地走出寺院,走出丛林,为早日打垮美帝,解放全世界的人民作贡献。随后,他们向其他青年人发出倡议,希望他们积极响应政府的号召,报名参军,报效国家。

　　以订立爱国公约、捐献、增产、节约为主要内容的支援抗美援朝运动的开展,对于增强我国的国防力量、增加工农业生产、保持物价稳定、提高工作效率等起了重大作用,为抗美援朝战争的胜利奠定了雄厚的物质基础,九华山佛教界以巨大的爱国热情参与其中。在这场伟大的爱国的运动中,九华山共有7座寺院成为"军属户",同其他军属一样,平等享受政府的各项优抚政策。

1953年朝鲜停战,释义方组织全山僧众举行"祝愿世界和平法会"。同年,释义方当选为全国佛教协会理事兼秘书长。

释义方主持九华山佛教会工作期间,非常重视文物保护工作,他针对国民党在解放战争中破坏文物古迹的恶劣行径,主动协助地方政府,建立了九华山文物保护委员会,制定文物保护公约,宣传保护文物的重大意义,许多僧尼都为他的精神所感动,主动将自己收藏的珍品上交给当地政府保管。

文化交流的使者

1955年应缅甸总理吴努的邀请,释义方作为中国佛教代表团成员,访问缅甸等东南亚国家。应邀参加在仰光举行的有十个国家佛教徒代表出席的佛教第六次集结会议,吴努总理馈赠了瑞光大金字塔模型、长柄伞、凉拖鞋、韵板等以志纪念。

1957年5月,释义方作为中国佛教代表团访问柬埔寨,受到柬埔寨政府和人民的热情接待和欢迎,归国途中,释义方一行应邀访问越南,受到胡志明主席领导下的越南政府和人民的真挚欢迎。为增进世界各国人民友谊,促进各国佛教徒之间的友好往来做出了贡献。

增进民族友谊和团结

1956年前后,释义方先后走访了云南德宏、丽江、西双版纳等祖国边缘的傣族、崩龙族、佤族等少数民族,增进了各兄弟民族和佛教徒之间的团结和友谊,1958年,释义方大师随中国佛教协会参观团赴西藏,与

各兄弟民族亲密交谈,使汉传佛教与藏传佛教,大乘佛教与小乘佛教,汉族和少数民族得到了很好的交流,为汉藏之间民族团结作出了应有的努力。

释义方宗论兼通,工书法,善木刻,通医道,他曾多次撰文论述钻研教理的必要性,号召佛教徒努力学习佛学,为弘扬佛法和建设祖国贡献力量。

释义方先后任青阳县人大代表、常委,安徽省人大代表和省政协委员,1957年任中国佛协第二届常务理事兼副秘书长,并在中国佛学院执教。1959年因劳累过度,在京圆寂,终年45岁。社会人士及佛教界无不叹其为英年早逝。因一生热爱九华山,弟子们将他的骨灰迎回九华山,葬于九华山十王峰。

释义方是彻底奉献的一生,爱国爱教,是佛教界的楷模,是人们经常怀念的"九华山革命和尚"。

鲍刚:一代抗日将星的陨落

时光往　时洪平

鲍刚(1897—1940),谱名鲍汝刚,号纪三,安徽寿县九龙集人。幼年家贫,从事耕牧。早年从戎,后投身冯玉祥、方振武西北革命军,参加过五原誓师、二次北伐,英勇善战,屡建战功。抗战时期,他屡次受蒋排挤,仍以民族利益为重,率部抗日,英勇杀敌,参加过台儿庄大战和武汉会战,是一位爱国抗日的革命将领。

鲍刚

北伐建功济南御寇

1917年,鲍刚和孙一中同赴广州,在粤军许崇智部当兵,后又投入冯玉祥西北军方振武部,因勇敢善战,屡著战功,升任营长。

1924年10月北京政变后,冯玉祥部改成国民军。1926年4月国民军撤出北京,方振武率国民军第五军退守口北。吴佩孚、张作霖以50万之众,包围南口。国民军第五军在兵力悬殊、饷械无继的困境下,苦苦坚持3个多月,被迫向绥远撤退。经过这些战斗,鲍刚益受方振武器重,由营长升任二旅一团团长,旋又升任一旅旅长。

1926年9月17日,冯玉祥在五原誓师后,国民军东出潼关,配合北伐。鲍部曾先后攻克同州;以一个旅击溃敌4万之众,攻占磁涧;由登封

小道奇袭密县;协同北伐军攻克郑州,1927年6月1日与北伐军在郑州会师。不久,鲍刚奉方振武之命,率部进入河南邓县、南阳和湖北河口、襄阳、樊城等地。

《五原誓师》布告

1928年春,"二次北伐"后,方振武部被蒋介石改编为第一集团军第四军团,方任军团总指挥,鲍任该军团九十一师师长。5月初,北伐军进抵济南后,驻济南日军蓄谋制造了"五三惨案"。惨案发生时,司令部就设在城内的一条大街上,日军在对面"亨得利钟表店"大楼上架起重机枪,封锁了司令部的大门。鲍刚挺身而出集合全体官兵说:"你要当狗熊,敌人就要称英雄;你要当英雄,敌人就成了狗熊。走,跟我冲,要是你们少一根汗毛,我赔一条大腿。"随即率部奋勇出击,自己带头冲杀,终于杀出一条血路,占领了有利地形。此举大出日军意料,日军措手不及,吓得抬起机枪翻房逃跑了。正当鲍刚率部乘胜追击日寇时,由于蒋介石奉行对日妥协政策,命令他速渡黄河,继续北伐。鲍刚激愤地说:"日寇如此欺人,不同他们打,实在可耻。"是年冬,鲍刚在德州附近收编了鲁军两个师,进驻惠民。

密谋反蒋中原参战

1929年1月,蒋介石以编遣为名,行削弱异己之实,把方部第四军团缩编为四十四、四十五两个师,四十四师师长阮玄武,四十五师师长方振武。四十五师辖一三三、一三四、一四五共3个旅,鲍刚任副师长兼一三四旅旅长,辖乔明礼的二六七团及二六八团。

不久,蒋介石委任方振武接替陈调元任安徽省政府主席。方接任后即向蒋介石要求,把此前在"讨冯"战争中调往河南许昌的四十五师调回安徽,分驻安庆、大通、芜湖等地。

是年9月,方振武在南京被蒋介石扣押。鲍刚在芜湖召集方部驻皖团以上军官秘密开会,酝酿起兵反蒋。鲍说:"方振武是我们多年的上司,安徽老百姓都很拥护他。他现在被蒋介石扣押了,我们应该怎么办?"大家一致表示,如果蒋介石继续扣押方,就要和他打。鲍当即命大家回去秘密准备,待命行动。

公开起兵前,鲍刚秘密到二六七团,命该团由大通开往南陵。另派廖运周(中共地下党员)侦察芜湖蒋系驻军情况,并通知二七○团团长刘子彬准备行动。廖回南陵后,鲍刚与廖等人拟定了行动计划。派两个团与10月8日晚快速行军到达芜湖,向韩德勤的新三旅发起进攻,经一夜激战,缴获了韩部许多枪支。蒋介石十分震怒,立即派部队和军舰前往增援。次日,鲍刚率部队退至屯溪、休宁一带,当地各界热烈欢迎,挽留鲍部驻扎,并为部队赶制冬衣。随后,鲍又派廖运周到上海联系获取电台。

10月,蒋派大军向屯溪进攻。由于众寡悬殊,鲍部不支,反蒋遂告失败。屯溪商会会长鲍某,将鲍刚秘密送至上海。鲍刚到沪后,住法租界同庆里,用药把右脸颊上的黑痣除去,化装后,由廖运周护送,乘日轮抵达天津。

1930年1月,冯玉祥召见鲍刚,夸鲍敢于反蒋,是好样的。并对鲍说:"你快去找你的老部下,成立队伍。我们还要倒蒋抗日。"鲍即派人到河北、江苏、安徽等地,找到王占林、刘子彬、乔明礼、余亚农等人,组建了一个旅,任王占林为旅长。4月1日,阎锡山与冯玉祥分别在太原、潼关就任陆海空军总司令和副总司令,宣布讨蒋。任鹿钟麟为前敌总指挥,进驻郑州,部署军事。5月1日,阎、冯会与新乡,3日抵郑州,4日召开军事会议,研究作战方略和具体部署。11日起,双方开始大规模地交火,

蒋、冯、阎中原大战爆发。

鲍刚曾于5月初,率廖运周、高袭明(中共地下党员)、刘子彬、余亚农等人,到郑州见冯玉祥。冯委任鲍刚为独立第二师师长,兼黄河河防司令,师部驻彰德。

鲍刚到彰德召集旧部,委任王中孚为一团团长,乔明礼为二团团长,王敦信为三团团长。当时官多兵少,只得到处招募。后冯玉祥拨来3000新兵,鲍又派廖运周到开封找鹿钟麟领取了2000支枪,部队才像个样子。二师于9月退至获嘉县。10月,阎、冯倒蒋失败,鲍刚率部随冯玉祥退到山西晋城。时已入冬,部队仍无棉衣,更无薪饷,军心涣散,逃亡很多,冯又拨来二团人补充鲍师。后二师进驻翼城。

冯玉祥倒蒋失败,所部先后被蒋介石收编。宋哲元派阮玄武动员鲍刚接受宋的改编,把二师编为宋部二十九军的1个师,鲍仍任师长。鲍坚决不干,并构筑工事,以防宋军进攻逼降,受到冯玉祥的称赞,说:"鲍刚不降蒋,有骨气,是英雄。"经冯与阎锡山接洽,鲍刚、张人杰两部开驻介休、孝义两地。此时,冯玉祥偕夫人李德全在汾阳隐居。

北上抗日被蒋排挤

鲍刚于1931年率部抵达介休、孝义后,成为蒋、冯、阎三不管的队伍,饷械十分困难,官兵每人每天只有2斤小米,每月只有1块银圆的菜金,其他需用一概无着。这时鲍刚毅然决定,倾家中之积蓄以助军饷。为解决枪支不足问题,部队又成立了修械所,用铁轨打大刀、造火枪。造出来的枪支外表虽好看,但技术还不怎么过关,打一发子弹就要卡壳。这期间,冯夫人李德全曾携子冯洪国两次到部队慰问,发给官兵每人一条毛巾。

鲍刚治军甚严,在旧军队中军纪是很好的。他常说,军纪是军队的命脉,无论处境怎样困难,军纪必须维持,扰民的事万万不可做。有一次,部队退至绥远,一个士兵吃了人家的西瓜没给钱,老百姓向他告状,他从严惩处了这个士兵。并重申,今后如再发现扰民或克扣伙食费、吃空名的,一经查明,立即枪毙。对部队的教育和训练,他也十分注意。冯玉祥提出"九一七"新生命,即戒烟酒嫖赌,去骄惰奢侈,保卫国家,爱护百姓等,并在部队认真贯彻实行,揭露新军阀的罪恶,宣传反蒋抗日。晚间,官兵都要读书、写字。每天早晨出操、跑步、练刺杀,一天训练达8小时。他还规定连、营长定期考试,必须会三大件:杠子、大刀、拳术。

作为一师之长,鲍刚对自己要求也很严,事事身体力行。白天带头操练,夜晚查岗哨。一天深夜,他身穿便服,到介休东门要出城,哨兵不开城门。他说:"我是师长!"哨兵说:"师长也不行!"对此他不仅不生气,后来还表扬了这个士兵。他对团、营长也是这样要求的。

当时,他的师部里有中共地下党员廖运周(参谋,后升任营长)、高袭明(参谋)、朱大鹏(参谋)、王子健(懋坚)、余恩沛、范静轩、武轩之、张慕韩及军官队队长(姓名失记)等人,连排长中也有共产党员,他对共产党持同情保护态度。一次,太原国民党特务机关查出在孝义散发的传单上,有中共地下党员朱大鹏的名字,他即请副师长送给朱50块银圆,让朱离去。

1932年10月,方振武到介休找鲍刚、张人杰商量,决定组织抗日救国军。12月25日,在介休举行了抗日救国军誓师大会,除方部之外,还有当地机关、学校等各界人士参加,共约2万人。方振武在会上讲话,慷慨激昂,表示决心率部北上抗日。这天大雪纷飞,寒风刺骨,但会场气氛庄严热烈,热血在人们心中沸腾。

誓师的次日,部队分两个梯队出发,经平遥、襄垣、黎城,出东阳关、涉县、武安,沿平汉线西侧向张家口进军。方振武率王中孚第一团为第一梯队,沿途动员群众参军(主要是青年学生),王中孚团扩编为师。鲍刚率乔明礼第二团为第二梯队。后该团扩编为旅,刘子彬接任二团团长;辛少亭、李家淳、廖运周等部扩编为七、八、九团。

　　当二梯队抵达襄垣时,阎锡山打电话给鲍说,何应钦有令,不准鲍部离开山西。同时蒋介石的第九师也到武安堵击。鲍刚在襄垣进退两难。鲍方多方活动联系,10天后才将部队秘密集中到东阳关,遂以一部佯攻武安,主力急行军占领沙河县车站,截断了平汉铁路。蒋的第九师惊慌失措,急由武安调头向沙河进攻。但鲍部已于夜间向太行山边转移,昼伏夜行,继续向石家庄以西急进,经阜平、灵寿到达涞源县。

　　这一时期情况十分复杂,鲍刚因两次被围无人营救,加以有人离间,因而与方振武有隙。1933年8月,冯玉祥、方振武失败后,鲍部在走投无路的情况下暗中靠拢阎锡山,被编为晋军第四十六独立旅。后来,他曾多次拜访冯玉祥,知道其中的一些误会,深感内疚。承认自己在抗日同盟军时期的失误,反映出他的宽广胸怀和高风亮节。

　　1933年鲍旅开驻河南卢氏县,划归河南省主席刘峙指挥。鲍部经过两次整顿补充,到军校受训的营连长也陆续回队,鲍即按正规军的方法加强了部队训练,整肃了军纪。刘峙亲莅点验,表示满意,对鲍也颇为信任,为其补充了经费和武器装备。鲍也要求刘多派青年军官来。1937年上半年,鲍旅开至南阳地区整训。不久,卢沟桥事变发生,全面抗战爆发。汤恩伯十三军与日军战于南口,国防部命鲍旅速开南口,归汤指挥。鲍部开到彭德时,十三军已先退此整补。汤以鲍旅官兵精壮、士气旺盛,但武器太差为借口,拟将该旅分散编入汤部八十九师,鲍刚任副师长,旅部及编余军官组成教导团。显然,汤要吃掉四十六旅,扩充自己的实力,引起全旅官兵强烈不满。鲍一面组织人向刘峙及何应钦、张治中请愿,要求全旅到前线抗日;一面对汤表示服从,但佯言下面反对,自己无力控制,借口忧急成疾,住进了医院。汤即命解除了该旅武装。在这紧急时刻,忽接到刘峙来电,言保定失守,我军撤退到石家庄,着鲍旅火速开往正定构筑阵地,阻击敌军,掩护大军转移,汤恩伯不得不把收缴的枪支退还鲍旅。

　　四十六旅到达正定后,归商震指挥。商把自己的部队部署在正定

鲍部渡河向石家庄转移

城核心防御阵地,令鲍部前出大沙河,部署在长寿、新安之线的前沿阵地。正定背靠滹沱河,前后方交通全靠铁路桥。10月初日军南犯,遭到廖运周团顽强抵抗,正面进攻5日未得逞,又向我右后方迂回。商令廖团转移到城东南小林湾村占领阵地,令辛少亭团入城增援。第7天,敌猛攻正定城,商令他的守城部队撤到滹沱河南岸,城内只留辛团和四十六旅旅部。敌炮摧毁了东北角城墙,同时以数十辆坦克进攻小林湾村阵地,战斗十分激烈,双方展开肉搏,伤亡惨重。但我阵地并未动摇。次日,日军突进城内,坦克也冲进小林湾村。辛团抢占了制高点,廖团登上房顶掷手榴弹和浇上汽油、点着火的棉被,炸、烧敌人的坦克,进行英勇抗击。黄昏,商令鲍部渡河向石家庄转移,因铁桥已被商下令破坏,只得泅渡,加之天黑,人马沉溺死伤者甚多,有的绕道灵寿境内才过了河。第十天在石家庄收容失散的队伍,鲍部仅剩1800多人,还有300名牵着牲口一直跟着给部队送饭、带路、抬伤病员的青年男女。当部队撤退时,这些青年的父母拉着官兵的手跪在地上,哭着要求把他们的孩子带去,以免惨遭日寇的杀害。哭者呼天抢地,闻者肝胆欲裂,青年们也都不愿意离开部队。

鲍部在石家庄集结后,旅参谋长吴实明电告南京:"鲍刚部固守正定完成任务,而伤亡殆尽。"但不久却接到军政部电令:"该旅既已伤亡殆尽,立即停发经费。"正定激战,商震在石家庄率两军一师,不仅不派兵配合鲍部,连炮火也不支援,却全师而还,退避河南。鲍刚率部守城有功,倒落得这个下场,这对他的思想是一次沉重打击。

联共抗日遭蒋暗算

10月下旬,鲍旅奉刘峙命令,退往武安、涉县休整待命,沿途收容国民党溃散官兵千余名。由于蒋介石消极抗日,当时很多国民党军队畏敌如虎,蜂拥后撤。鲍刚见此情景,极为愤怒地说:"我们不走了!让路给他们逃命吧!"有时遇到敌机俯冲扫射,一些学生军官躲到田里不敢走,鲍对他们说:"飞机有啥可怕。你的校长(指介石)呢?"他镇定自若的态度,感染了全旅官兵。

阎锡山要四十六旅扼守东阳关,加紧构筑阵地。鲍即命把东阳关到响堂铺的道路全部破坏,深沟高垒,断绝交通,受阎的嘉奖。后太原吃紧,汤恩伯奉命前往增援,途经东阳关时见道路不通,便破口大骂,并欲将鲍部仍划归他指挥。

在鲍部到达东阳关之前,八路军先遣分队和工作队已进驻黎城、东阳关等地。鲍部到达后,他们便主动和鲍旅廖团联系,到旅部开座谈会、联欢会,帮助筹饷,宣传《抗日救国十大纲领》。当时四十六旅的中共地下党员有廖运周、廖宜民、廖继绍、杨世忠、张察恩、李树荣、张铭山等同志,还有一些同情共产党的官兵,如鲍允超、戴汝昌、孙寿堂、闵金锡、刘顺亭等,他们和八路军来往较多。有的人便向鲍刚告状,鲍说:"你们同八路军开联欢会,不是比他们接触更多吗?现在是国共合作共同抗日,为什么要破坏团结呢?"

不久,孙殿英、靖仁秋(大康)参加阎锡山召开的军事会议,途经鲍处,鲍、孙、靖、廖等座谈团结抗日大计。他们走后,鲍刚前往八路军驻地参加一个会议,见到了前来参加座谈的朱德总司令,他报告了正定作战经过,受到朱德总司令的赞许。岂料这件事后来竟成了汤恩伯等辈陷害鲍的导火线。

12月23日,洛阳战区电令鲍部开赴河南焦作,整编为一一〇师(补充第二师），鲍刚调任 13 军副军长。1938 年元旦，一一〇师召开成立大会，张轸就任该师师长。几个月后由汤恩伯的亲信吴绍周接任。鲍旅编为该师三二八旅，旅长辛少亭，辖廖运周、鲍汝礼两个团。

是年 3 月，鲍刚调任汤恩伯 31 集团军高参，参加台儿庄会战。汤派他去十三军视察战况，他来到第一线阵地观察，炮弹不断落在身前身后，他依旧泰然自若，全然不顾。武汉会战时，鲍刚随汤部开赴江西、湖南参战，后调任湖南战区后勤部司令。次年 8 月，汤任命鲍刚为鄂豫皖边区总指挥。

鄂豫皖边区总指挥部辖洪显成（黄埔一期，当过蒋的侍从）、黄泳赞（黄埔三期，当过汤的副官长）等四个支队，后扩编为旅。鲍刚到任后，采用游击战术，化整为零，避强攻弱，迭挫日寇。他注意军纪，爱护百姓，颇受当地群众欢迎，因此队伍发展很快，后来达四、五万之众。此后，这支部队武器装备主要靠截击日军补充，屡打胜仗。

鲍治军一向很严，但语多刻薄，伤人感情。这就引起了一些人的嫉恨。有些旅、团长写信给蒋介石和汤恩伯，诬陷鲍刚军阀成性，谩骂领袖，并说他怀有野心，勾结新四军，要求派员接替他的职务。汤恩伯早有此心，于是假惺惺地征询鲍的意见，调任高参，免去了他的职务。鲍表示服从命令，但内心很不舒畅。

接替鲍刚职务的是陈某。陈到达湖北随县一个深山里时，邀鲍前往商谈交接事宜。陈表面上对他热情接待，大加吹捧，暗中却派人侦察他的言行。偏偏在这个时候，鲍写信给其旧部，勉励他们要奋勇杀敌，不要只求保存实力，并对调任高参一事流露了不满情绪。信中还说道，他在山西就认识朱德总司令，对八路军打胜仗感到高兴、钦佩，看到国民党军队节节溃败感到伤心、无助等。这件事被陈查知，陈即密报蒋、汤，蒋密电"伺机处置"。于是他们开始阴谋策划，必欲置鲍刚于死地。

1940 年 3 月间，蒋介石派鲍刚到前线督战。陈设宴为鲍刚饯行，并特地找了几个军、师长陪他打了一夜麻将。次日一早，陈为他准备了一

副担架,派一连人护送。上路后,一排人在前,两排人在后,均距鲍的担架半里之遥,鲍身边仅有几个随从人员跟着。由于一夜未眠,鲍疲乏已极,一上担架即沉沉睡去。离开陈的驻地二三里,鲍刚一行人进入一处三面环山、中间仅有一条山间小道的险要地带。山道口设有一个小茶棚,里面有几个身穿国民党军服,却没戴帽徽、臂章的人,架着一挺机枪。当随从人员发现后,刚要跑上前去询问时,罪恶的枪声响了,鲍和随从人员立即倒在血泊之中。只有一个随从李克绪(新中国成立后在郑州工作)落在后边,听到枪声响后,立即滚到山沟旁的高粱地里,幸免于难,其余人员全部罹难。一颗爱国将星就这样陨落了,人民永远不会忘记而深深怀念他。

(作者单位:寿县党史和地方志研究室)

翟宗文、石锦昭子:抗战中的跨国伉俪

翟光裕(翟宗文孙女)

翟宗文(1900—1957)安徽巢县人。1918年就读于芜湖萃文中学,五四运动爆发后,积极组织学生运动,被推举为学生联合会副会长,在历次学生运动斗争中始终站在最前列,成为芜湖出色的学生领袖。1922年加入了中国国民党。他积极发动抗日华侨参加孙中山先生领导的革命,还与中共早期开展地下党活动的夏衍与国民党右派作坚决斗争。1938年春,奔赴六安参加"抗日动委会"的筹建工作,并先后担任"抗日动委会"宣传部总干事和副部长等职。1938年11月,在中共地下党员武装护卫下接管了庐江县财权,担任县长。又联络新四军四支队歼灭了不抗日反共的庐江县原县长李志强,利用各种便利条件,掩护青年渡江参加新四军。新中国成立后,先后任芜湖商校校长、安徽省民政厅副厅长等职,1957年12月,因病逝世。

石锦昭子(1902—1985)日本千叶人,在日本明治大学医务室担任护士,于1927年与在该校学习的翟宗文结为伉俪,1929年随翟宗文来到中国,从此随翟宗文参加革命活动,1938年赴六安参加了"安徽抗日动委会",担任省动委会妇女委员,在省动委会召开的千人大会上作了揭露日本军国主义的罪行侵略的演讲,由于她是日本人,这次演讲影响很大。新中国成立后,她先后担任安徽省第四、第五、第六届政协委员,1985年4月在合肥病逝。

军阀怕这一批爱国青年继续反抗,将其派往日本留学。1922年冬,

翟宗文东渡日本留学,直至1929年秋回国。在日留学期间,翟宗文在政治上逐步接受了孙中山先生的三民主义,并和共产党人王步文等人团结一致,积极宣传孙中山先生的"联俄、联共、扶助农工"三大政策。他于1922年加入了中国国民党(后被蒋介石开除),兼任驻日总支部常务委员,发动抗日华侨参加孙中山领导的革命,得到孙中山先生高度赞扬并与其合影留念。在日本留学期间,曾和参加中共早期地下活动的中国著名作家、革命文艺领导人夏衍与国民党右派作坚决斗争(见夏衍回忆录《懒寻旧梦录》)。日本出兵山东,翟宗文积极组织在日留学生及华侨参与示威游行,抗议日本军国主义侵略行径。1929年秋留学回国后,与同盟会老成员朱蕴山、中共秘密党员周新民交往密切,参与了在上海中共地下组织的外围革命活动。

1923年,在日本明治大学学习期间,翟宗文认识了明治大学医务室护士石锦昭子,经过较长时间相处,彼此志同道合,互相爱慕,于1927年在东京结为伉俪。

1929年,石锦昭子随翟宗文来到中国,跟随翟宗文参加革命活动。到上海后,只能暂住他的革命老前辈同盟会成员朱蕴山家里,朱老不仅供给生活费用,还经常和他们聊天,畅谈革命道理,使其深受教育,获益匪浅。当时,石锦昭子对翟宗文不投靠国民党谋一官半职的高贵品质深感敬佩。她多次表示:"我是心甘情愿和你结成伴侣来到中国的,为革命事业,我能经受任何艰苦生活和你共同战斗。"翟宗文笑着回答:"患难与共,白头偕老。"1932年,蒋介石的特务密谋杀害翟宗文,幸得一位老友深夜冒险告急,他俩才及时安全转移至南京。事后翟宗文对她说,为革命随时都有牺牲可能,你怕不怕?石锦昭子斩钉截铁地说:"如果我贪生怕死,能和你来到中国吗?"在共同战斗中他俩的心贴得更紧了。

七七事变前夕,日本政府发出通令,凡侨居中国的日本人,一律要限期回国,否则作为叛国论处,石锦昭子蔑视这一通令,毅然留在中国。1938年春,翟宗文应朱蕴山、史恕卿、沈子修及中共地下党员周新民、张劲夫等同志电邀，奔赴六安参加"抗日动委会"的筹建工作，石锦昭子随行，翟宗文先后担任安徽省民众总动员委员会委员，兼宣传部总干事和副部长等职，积极投入抗日斗争，作出很大贡献。石锦昭子先后担任省动委会妇女工作委员，与中共党员孙以谨、刘芳等人共同战斗。在省动委会召开千人大会上作了演讲，演讲一结束，全场响起雷鸣般的掌声。由于她原是护士，经常为动委会地下党员和进步人士治病，又由于她是日本人，却以实际行动反对日本军国主义侵略行径，就格外引人注目，影响更大。

1938年11月，在中共地下组织的武装护卫下，翟宗文和随同赴任的中共党员陈国栋和史伯石、黄宗柏等，顺利地接管了庐江县政权，就任县长，并联络新四军4支队8团歼灭了不抗日却反共的庐江县长李志强部，开展锄奸和抗日总动员工作，打开了庐江县抗日局面。

1946年6月，翟宗文奉党的命令回到芜湖中学，与中共秘密党员唐晓光、顾训芳等关系密切，并积极参与中共地下组织的交通联络员和情报传递工作以至于被国民党特务机关以"通共"罪名列入暗杀黑名单。在此期间他积极和中共地下组织联系，鼓励广大青年投身中国革命，利用各种便利条件，掩护青年渡江北上参加新四军。

新中国成立后，翟宗文历任芜湖市关中学校长、芜湖商校校长、皖南行署委员、省土改委员会委员、皖南镇反委员会委员、安徽省人民政府委员、安徽省民政厅副厅长等职。1957年12月因病逝世。

新中国成立后，石锦昭子当选为安徽省第四、第五、第六届政协委员。1980年，她回日本探亲，在6个多月的时间内，她谢绝了亲友们挽留，又返回第二故乡中国，受到安徽省委书记张劲夫的接见，张劲夫赞扬她"您不愧是中国人民的亲密战友，您这种热爱中国共产党、热爱社会主义、热爱中国人民的高贵品质令人敬佩。"

1985年4月，石锦昭子在合肥病逝。

廖梓英：胸怀大义　勇于担当

管德宏

廖梓英（1889—1961），谱名传信，安徽淮南廖家湾人。幼时就读于家族学馆。早年加入同盟会，投身反清革命、讨袁斗争和北伐战争。曾支持柯庆施从事革命活动，掩护、救助多名革命青年。任涡阳县长时，积极支援彭雪枫创建抗日根据地。抗战胜利后，拒绝内战。一生从军、从政40余年，为国家，为民族，胸怀大义，勇于担当，敢作敢为，为人称道。1949年元月，国民党安徽省政府南迁，

廖梓英

被派"留守合肥，代理善后"，与合肥县长龚肇庆联手举行起义，促成合肥和平解放。

拜谒孙中山　结缘柯庆施

1906年夏，廖梓英与堂兄廖海粟等一起赴安庆，考入安徽新军第二期武备练军学堂，秘密加入同盟会。1908年秋，参加安庆马炮营起义；1911年4月参加广州起义，同年11月参加寿州起义。寿州光复，淮上国民军（简称淮上军）成立，任第十三营管带。1912年12月，淮上军改编为皖军第四师第七旅，廖梓英改任该旅第十四团二营营长。次年3月，孙中山发动"二次革命"，起兵讨袁，任命柏文蔚为苏皖讨袁联

军总司令。廖梓英投讨袁联军总司令部,任少校参谋,参加讨袁斗争。同年8月,讨袁失败,廖梓英遭通缉,流亡上海。廖梓英对孙中山先生仰慕已久。打听到孙中山先生住在上海莫里哀路10号,便常去拜谒。① 当时常去孙府者有廖仲恺、胡汉民、谢惠生、张济、田桐等。与先生零距离接触,聆听教诲,廖梓英深受教育和鼓舞,革命意志更加坚定。1921年,统治安徽达18年的反动军阀倪嗣冲病亡,张勋旧部张文生(江苏人)接任皖督,随带辫子军两个师驻皖,银饷给养完全由安徽地方提供。安徽人民不堪重负,叫苦不迭。这时,皖人许世英出任省长,主张裁军。廖梓英与袁家声、张树侯等回皖创办《新建设日报》,鼓吹裁汰辫子军,呼吁为安徽人民减负。特邀柯庆施(中共党员)帮助办报,担任副刊和国内新闻主编。其间,廖梓英与柯庆施交往密切,两人常促膝谈心,议论国是,自此结缘。次年,军阀马联甲接任皖督,许世英因坚持裁军,与马发生冲突,被迫辞职,《新建设日报》被查封。为免遭迫害,廖梓英、袁家声、张树侯再度流亡上海。不久,柯庆施也到上海,以黄包车夫身份作掩护,从事地下工作,每每被特务盯梢,便潜至法租界廖梓英家躲避。廖梓英不但加以掩护,还提供食宿。一些革命青年常来廖宅与柯庆施联系工作,接受任务。廖宅既是柯庆施的避风港和免费餐馆,也成了他从事革命工作的办公场所之一。

参加北伐　签名倒蒋

1924年秋,北洋军阀曹锟贿选总统,举国哗然,而皖督马联甲却竭力支持。原淮上军副总司令袁家声奉孙中山大元帅府建国军第二军军长柏文蔚指派,到淮上召集旧部,组建安徽讨马自治军,廖梓英踊跃参与,任第一团团长。马联甲下台后,讨马自治军由河南军务督办胡景翼收

---

① 见《百年淮南钩沉·廖梓英》自述,安徽文艺出版社2014年版。

编,改编为国民革命第二军第15混成旅,廖梓英任团长。1926年7月,北伐战争开始。廖梓英率部随军从河南永城出发北上,于8月间抵达北京西郊三家店,混成旅遭吴佩孚部4个师围攻。全旅官兵不畏强敌,突围南下,经过河北、山西、河南、安徽,到湖北省罗田县休整。1927年1月,混成旅被编为由柏文蔚任军长的第三十三军第一师,廖梓英仍任团长。同年3月,廖梓英率部随军再次参加北伐,讨伐占领寿县、正阳的奉系军阀残部杨树藩旅,激战两昼夜,将该旅全歼。后又进军山东,攻打军阀张宗昌部,回师安徽扫荡孙传芳残部,连战皆捷。

1927年4月12日,正值北伐战争节节胜利之际,蒋介石在上海发动反革命政变,清党反共,大肆屠杀共产党人和革命人士,血腥镇压工农运动。对于蒋介石倒行逆施,社会各界纷纷谴责。柏文蔚率三十三军营以上官佐,联名通电全国:宣布拥护孙中山先生"联俄、联共、扶助农工"三大政策,敦促蒋介石下野。廖梓英踊跃签名。迫于社会强大舆论压力,蒋介石于8月12日宣布下台。

援助革命志士　营救青年学子

1927年冬,廖梓英到上海办理军务。这时,上海仍在白色恐怖笼罩下。得知分别从南方各地辗转抵沪的孙一中、孙天放、许世华(光达)及族侄廖运泽、廖运周、廖多瀚,都是中共党员、南昌起义军官,一时未能与中共中央军委取得联系,衣着单薄,食宿困难,处境艰险,立即伸出援手,为他们办理"护照"(可免遭搜查),购置棉衣,安排食宿,并让廖运泽到霞飞路去拜见柏文蔚。适值柏文蔚被蒋介石免去三十三军军长职务,失去军权,心有不甘,准备创办学兵团,培养军事人才,伺机再起,见有一批黄埔出身的青年军官"送上门"来,不胜惊喜,遂采纳廖运泽建议,任命孙一中为学兵团团长,孙天放任副团长,廖运泽任教育长,廖运周、许世华等任教育副官。孙一中等与中央军委取得联系后获准,赴寿县为柏文蔚创办学兵团,从事兵运。

1928年秋,33军被缩编为师,原1师缩编为旅,廖梓英任副旅长,次年元月辞职住宁。不久,省立凤阳五中新任校长胡梦华利用中共叛徒陈辛农、张仲毅当助手,到校伊始,即扬言"要挖出隐蔽在五中的共党分子",不准学生参加社会活动,引起师生强烈不满。学生会主席王培德等,举行"声讨学阀胡梦华大会"。胡梦华竟向省政府和省教育厅密报,诬称"五中学生暴动,且有武器"。国民党当局调一营军队进驻凤阳县城,实行戒严,将五中包围,进行搜查。在未取得任何"暴动"证据的情况下,将王培德等22名学生逮捕,交省高院审判。省高院不能定罪,省主席陈调元密报蒋介石,蒋介石竟派其总司令部两名执法官来皖组织特别法庭,令凤阳驻军将被捕学生戴上脚镣手铐,押送安庆,接受军法会审。特别法庭也认为"此案无法认定暴动性质",仍交省高院审判。这时,廖梓英获悉,立即参与营救,四处奔走,仗义执言,并请柏文蔚等国民党元老出面干预,打通关节,多次与省民政厅长吴醒亚交涉,据理力争,结果省高院将其中14人无罪释放,但因有蒋介石干涉,仍以"宣传共产,实行赤化,颠覆民国政府"罪名判处王培德等8人有期徒刑1～6年不等。迫于社会舆论压力,民国政府于1930年6月,将所判学子全部"特赦"。

投身抗日　拒绝内战

1929年5月,廖梓英被省主席方振武委任为安庆警察局长,8月调任蚌埠警察局长。不料,9月间,蒋介石突然将方振武扣押,接着廖梓英被逮捕,押送南京军法处候审,幸得邵力子等极力营救,方得无罪开释。1930年初至1932年底,廖梓英在上海参与柏文蔚领导的倒蒋活动。失败后,迫于生计,经友人许世英介绍,于1933年初到江苏水上警务处,先后任南京下关和太湖水上警察队长。1937年5月辞官回乡,投身抗日,

协助本县(凤台)韩钧衡县长办理抗日动员工作。1938年2月,蚌埠、怀远相继沦陷,廖梓英回到廖家湾,与族弟廖明轩、廖元翘一起,召开廖氏家族会议,对全族老幼"进行抗日总动员",要求全族男女老幼继承发扬列祖列宗爱国传统,为抗日尽责尽力;赞扬廖运周追随方振武将军北上抗日,收复失地和保卫正定,浴血奋战的英雄壮举;力挺廖运升荣任安徽保8团团长,率部抗日,保家卫国;号召青壮年参军报国,全族青壮年报名参军,奔赴抗日前线者达百人以上,其中青年学子有23人投笔从戎,投考黄埔军官学校(含分校);告诫男女老幼不得叛逆,充当汉奸,否则全族共讨,开除族籍!

1939年5月,廖梓英奉命就任涡阳县长兼县自卫总队司令。因其履行过人,德高望重,人称廖公。这时,津浦路西许多重镇都已沦陷,日寇逼近,涡阳危急!面对强敌,廖公有心抵抗,无奈势单力薄,不免焦虑。幸而不久,新四军游击支队司令彭雪枫将军率部抵达涡北新兴集一带,创建抗日根据地。廖公闻讯,稍感宽慰。

其实,彭雪枫将军早在率部东进之前,对廖公就已有所了解,知其胸怀民族大义,坚持抗日,足可信赖。安营扎寨后,便令参谋任泊生进城,与廖公接洽,要求在城内设立联络处;为彭部伤兵医院和军械修理所提供场地;若部队给养无着,尽量给予筹济;日军来犯,互相援助。对彭部要求,廖公当即拍板,欣然应允。不到3天,即将联络处设在县府附近,将医院场地落实在城南三里黄庄,将军械修理所安置在涡河北岸。得知部队官兵经常以红薯干充饥,有时连红薯叶也吃不上,廖梓英便主动派县府工作人员廖多济(侄儿)和叶少甫(同乡、挚友)持公函到产粮区为部队采购粮食,从1939年秋到1940年春,累计为部队采购小麦2000多石、大米20万斤,并派民工送至部队驻地。廖公积极支持新四军创建抗日根据地的事迹,多次见诸《拂晓报》,被该报誉为民族英雄。廖公本人与彭雪枫将军也成了未曾谋面心照神交的朋友。

1940年春,李品仙接任省主席后不久,就电令廖梓英"攻打彭雪枫,并不准接济他任何给养"。廖梓英"觉得不能照办",不予理会也不复电。可是,不到一个月,李品仙再次来电,命令廖梓英"将彭部医院病伤官兵全部消灭,不准一人漏网","毁灭新四军制造厂,另外派部队攻击彭部根据地。待办理完毕后要具体汇报"。廖梓英接到此电,寝食难安,心里想"要是不办,自己担不起抗命的责任;要是照办,在大敌当前,不允许同室操戈,与日寇以可乘之机"。思之再三,认为"决不能遵命",自己"官可以不做,但人不能不做",于是"决定告病辞职",三天之内两次发电请辞。这时,彭雪枫获悉,打电话劝慰廖梓英不必辞职,告之自己已准备好将医院和修理所迁往别处。廖梓英辞意已决,于9月中旬挂冠而去。

留守合肥　迎接解放

1948年10月,廖梓英辞去省田粮处长职务后,被省主席夏威委任为第十行政区专员兼地区警备司令。专员公署原驻寿县,后移驻合肥。不久,省府南迁,廖梓英奉命留守合肥,"代理善后"。这时,国民党江北驻军总司令刘汝明的一个师仍驻合肥,刘汝明本人亦在合肥。廖梓英进驻合肥后,便与合肥县长龚肇庆"计议前程",两人不谋而合:"不去江南!"得知龚县长已和进驻肥东县梁园镇的解放军江淮军区宋日昌、郑抱真取得联系,廖梓英派堂弟廖传检(时任专署主任秘书兼视察主任)和龚县长一同秘密出城,到梁园镇与宋、郑进一步洽谈起义事宜。这时省府一连两次电令廖梓英率领省府所有留守人员、专署官员及县政府人员和地方武装"速去江南"。廖梓英虚与委蛇。其间,刘汝明拟聘请廖梓英为顾问,邀其"随同过江",廖梓英以守土有责为由,婉言拒绝。

1949年1月20日上午,得知刘汝明已率部过江,廖梓英立即约见龚县长,让其速派武装人员接防四个城门,并将城门封闭,派出巡逻队昼夜

巡查,以防坏人捣乱;亲自草拟告示,让县政府官员抄写三份,分别张贴于东、西两门和十字街口,以安定人心。接着又亲笔书写"封条",令人将安徽银行仓库(内存2000多包公粮及"国军"南京后勤部丢下的大量物资)封存,派兵看守,以免公物受损。下午4时许,获悉驻舒城一带的桂系某师移动至合肥90余里处,廖梓英立即请进城查探情况的解放军小分队领队齐平(某支队营教导员)打电话,向宋、郑首长报告,"要求大部队尽快进城",以免节外生枝。同时,让廖传检和龚县长一同出城迎接解放军进城。是日半夜时分,江淮军区大部队顺利进城。次日,廖梓英即向宋日昌、郑抱真移交印信,将所辖地方武装交宋、郑"点编"。合肥和平解放,江淮大地经济、政治、文化中心完好无损地回到了人民手中。随同廖梓英供职的廖氏族人、专署警备司令部上校参谋主任廖多淑和在专署工作的廖多维等10多人参加了解放军。

合肥和平解放后,皖北军区司令员曾希圣、皖北行署主任宋日昌为廖梓英安排工作,廖梓英以年事已高谢绝,坚持回乡安度晚年。回乡后,曾任淮南市政协委员。1961年病故,享年72岁。

(作者单位:淮南市新四军研究会田家庵区分会)

廖运泽:坚决"不与共产党兵戎相见"

管德宏

廖运泽(1903—1987),黄埔一期生。早年加入中共,参加北伐和南昌起义。后与党失联。但是,作为国军将领,始终坚持"不与共产党兵戎相见"。英勇抗日,任骑二军军长驻防阜阳时,指挥阜阳保卫战,决战决胜,独树一帜。抗战胜利后,与族兄廖运升一起,率新一一〇师举行义乌起义,后又与侯镜如将军一起,策动三一八师举行福州起义。

廖运泽

投奔黄埔　崭露头角

廖运泽(1903—1987),字汇川,淮南廖家湾人。父亲廖子宾,早年和族间八位兄弟加入同盟会,投身反清革命斗争。父辈们言必提"孙中山",廖运泽幼时"头脑中就清清楚楚地印上了孙中山这个伟大的名字"……

1920年春,廖运泽高小肄业即赴省城考入安庆职业工读学校(皮革科)。这时,五四爱国运动风起云涌,安庆学生热烈响应,廖运泽踊跃参加,成了安庆学运的组织者之一。1923年10月,省督军府调一个团的军队进驻安庆,准备镇压学生爱国运动,廖运泽被列入通缉名单。柯庆施

通知廖运泽离开安庆,建议他"到广州投奔孙中山,上黄埔军校"!廖运泽听到"孙中山"大名,"毫不犹豫地作出了关系自己一生道路和命运的决定",立即与同乡许继慎、曹渊、孙一中一行4人,投奔黄埔。1925年5月,经复试合格,廖运泽被编入一期步兵科第3队,与陈赓、侯镜如、杜聿明等同科同队。在开学典礼大会上,目睹孙中山先生的风采,聆听先生的演讲,廖运泽心潮澎湃,热血沸腾。

黄埔军校是第一次国共合作产物,校内各种政治势力不时较量,革命派和国民党右派之间摩擦不断。廖运泽加入了由中共黄埔特支领导的青年军人联合会,并成为其中的积极分子。其间,多次聆听周恩来演讲。周恩来还曾两次找他谈心,那语重心长的教诲,廖运泽直到晚年记忆犹新。经过7个月紧张严格的学习和训练,廖运泽成了一名优秀的青年军人,毕业后被分配到第二期学生总队担任教育副官,率队参加平乱和东征。后留在潮洲,参与筹建黄埔分校。1926年6月,经孙一中、曹渊介绍,廖运泽加入中国共产党。同年10月,北伐军攻占武汉及其以北长江沿线。年底,国民政府从广州迁到武汉。可是,蒋介石却将总司令部设在南昌,与武汉国民政府对峙。这时,潮州分校已停办。何应钦率部占领福建后,一连6次致电,要廖运泽将潮州分校毕业生带往福州。由于对武汉方面如火如荼的革命形势十分向往,廖运泽决定不去福州,应已在叶挺麾下的孙一中、许继慎来函相邀,于1927年1月,与分校二队队长徐锦源、三队队长杨德亮等一起,离开潮州,经广州北上,长途跋涉,历时半个多月,到达武汉。廖运泽被派到武汉分校第六期政治大队(大队长徐向前)任第四队队长。同年4月12日,蒋介石发动反革命政变。身为二十四师师长兼武汉卫戍司令的叶挺深感蒋介石窥视武汉,居心叵测。为应付突然事变,经与恽代英等研究,叶挺将分校五、六期入伍生和农民运动讲习所师生合编为中央独立师(师长侯连瀛,副师长杨树松,党代表恽代英),作为卫戍区总预备队。同时着手将一批优秀青年军官调到二十四师,以充实留守部队左派力量。不久,廖运泽便由邓演达下令调任二十四师七十二团副团长(团长许继慎)。

蒋介石叛变后,乘武汉兵力空虚,鼓动北伐军中投机革命的反动军官叛变,袭击武汉。5月15日,驻鄂南的独立第十四师师长夏斗寅,率4个团从沙市到咸宁乘火车向武汉进发。叶挺命令七十二团赴武昌以南40余里的纸坊,占领两侧高地,准备阻击。许、廖将指挥所设在一个破庙里。5月18日拂晓,叛军向七十二团发起猛攻,见正面进攻难以得逞,便调一个营的兵力迂回到七十二团阵地后面,将七十二团指挥所包围。情急之下,廖运泽提议:"冲出去!"许继慎紧了紧腰间的皮带,亲自打着团旗,对廖运泽说:"我如果牺牲了,你接旗!"说着俩人一起率领警卫排,冒着枪林弹雨冲向敌阵。敌人不知虚实,一时惊慌失措,纷纷掉头逃跑,敌阵大乱,伤亡惨重。许、廖率官兵乘势追击,夏逆率残部狼狈败逃。是役,廖运泽负轻伤,许继慎负重伤,两人均被送往汉口医院治疗。平叛后,七十二团奉命开往南昌。

南昌起义　夜袭敌营

1927年7月下旬,廖运泽伤愈赴南昌归队,许继慎伤势未愈被转往上海治疗。叶挺见廖运泽归来,大喜,让其仍到七十二团代理团长。这时,中共中央临时政治局常委会正准备举行武装起义,指挥部设在江西大旅社。起义时间定为8月1日凌晨4时。叶挺对七十二团下达的战斗任务是:将驻在贡院和新营房朱培德的第三军第二十三、二十四两个团缴械!廖运泽深知,以自己一个团的兵力缴敌军两个团的械,任务艰巨。为此,起义之前,他对敌团营房环境进行了仔细侦察,决定以4个连的兵力袭击敌二十三团,以一个营袭击敌二十四团,要求全团官兵克服麻痹轻敌思想和侥幸心理,做好充分准备,确保临机制胜。

8月1日凌晨1时许,廖运泽以夜行军演习为名,带领队伍悄悄迂回到敌营附近隐蔽待命。这时,突然接到指挥部紧急通知,因叛徒告密,起

义提前到凌晨2时举行。全团官兵屏气凝神只盼起义时间尽快到来。凌晨2时，两颗红色信号弹从江西大旅社腾空而起，早已匍匐移动到敌营哨兵附近的勇士们，以迅雷不及掩耳之势，将敌哨兵全部制服。后续官兵一拥而上，冲进敌营。时值炎夏，敌兵都在院子里铺席睡觉，身边没有武器，在睡梦中忽然被"冲杀声"惊醒，疑为神兵天降，惊慌失措，仓促应对，一个个没摸到枪就当了俘虏。敌人两个团就这样被廖运泽的一个团顺利缴械，廖运泽率领的七十二团大功告成。

与党失联　遗憾终身

南昌起义的枪声，震惊了反动派。蒋介石、汪精卫、唐生智、朱培德等"通力合作"，出兵"清剿"。为了保存革命力量，起义部队撤离南下。10月底，作为后卫的七十二团至海陆丰以北的汤坑附近时，被陈济棠、薛岳部重重包围，弹尽粮绝，通讯中断，伤亡惨重，廖运泽等被打散，与上级失去联系。是年冬，廖运泽辗转到达上海。1928年初，与孙一中等到寿县为柏文蔚创办学兵团，从事兵运，同年5月到廖家湾参加农运，后因身份暴露被迫撤离。迫于生计，1929年初，廖运泽到无锡找当年辛亥革命时叔伯们的老上级，时任由三十三军第一师改编的新五旅旅长袁家声（子金）求助，在袁处落脚当了营长。由于"对国家的前途所向没有认真考虑过"，"主观上没有做出正确抉择，客观上所在部队数度改编，驻地调动频繁"，而许多在共产党军队中的同学"或在根据地'肃反'中被杀害，或在战争中牺牲"，致使廖运泽从此"在组织上与党失去联系"。对此，廖运泽后来一直深感内疚，难以释怀。作为国军将领，只能"始终遵循着一条原则：绝不做直接有损于共产党的事，尤其要避免与共产党军队兵戎相见"，如有机会，对党的军队"尽量给予帮助"，以此弥补自己的过失。

1931年至1938年，廖运泽先后任"国军"九十五师二八三旅团长、补充旅旅长、二十四师副师长等职。其间曾率部抗日,参加台儿庄战役、随枣战役。1939年初,调任国共合作创办的南岳(衡山)游击干部训练班学员总队副队长。这时,叶剑英任游干班副教育长,游干班课程都由中共派来的党员执教。廖运泽对叶剑英和教员们的工作,尽力给予帮助。同时,廖运泽还利用大部分晚上和节假日,协助叶剑英去衡山地区开展民众工作。春节到来时,用自己的钱买了几包糕点、茶食等拿到叶剑英的住处,俩人一起度过了一个愉快的除夕。游干班第一期结束后,廖运泽被调到湘北平江第九十二军第二十一师,任副师长。

拒绝内战　坚持抗日

1941年春,二十一师随九十二军调到皖北后,廖运泽调任暂编十四师师长,率部驻防阜阳,兼任阜阳警备司令。这时日军已占领津浦、陇海(东段)两大铁路运输线及其沿线重镇,对阜阳虎视眈眈。廖运泽以守土为责,积极备战,严阵以待。

1942年,抗日战争进入极端困难时期。大敌当前,国难当头,可是蒋介石仍不顾国家存亡,拟定了进攻山东解放区的计划,擢升李仙洲为第28集团军总司令,并以山东省主席一职相许,令其率部进军山东,攻打八路军。李仙洲与廖运泽为黄埔一期同学,且"多年共事,私交甚厚"。为壮大实力,以求入鲁行满功成,多次以老同学身份力劝廖运泽率部随其入鲁,廖运泽不为所动,以各种托词"谢绝",坚持驻防阜阳,决心与阜阳共存亡!

1943年7月,廖运泽接任骑二军军长,下辖骑三师(师长徐长熙)、骑八师(师长马步康)、一一七师(师长廖运升)、暂编十四师(师长李鸿慈)以及后来划入的第十三师(师长洪显成)。

1944年4月24日,日军第六十五师团太田米雄部、骑四旅藤田部及汪伪花其望部,配有炮兵、骑兵、空军共数千人,从寿县、正阳一线渡河开始进犯阜阳。廖运泽率部奋勇抵抗。由于准备充分,指挥得当,士气高

涨，激战至 5 月 10 日，共歼敌 1000 余人，击毙日军六十五师团参谋长重松正义，击落日机一架，击沉日汽艇 19 艘，迫使日伪军"全线撤退"到淮河以南，再未进犯。是役廖部亦伤亡近千人，骑八师副师长卢广伟壮烈殉国。阜阳寸土未失，这是皖西北地区抗战以来一次最大的胜利。在平汉线上其他"国军"节节败退之际，"阜阳保卫战的胜利，无疑产生了一些鼓舞人心的作用"。所以当时国民党《中央日报》《扫荡报》等"都用头版头条报道了这一消息"。

义乌起义　羊城脱险

1945 年 8 月，日本宣布投降后，蒋介石将骑八师调回青海，将一一七师改编为一一七旅，令廖运升率领开往徐州防戍，划归整编五七一师指挥；将骑二军缩编为骑二师，令廖运泽率领开往山东参加对日受降。骑二师到达济南地区后，蒋介石又将其扩充，改编为九十六军，仍由廖运泽任军长。

1946 年 5 月，在一次军事会议上，廖运泽得知，蒋介石在表面上与共产党维持"和谈"，实际上正准备大举进攻解放区。廖运泽深感忧虑。为避免陷入内战深渊，廖运泽辞职，"挂一个陆军总司令部高参的头衔"回南京闲居。1948 年夏，时任国民政府委员的同乡吴忠信劝其出山带兵。廖运泽思忖：此时如能掌握一部分军队，伺机起义，促成蒋家王朝早些瓦解，对国家对人民都有好处，同时也可使自己多年来对党的愧疚之情得以释怀。10 月间，由吴忠信斡旋，经蒋介石批示，参谋总长顾祝同很快批准成立第八绥靖区颍上指挥所，任命廖运泽为该区副司令长官兼指挥所主任，并指定将指挥所设在正阳关。为了建立一支由自己掌控的军队，廖运泽报经国防部批准成立暂编第一纵队，廖运泽任纵队司令，推荐廖运升充任副司令。弟兄俩将皖北地区一些保安团及地方杂牌部队和零星武装，编成 5 个团，分驻寿、凤一带。

队伍编定,弟兄俩便着手作起义准备。通过凤台县参议员进步人士张明诚与中共地下组织党接触,致函中共凤台县副县长、廖运升昔日同窗吴云,希望他帮助与解放军取得联系。12月底,华野派朱怀明(化名李学明)来到淮上,传达中野首长(刘、邓)要求就地起义,以支援解放军渡江的指示,双方约定了今后联系的人员、地点和方式。与解放军取得联系后,弟兄俩便忙着制定起义方案。不料,这时廖运泽突然收到蒋介石密电:"廖运周已投敌,速回宁!"廖运泽担心如不从命,一纵有被攻击和缴械的可能,因此不得不离开部队回南京,以掩人耳目。与此同时,国防部一日数电,催促一纵南下。1949年元月,一纵抵达芜湖时被改为暂编第一师,廖运升改任师长,隶属第15绥靖区。廖运泽调任第15绥靖区副司令。4月初,暂一师至临安时,又被改编为一一〇师,仍由廖运升任师长,划归八十五军序列。一一〇师这个番号原为廖运周起义时部队番号,此时蒋介石又将这个番号交给廖氏兄弟,其用心叵测,既堪玩味,又颇滑稽。而这时,廖运泽又被调任衢州编练指挥部副司令。因此时已"无编无练",廖运泽便到苏州亲戚家暂住,等待廖运升消息。

1949年元月中旬,廖运升率一一〇师到达杭州后,立即派人将廖运泽接到杭州,商量起义行动。5月2日拂晓,部队抵达义乌后,弟兄俩决定就地起义。不料,当天上午,驻在金华的八十军军长吴求剑派高参李英伯带着一个少校参谋和一连工兵,押着一列火车来到义乌,声称奉命带领一一〇师所有军官家属乘车南下福建。弟兄俩认定,这"显然是要把家属运走作为人质,以牵制部队行动",便以各种借口推托不允。李英伯无奈,只好落空而回。可是第二天,第六兵团司令李延年又来电话,声称自己已奉命将一一〇师收归编内指挥,并命令:"一一〇师官兵立即做好南撤准备,待火车到达时乘车前往金华。违令军法处置!"情急之下,弟兄俩决定,待火车开来时,让工兵往车上搬运一些无关紧要的军械和其他物资,以示南撤"诚意",然后由廖运泽偕家眷登车南下,以迷惑敌人。当天下午4时,火车一到金华,廖运泽即偕家眷改乘开往广州的列

车。但在黄昏时分到达广州后，刚到一家旅馆落脚，就看到报纸上已登载国防部《通缉令》，通缉自己和廖运升，并附两人照片。廖运泽知道义乌起义已经成功，心中暗喜，但自己在广州已不能滞留，于是立即离开旅馆，前往时住广州的运升妹婿程东旭家里隐藏。次日清晨即换上便衣，稍事化装，偕家眷由时在广州任国防部第三厅副厅长的内侄女婿周云繁少将驾车送往机场，搭上去香港的班机。……

1952年夏，廖运泽回到内地，定居南京，加入民革，曾任民革江苏省主委、江苏省政协副主席、江苏省人大常委会副主任等职。1987年9月不幸病逝，享年84岁。

（作者单位：淮南市新四军研究会田家庵区分会）

廖运升:坚持"枪口一致对外"的将领

管德宏

廖运升(1901—1981),黄埔四期生。早年参加北伐战争,曾因参与反蒋活动遭通缉。全面抗战爆发后,率安徽保八团转战于巢县、霍山一带,重创日军。任一一七师师长驻防阜阳时,率部参加阜阳保卫战,获"厥功甚大"评誉。作为国军将领,始终与新四军为友,坚持"枪口一致对外"。1949年元月,与族弟廖运泽一起,率新一一〇师举行义乌起义。

廖运升

从军报国　步履维艰

廖运升,字中平,安徽淮南廖家湾人。父亲廖润斋,早年与族间廖海粟等八位兄弟一起加入同盟会,投身反清革命斗争。"廖氏辛亥九兄弟"闻名淮上。在父辈们的影响下,廖运升从少年时起就受到民主革命的熏陶,朦胧地懂得了一些救国救民的道理。

廖运升幼时聪颖好学,先后就读于本村私塾、怀远含美中学、南京成美中学,品学兼优。但在含美和成美,均因参加学生爱国运动,遭到校方"点名批评",被迫中途退学。1925年冬考入黄埔军官学校(四期,

步科）。其间,因步枪射击和前卫遭遇战模拟演习成绩优异,受到表彰。毕业后被分配到武汉分校（黄埔）第六期入伍生团第一连任副连长,不久,调任北伐军总部宪兵三团一连任中尉排长。1927年4月中旬,因对蒋介石叛变革命"感到难以理解",与拥护蒋介石的连长袁家佩意见相左,不时争执,决意离开宪兵团。听说柏文蔚率三十三军进驻安庆,遂于5月初的一天晚上,连夜投奔,被编入政治部任上尉干事。但他渴望参加实战,不久便被调任第一师第二团第一营副营长,先后在舒城、六安、合肥、蚌埠等地,参加与军阀孙传芳部的战斗。由于英勇善战,很快被提升为少校营长,率部随军沿津浦路追击孙传芳残部,直至山东滕县附近。1928年3月,柏文蔚被蒋介石解职,三十三军遭"肢解",官佐大都被裁遣,廖运升被列入"编余人员名单",只好回家住闲。同年秋,廖运升获悉,在各地赋闲的黄埔学生,可到南京黄埔同学会"登记","谋一份工作"。可是,到南京"登记"时,却发现自己竟被列入"有CP（共产党）嫌疑人名单",须有10人以上作保,否则不予"登记",还可能被捕。所谓"登记",安排工作,原来又是"清党"！一怒之下,廖运升不再参加"登记"。这时,廖运升得知,方振武将军率第六路军驻北平,便径自前往,被委任为第四十一军参谋,1929年夏调任鲍刚部六七〇团连长。1929年夏,方振武被蒋介石骗至南京扣押。为营救方振武,鲍刚、余亚农分别在芜湖、安庆发动兵变。廖运升参加了鲍刚召开的部署兵变军官会议,受命担任联络任务。兵变失败,所有参加兵变的官佐遭通缉,廖运升逃往上海法租界避难。

1930年初,廖运升回乡协助岳相如召集旧部,组建反蒋武装,拉起了一支约3000人的队伍,可是既无粮饷,又无装备,最终只好散伙。1932年秋,应同学常持青之邀,就任安徽暂编二旅二团一营副营长、营长,不久得知该旅主要任务竟是"防共剿共",毅然辞职。回乡后,受邀担任本县保安大队副大队长,发现该大队既不保境,又不安民,只是敲诈百姓,骚扰地方,愤然离队,回家种地！

组织武装　投身抗日

1931年九一八事变爆发,民族危亡在即,廖运升忧心忡忡,渴望掌握一支武装,投身抗日,保家卫国,遂赴河南投独立第四十旅,任中校参谋。后该旅改编为第九十五师二八三旅,廖运升改任团长。1937年,卢沟桥事变爆发,全面抗战开始。安徽省政府拟组建八个保安团,以壮大地方抗日武装。经皖界人士推荐,廖运升被召回皖,组建保安团。按照省府部署,将沿江一带几个县的自卫队收编,又将从南京溃败下来的一些"国军"官兵收容,并接收从淮上投奔来的一批热血青年,共召集2000余人,编成3个营,每营4个连,任命胡敬孚、林立传、黄家鹄分别担任一、二、三营营长。1938年春,安徽保八团在芜湖宣告成立。

保八团成立不久,就开始迎战日军。虽然武器不精、粮饷拮据,困难重重,但士气旺盛,在廖运升率领下,先后在庐江、无为、和县、含山、巢县、桐城、霍山等地重创日军,显示了较强的战斗力。据《安徽概览·抗战篇》记载,1938年至1939年,保八团在皖中阻击日军,累计歼敌1000余人,并致敌损失4艘舰艇和大量车马,其战绩曾屡见报端。

廖运升始终坚持与新四军团结合作,共同抗日。他对共产党倡导的抗日民族统一战线衷心拥护,经常告诫部下:"大敌当前,杀敌报国是军人本分,不管是国民党还是共产党,只要打鬼子就都是好兄弟。"1938年夏,在巢县驻防时,廖运升要求部下对新四军官兵从银屏山区来境内采购物资,尽量提供方便,不得干扰、阻拦。一次,获悉日伪军准备袭击银屏山区新四军游击队根据地,立即派自己的勤务兵连夜将情报递交游击队首长。1939年春率部抵达霍山落儿岭时,立即派人与当地中共地下组织和新四军游击队联络,以便互相照应。不久移防金寨(时称立煌,为省府临时所在地)。6月间,省抗日动员委员会派一支由10余人组成的抗日宣传队,到该地宣传抗日。廖运升热情欢迎,积极配合。看到有些队

员将进步报刊和毛泽东的著作带到保八团,让官兵传阅,廖运升从不制止。不料,1940年1月,李品仙主皖不久,即下令攻打新四军,改组动委会,解散抗日宣传队,并准备抓捕宣传抗日的进步青年。廖运升十分不满,为防不测,让宣传队及时转移。宣传队长李新告别时,坦承自己是中共党员,身份已经暴露,希望能有一支手枪自卫。廖运升二话没说,当即赠送给他一支驳壳枪,还给了一些子弹和3块银圆,并派警卫员一直将他护送到安全地区。

不久,保八团就被编入桂系部队,廖运升被调任省保安处参谋,后又被调任皖南行署警卫处长。此时桂系"一统安徽",廖运升有职无权,无事可做,"只得天天打麻将消磨时间"。1941年1月,皖南事变爆发。目睹国民党顽固派不御外辱,反启内战,血腥屠杀抗日爱国的新四军,廖运升深为国家前途、民族命运担忧,万般无奈,愤然辞职,在金寨三里湾山坡上购买4间茅屋,过起了"隐居生活"。"但他人在茅屋,心在抗日前线,时时梦想重返军队,到杀敌报国的最前线去"。

保卫阜阳　厥功甚大

1941年底,经廖运泽和王仲廉介绍,廖运升被汤恩伯委任为第31集团军干训班上校总队副,不久改任党政大队第一大队大队长。这时,汤恩伯拟组建十几个挺进游击纵队。廖运升乘机要求到部队带兵,被汤调任为第5纵队少将司令。挺进纵队相当于师的编制。廖运升将蒙城一带地方团队和原抗日自卫军第四路军部分官兵收编,成立3个团。不久,5纵改为8纵。1943年2月,又改编为一一七师,划归九十二军序列。7月,廖运泽接任骑2军军长,驻防阜阳,兼阜阳警备司令,117师划归骑2军指挥。1944年4月,为打通平汉线,控制潼关以东陇海铁路,日军发动中原战役,并在皖北实施牵制性进攻,企图占领阜阳。廖运升奉命参加阜阳保卫战,按照廖运泽统一部署,率部在阜阳、颍上等地作战,不分昼夜袭击敌占各据点,牵制日伪军大量兵力,并击沉日汽艇15艘,使敌给养屡屡受阻。阜阳保卫战结束后,廖运升获"厥功甚大"评誉。

廖运升再次领军抗日,仍以新四军为友,坚持"枪口一致对外"。1944年秋,汤恩伯对彭雪枫将军率部从津浦路西进,从日寇铁蹄下收复苏皖豫大片失地,不但不予配合和支持,反而下令所部进行阻拦、破坏。对汤恩伯的指令,廖运升极度反感,敷衍搪塞。对涡北地区的新四军游击队仍直接或间接给予支持。当部下有人报告游击队采购员到涡河南岸来采购物品,要求采取行动时,廖运升答复说:"他们都是中国人,都要穿衣吃饭,只要不过来打我们,我们也少管这种事。"一天晚上,有个军官跑到司令部来报告说:"有新四军密探过河来了!"廖运升把脸一沉,严厉地责问道:"你怎么知道的?!"吓得那个军官张口结舌,再也不敢说话了。一天,廖运升获悉日军准备进攻蒙城,立即派副官化装过河给新四军送信。当年,作为国军的一一七师与新四军一河之隔,历时一年多,常有接触,但双方一直友好相处。

1945年8月,日本投降后,一一七师被改编为一一七旅,奉命开往徐州防戍,划归整编五十七师指挥,廖运升改任该师副师长。1947年5月上旬,蒋介石以数十万大军向山东解放区发动进攻,为退出内战,廖运升托词请长假回家住闲。

淮上建军　待时而动

1948年夏,解放战争以破竹之势迅猛推进,国民党军队已被歼灭300多万,兵源不足成为蒋介石最头痛的问题之一。这时,国民政府委员、安徽省原主席吴忠信建议廖运泽出山。为了掌握一支军队,伺机起义,廖运泽和廖运升商量决定,接受建议。经吴忠信斡旋,蒋介石批示,参谋总长顾祝同很快批准成立第八绥靖区颍上指挥所。任命廖运泽为该区副司令长官兼指挥所主任,并指定将指挥所设在正阳关。为了能真

正掌握一支靠得住的部队,同年10月,廖运泽报经国防部批准,成立暂编第一纵队,廖运泽兼任纵队司令,廖运升充任副司令。兄弟俩将皖北地区一些保安团及地方杂牌军和零星武装收编,共5000余人,组建5个团(后来增加到7个团,总人数近万人)。

队伍编定,兄弟俩即着手为起义作准备。通过凤台县参议员张明诚与地下党组织接触,致函昔日同窗吴云,希望帮助与解放军取得联系。12月底,华野派朱怀明(化名李学明)来到淮上,邀廖运升在正阳关枸杞园一座旧炮楼上见面会谈。朱怀明传达了中野刘、邓首长要求一纵就地起义,以支援解放军渡江的指示,廖运升表示:"一切听从中野首长安排。"双方约定,今后一纵由高参张作六(名庆瑞)作代表,负责与朱联系,并确定了联系的地点和方式。一纵架设专用电话,以便起义时与解放军联络。

与解放军取得联系后,兄弟俩便忙着制定起义计划。不料,这时,一纵一日几次收到国民党国防部催促南下的电令,同时,廖运泽收到蒋介石密电:"廖运周已投敌,速回宁!"兄弟俩担心,对蒋介石电令如不执行,一纵可能会遭攻击和缴械。廖运泽只得回宁,以掩人耳目,就地起义计划实施的重担完全落到廖运升肩上。

为了拖延南下时间,等待解放军首长答复,廖运升将司令部移驻寿县古城,做出准备南下姿态。接着又以为女儿筹办婚事为由,滞留不动。不久,朱怀明返回,传达刘、邓首长新的指示:"如起义条件不成熟,就不要急于起义,要设法保护淮南煤矿不遭破坏。"其实矿区近日已派工程师路景才等前来告急,称刘汝明部已从南京将一车皮炸药运到淮南矿区,该部撤走时将炸毁煤矿、电厂。这时,廖运升也正在为这事焦急不安。根据刘、邓新的指示精神,廖运升于1949年元月初前往田家庵,在"爽园"澡堂后面的镇公所,召集当地商会及矿务处和矿警队负责人开会,商量护矿事宜。鉴于淮南矿区属于刘汝明防区,一纵不便直接插手,而此时各矿(厂)均已建立护矿(厂)队,且已武装,会议决定,以第八绥靖区名义,将矿警队负责人和各个护矿(厂)队队长分别委以一纵副司令和团长,以抵制刘汝明部对煤矿、电厂的控制。同时派人到淮河北岸与共产党游击队联系,约定一旦一纵撤离南下,游击队即开进来对矿区实行控制。后来,一纵虽然南下,但是由于矿区地下党组织和多方努力,刘汝明部破坏淮南煤矿的罪恶阴谋未能得逞。

义乌智斗　克敌制胜

1949年元月中旬,一纵南下抵达芜湖时,被改为暂编第一师,隶属第15绥靖区,廖运升改任师长;廖运泽调任第15绥靖区副司令。4月初暂一师至临安时又被改编为一一〇师,仍由廖运升任师长,划归八十五军序列(蒋介石这时又将廖运周起义时的部队番号给了廖氏将领,耐人寻味)。廖运泽被调任衢州编练指挥所副司令,此时,国军纷纷溃逃,无编无练,廖运泽便到苏州亲戚家暂住,等待廖运升消息。

4月中旬,廖运升率一一〇师到达杭州后,立即派人将廖运泽接到杭州,商量起义大计。5月2日拂晓廖运升率一一〇师抵达义乌。兄弟俩决定就地起义。不料,当天上午,驻在金华的八十五军军长吴求剑就派高参李英伯,带着一个少校参谋和一连工兵,押着一列火车来到义乌,声称奉命要将一一〇师军官家属全部送往福建。显然,这是要将家属作为人质,以控制一一〇师的行动。因此,尽管李英伯以"执行命令"为由,一再催促,兄弟俩始终以钱粮筹措不及等为由,按兵不动。李英伯无奈,只好落空而返。吴求剑十分恼火,报告第六兵团司令李延年,称:"一一〇师可能异变!"5月3日,李延年亲自打电话给廖运升,声称:一一〇师已划归他指挥,马上派火车来接运,待火车到达时,要立即登车南下,"违命将受军法处置"。就地起义,事不宜迟! 兄弟俩立即行动:召集支持起义的军官进行部署;派人与浙西游击队联系;命令工兵切断所有对外电话线,扒断通往杭州方向的铁轨;将专署和县政府、县公安局武装缴械;将各部非急用物资和废弃物资运往火车站,命令各部晚饭后一律轻装向指定地点黄宅

转移。傍晚时分,当接运列车到达时,廖运升一边指挥士兵将一些"物资"往车上搬运;一边安排一桌丰盛的晚餐款待前来接运的几个参谋。待几个参谋一个个醉意矇眬时,在夜幕笼罩下,廖运泽故意当着他们的面,带着家属去登车,使他们误以为一一〇师全体官兵已"遵命"登车……

5月4日拂晓,廖运升率一一〇师从黄宅出发向浙西开拔。其间廖运升曾两次遇险,一次是开拔之前在起义动员会上,一次是在开拔途中,两次都有顽固分子举枪对准廖运升,所幸凶手都被及时制服。

其实,鲜为人知的还有,义乌起义从淮上筹划到义乌实行,就一直是在国民党军统特务"监视"下进行的。廖运周起义后,军统局就密令安徽站站长唐玉昆派特务刘惠生携带电台、助手到一纵执行监视任务。可是,让军统局始料不及的是,刘惠生是阜阳人,在抗战时期与廖运升曾有过一段交往。到一纵后,廖运泽、廖运升兄弟俩,虽然知其"来意",但仍热情相待,并注意做他的工作,经常与他谈论形势和前途,还委任他为中校参谋,在生活上对他多方照顾,使他很受感动,逐渐与廖氏兄弟建立了友谊。因此,他虽然多次察觉到廖氏兄弟有"不轨"行动,但从不向上级报告。相反,凡是与上级往来电讯,他都与廖氏兄弟通气。军统局下令调查廖运泽、廖运升与廖运周有无联系,他也以"查无联系"回电。刘惠生从多方面对廖氏兄弟的"不轨"行动加以掩护和配合,不仅避免了在部队中乱抓、乱捕,使部队情绪得以稳定,廖氏兄弟与地下党和解放军的联系工作也从未发生意外情况。不仅如此,刘惠生后来还利用自己的特殊身份,为起义准备做了不少工作,直到随军参加起义。新的一一〇师起义后,受到赶来接应的解放军二野十二军三十五师师长李德生率领指战员热烈欢迎。

新中国成立后,廖运升定居南京,历任南京市城建局副局长、局长,民革南京市委常委,南京市人大常委会副主任等职,为祖国社会主义建设和统一大业作出重要贡献。1981年8月因病逝世,享年80岁。

(作者单位:淮南市新四军研究会田家庵区分会)

廖传枢：郫县起义步坦途

管德宏

廖传枢（1910—1987），黄埔六期生。卢沟桥事变爆发后，投身抗战，因功从（炮兵）少尉服务生，一路迁升，直至军参谋长。抗战胜利后，蒋介石发动内战，节节败退。廖传枢所在的十五军隶属于二十六兵团。1949 年 12 月，二十六兵团败退至四川省郫县时，廖传枢策动兵团司令陈克非通电起义，并代替军长刘平签名。起义如期举行。

廖传枢

廖传枢，字百亨，号震辉，1910 年生，安徽淮南廖家湾人。1915 年至 1921 年先后在村塾和小学读书。1922 年考入怀远含美中学。该校由长老会和圣公会联合创办。因校长赖尔慈（美国人）实行奴化教育，如要中国学生呼喊"美利坚万岁"等，非常反感，廖传枢只读了一年就自动退学。1924 年春，廖传枢赴南京考入陶行知先生创办的安徽公学，插班上初中二年级。后来读高中时，又因家庭经济困难，无力支持，只读了两年就辍学回家。

1928 年春，廖传枢考入黄埔军校六期炮科。翌年 11 月毕业，分配到江宁要塞司令部任少尉服务员，不久升任守备营中尉排长。1931 年初调任杭州炮兵四团观测排排长。这时，士兵逃风甚炽，连、排长常为此而苦恼。廖传枢注意观察，寻找解决办法，每天操课亲自讲授，通观车是从日

本买来,没有《操典》,也未做过制式教练。廖传枢边操边记,很快编成《操典草案》,形成制式教练,士兵对操练感到很有兴趣。平时和士兵打成一片,阴雨天不能操练,就教士兵学文化。晚上常与士兵叙家常,讲故事。这样,安定了军心,士兵学习有进步,逃风日渐消弭。廖传枢带兵有方,受到团长孔庆桂表扬。1931年7月,廖传枢晋升连长。然而,让廖传枢怎么也想不到的是,自己兢兢业业,尽职尽责,受到士兵拥护,可是只干了半年,1931年初,竟因为对炮兵实弹射击训练提出改进意见,忤怒了刘营长,被以"藐视长官"为由撤了职。1933年底,"撤职令追到",廖传枢愤愤不平地"携眷返里"。

　　1934年7月,廖传枢应时驻保定的陆军第二师炮兵营同学虞孝冰、丁镇东之邀前往,由师长黄杰面试,以上尉副营长任用。是年冬,到南京炮兵学校上尉班学习,专修炮兵射击,历时5个月。1935年春,日本帝国主义要挟蒋介石将中国军队撤离华北,第二师移驻徐州。未几,师长黄杰奉命组织"旅行团",到台儿庄周围地区作地形考察,为在徐州近郊构筑钢筋水泥工事,作抗战准备。"旅行团"由几个步兵团副团长和师部两个参谋组成,师上校参谋聂松溪任团长。临行时,聂松溪发觉没有炮兵营官佐参加不妥。炮兵营便临时派廖传枢充数。侦察时,廖传枢认为自己级别最低,只是个配角,没有作记录。不料,侦察结束时,聂松溪要求每个人都要拿出侦察报告。廖传枢只好硬着头皮,开夜车,凭记忆赶写应付,告辞回营。可是,让他没有料到的是,他赶写的那个《台儿庄周围地区作战地形考察报告》,3个月后,竟被南京军政部下达的文件,一字不漏地全文照发,并责成第二师参照廖传枢撰写的《考察报告》,在台儿庄一带构筑保卫徐州的国防工事。

　　1937年7月,卢沟桥的炮声震惊了神州大地,全面抗战的一天终于到来了。这时,廖传枢任第二师炮兵营一连连长。7月底,第二师奉命北上抗日,8月5日到达保定附近集结,与二十五师合编为五十二军,军长由关麟征升兼。8月30日,炮兵营被卫立煌借调到该部"暂用"。10月初,炮兵营抵达太原以北黄土岭附近刘庄阵地,配合十四军八十三师、八十五师,参加忻口战役。廖传枢指挥8门山炮参战,激战两个多星期,8门山炮打炸了5门(后阎锡山予以补充),共发炮弹1万余发。是役初显廖传枢指挥才能。山地作战,尤其在黄土高原,地形复杂,炮战难以直接观察到炮击效果。廖传枢命令全连官兵,凡是敌炮击到我方炮位,一定拼命反击,绝不能停止射击。如此使敌人误认,没有成效而改变射击单元。待敌炮击离开我方炮位时,他又命令各炮立刻停止炮击,使敌人再度误认为击中了我炮位,以致快速发炮,白白浪费了大量炮弹,而我方则可以逸待劳,以利再战。廖传枢将此经验告诉兄弟连队,兄弟连队纷纷效仿。敌军进攻时用坦克掩护步兵冲锋,给我防守造成极大威胁。廖传枢命令炮手缩小射击角度,用"平射法"打击敌人坦克,果然有效,一举摧毁敌坦克两辆,有效支援了步兵防守,廖传枢受到上级嘉奖。11月21日,炮兵营奉命埋炮撤退,廖传枢爱炮如命,不忍丢弃,便和战士们一起,将炮拆散,人挑肩扛翻越吕梁山转移到汾阳。由于在忻口作战有功,加之先前曾撰写《台儿庄周围地区作战地形考察报告》,1938年3月,廖传枢晋升师部参谋处少校参谋。不久,部队奉命开赴临城支援正对日苦战的川军。途中得知临城失陷,复受命开往峄县、枣庄地区,抄袭临沂西进之敌。3月23日,到达傅山口北麓半山村,廖传枢到营外查看警戒情况,发现营地西北约1000米处的利曾村有日寇开来,立即跑步返回,命令十一团陈营长迅速率部占领正面高地,阻止敌人前进。复向师长、参谋长报告,参谋长急令邓旅长率部占领傅山口南北高地,进行阻击,终将来犯日军击退。此后,台儿庄战役进入大规模反攻阶段。一次,第二师追敌到峄县以东的九山,敌寇踞山顽抗,廖传枢随参谋长到二旅督战,亲冒矢雨,猛攻山头,激战一昼夜,将日军击败,夺下山头。4月17日,第二师奉命转移到邳县燕子河右翼连防山口,廖传枢随一五〇团参战。敌炮火猛烈,团长高鹏牺牲,廖传枢同副团长一起指挥战斗,终使敌受挫败退。但敌仍不死心,集中炮火,猛攻大刘庄第二师本部。廖传枢奉命调度部队,

以团为单位,轮番上阵,使部队始终保持锐气,敌虽仗恃优势炮火猛攻两昼夜,第二师阵地依然屹立不动。入夜,师部抽出部队从两翼反攻,敌终溃败,遗尸遍野,其中有一名中队长。

参加台儿庄会战后,第二师奉命撤退到湖北休整,1938年6月初,奉命参加武汉保卫战。7月,开赴到江西瑞昌西北地区时,与敌接火,廖传枢积极协助师长,在写石街、和尚脑、笔架山等地与敌激战20余天,重创日军,2师亦有较大伤亡。部队开到湖南澧陵县,接收朱炳南一个保安团、倪荣仙半个团,填齐建制定额。下级官佐由廖传枢负责考核,择优安插,分任参谋、副官、台长、排长等。这时,廖传枢晋升为中校作战参谋。10月26日,武汉沦陷后,第二师奉陈诚命东进岳阳、临湘阻敌。在临湘附近王家畈与敌展开激战,敌人来势虽猛,但终被阻止。在笑口附近与敌发生争夺战,不仅阻止了日军前进,还夺取敌人山炮两门。此后,双方在新墙河南岸东起月田,西到洞庭湖边长期对峙,直至1939年8月下旬。其间,廖传枢协助参谋长舒适存在搜集敌情、制订作战计划、调度部队、前线督战、战后总结等方面极尽操劳,颇受好评。

1939年9月16日,日军调集大量部队侵占新墙河北岸第二师前沿一个据点的高地。18日,日军阵地升起一个气球。廖传枢急令各部注意炮击。不久,敌人果然万炮齐发,呼啸而来。半小时内新墙镇正面阵地所有防御工事都被夷为平地。大批日军在强大炮火掩护下,徒涉新墙河。第5团守兵为牵制敌军火力,向敌侧击。廖传枢急令第六旅增援,战局始有好转。次日,战区派一个步兵旅前来助战,廖传枢协助副师长赵振起指挥,将援兵引向敌人左侧背,开始侧击。敌人两面受敌,攻势终被阻滞。下午,援兵全部赶到,拟将敌包抄围歼。日军害怕覆灭,连夜撤退回到武汉。是役,廖传枢因功晋升师上校参谋主任。1942年春,第二师移驻广西文山县时,廖传枢升任师参谋长。

1943年春,已升任五十二军军长的赵公武,拟将廖传枢提升为师长,但军队规定,提师长必须有带兵经历。为此,赵公武决定让廖传枢先到某团当团长。不料,在第十五集团军举行的一次打靶比赛中,有人弄虚作假,将靶位移近10米,廖传枢发现后,当场直言不讳揭露真相,言辞尖锐,让集团军司令关麟征很难堪。结果,廖传枢被撵出军队。廖传枢连回家的路费都无着,只能在昆明蹲着,靠朋友接济度日。所幸不久,关麟征调离第十五集团军,司令由杜聿明接任。赵公武遂向杜聿明提议,将廖传枢召回到五十二军任副参谋长,直到抗战胜利。

1945年8月底,五十二军奉命开赴越南河内,接受日军投降。返回后于10月下旬奉命乘美国军舰开往东北。11月16日出山海关进驻兴城,28日进驻锦州,成为国民党进军东北第一军。具有讽刺意味的是,14年前,日军策动九一八事变,对中国不宣而战,蒋介石却奉行不抵抗政策,将20万国军调到大西北"剿共",而将东北三省拱手让给日寇。如今,日本投降了,蒋介石撕毁与中共"和谈"协定,悍然发动内战,忽然意识到东三省对他维护蒋家王朝来说至关重要,于是急忙调重兵到东北抢占地盘。五十二军便是其所调主力部之一。就这样,从1945年12月下旬至1946年10月下旬,东北重要城镇大都被国军抢占。蒋介石自以为得计,可是到1947年冬,那些城镇竟一个个都成了人民解放战争汪洋大海中摇摇欲坠的孤岛,互不联结,欲守不固,欲战难动。蒋介石一连三次飞到东北精心策划,也拿不出解救办法,最终只好决定放弃东北。1948年11月2日,五十二军乘船从海路撤离,成了国民党军队在东北地区逃脱被歼灭厄运的唯一的一个军。1948年12月中旬,廖传枢离开五十二军,到南京老朋友赵振起的酱油厂暂住待命。12月底,应时驻湖北沙市的第十五军军长刘平邀请,调任该军参谋长。

第十五军辖六十四师、一六九师、二四三师,归第二十六兵团建制,兵团司令陈克非。1949年10月,第十五军随兵团西撤四川,11月下旬抵达绵阳。这时,国民党彻底失败渐趋明显,部队前途已到末路。但军长刘平明知形势危急,却仍梦想随顾祝同、胡宗南凭借退至西南的几十万残兵败将边战边逃,逃向西南边境。12月上旬,十五军撤到成都以西的

郫县附近,准备西窜。一天,刘平获悉刘文辉、邓锡侯已举行起义,预料自己的部队如西窜,后有追兵,前有堵截,且士气低落,千里突围,定落石达开下场。西窜成了泡影,刘平悲观失望。12月20日,廖传枢到兵团向陈克非进言:"形势危急,请司令当机立断!"陈克非顾虑自己与共产党为敌20多年,如今共产党胜利在望,自己对共产党相关政策也不了解,犹豫不决。廖传枢建议派二军副军长段成涛到刘文辉、邓锡侯处打探情况。12月23日,段成涛返回报告,说明解放军对起义部队,不仅热烈欢迎,而且信守承诺,对他们的身家财产也给予充分保障。陈克非遂下令起草起义通电。不料,次日上午9时,通电稿送到十五军军部,让刘平签名时,刘平竟神情激动得禁不住抱头大哭,廖传枢见状,势难抑止,只好挺身而出,代为签名。

起义通电在十五军传开后,大部分官兵表示拥护,情绪稳定。但也有少数人因为不了解共产党相关政策,顾虑重重,心绪不宁。为此,廖传枢召集官兵,发表演讲,指出举行起义,免于战祸,免于被歼,利国利民利己,是大势所趋,正义之举,光明之路;并以刘文辉、邓锡侯等率部起义为例,说明解放军胸怀大义,信守承诺,号召大家放下包袱,择善而从。起义顺利举行。一周后,贺龙司令员邀请二十六兵团少校以上官佐到成都参加欢迎宴会和晚会。起义后,十五军被整编为解放军第一六七师,将级军官分别被任命为军、师级官职,其余安置各得其所,皆大欢喜。

新中国成立后,廖传枢定居武汉市,曾任武汉市政协常委、市参事室参事、民革武汉市委顾问、黄埔军校同学会武汉市分会联络组组长,为社会主义建设和祖国统一大业作出重要贡献。1985年6月,赴京出席黄埔同学会第一次会员大会,当选为总会理事。1987年3月不幸病逝,享年77岁。

(作者单位:淮南市新四军研究会田家庵区分会)

戴端甫：无为人民永远怀念的乡贤

耿松林

戴端甫（1883—1942），安徽无为人。早年立志从军报国，1911年参加武昌起义，1924年参与黄埔军校创建活动，后任广州石井兵工厂厂长，对北伐战争做出重大贡献。1932年回到家乡创办仁泉学校。1933年参加国民革命军第17军长城抗战。1934年出任无为县长，兴建水利交通设施，创办县民众教育馆，兴建公共体育场，举办无为县第一次中小学体育运动会，政声卓著。1942年3月，病逝于广西全州。

戴端甫

满腔热忱，从军报国

戴端甫（1883—1942），字武章，号昌祚，无为练溪乡（今洪巷镇）风和村（今为社区）人。他幼年失怙，9岁时进入私塾读书数年。当时正处于满清政府腐败无能，帝国主义瓜分中国野心日益加剧的年代，中国处于亡国灭种的边缘，正所谓黑云压城城欲摧，风雨飘摇神州暗。黑暗的现实和危急的时局，让年轻的戴端甫忧心如焚，他从此立下了从军报国之

① 参见《百年沧桑话无为》，安徽大学出版社，2006年11月第1版，第383-384页。

志。后来听说云南和湖北武昌等地有讲武学堂，他便离开家乡来到武昌就学。一年以后，几经转折，进入河北保定陆军军官学校学习，与张治中、季嚼梅、徐庭瑶等人，同为1916年保定军校第三期步兵科毕业生。

1911年，戴端甫参加了武昌起义。1922年，他担任粤军团长。1924年，参与黄埔陆军军官学校的创建。1925年任国民革命军总司令部少将副官处处长。当广州国民革

1911年，戴端甫参加武昌起义，任粤军团长

命军准备北伐时，戴端甫奉命留守广州，兼任广州石井兵工厂厂长。由于他治厂有方，忠于职守，因而深得总司令部李济深的器重。

1924年，国共两党合作，建立了革命统一战线，一些爱国的仁人志士，争赴广州，如有欲投考黄埔军校者，戴端甫都不遗余力地予以保荐。如无为家乡的戴安澜、戴翱天、鲁恢亚、王献庭、张保卫、任笑安等人进入黄埔军校，都有他的引荐之功。后来这些人都成为北伐的重要军事骨干，其中最杰出的戴安澜，成为国民党第一支机械化部队的陆军第二〇〇师师长，在率部进入缅甸抗击日军中以身殉国，成为著名的爱国将领。

"唤起大众，育才救国"的生动实践

1927年4月，蒋介石公开叛变革命，建立南京政权，大肆屠戮共产党人和其他革命志士，稍有涉共之嫌的人都不能幸免。戴端甫由看不惯到十分气愤，弃职隐居上海，后又迁居南京。这时李济深因涉共之嫌，被蒋介石软禁于南京小汤山。李的旧部亲友，慑于蒋介石的淫威，都不敢前

往探视,而戴端甫却冒着风险,暗往拜访,李济深十分感动。但后来这件事被蒋介石侦知,遂派员暗中监视戴端甫。戴被逼宣告返回故里,以表示隐居,蒋才解除了对他的监视。

1932年春,戴端甫从南京返回故里,当看到家乡教育事业十分落后,内心震动。为"唤起

1934年,戴端甫创办仁泉学校,聘请共产党人筹备建校,培养抗日干部,输送到新四军第七师各支队中去

大众,育才救国",他决定兴办学校,一面购买土桥镇一家油坊,将经营所得用于创办私立学校,一面选定伏虎山下戴氏宗祠分祠做校址。经过投资建设,仁泉小学诞生了,他自任校长。学校很快招收了1—6年级共6个班300多名学生,由于生源来自县内外,学生大部分寄宿。举行开学典礼前,李宗仁、张治中、黄绍竑、戴戟等国民党军政要人,纷纷寄来匾额祝贺。该校的办学宗旨是:"教育和社会结合,让学生在生活、劳动实践中得到锻炼和提高。"校训是"勤廉"二字,诸如办食堂、开商店、跑采购、种菜园、经营浴室、理发、值勤等,都由学生自行办理。学校发展很快,不久除校本部外,又办了鲁家嘴、册头戴、岗西三所分校。又在周边的旗杆、风和、大门口、中山、吴家大院等6个村庄,各办了一所农民夜校,免费入学,男女兼收。其课程设置因校而异。本部及分校开设国语、算术、自然、公民、音体美等课程,夜校开设国语、算术(以珠算为主)、公民、唱歌等课程。聘任的教师大多数思想进步,其中有共产党员身份的是代理校长任惠群和教师马中堂、周心抚等。他们在传授文化知识的同时,向学生宣传进步思想,鼓动贫苦农民争取翻身解放。在自编的《农民识字课本》中,主要内容是宣传"以农为本,劳动光荣"。教学形式活泼多样,有短文、歌谣和顺口溜等。在公民课程里,宣传男女平等,鼓励妇女不再缠足,成为放脚拥有天足的健康人。戴衍方任仁泉小学中共地下支部书

记,学生党员有王光钧、何野、戴克、黎夫等人。学校的教育教学生动活泼,赢得县内外的广泛赞誉。到1940年暑期,共有六届毕业生,计数百人。这些毕业生,有的投身抗日,有的参加了革命队伍,有的从医、从政,在各自的岗位上,都做出了一定的成绩。

长城抗战,后勤有我

1933年,日本占领中国东三省后,又窥视华北,全国上下抗日救亡运动风起云涌。戴端甫针对国家形势的日益严峻,复出担任国民革命军第17军后勤军需官,在军长徐庭瑶的率领下,全军在长城古北口英勇奋战,击溃了来犯的日军。此战中的后勤工作,是对前线杀敌的有力保障,深得徐庭瑶的赞誉。

服务桑梓,情满家乡

1934年戴端甫辞职回乡,出任无为县县长。他对身边工作人员说:"我此次返里,欲为家乡父老兄弟效力,非为做官,县政府上下,应体我意,与我同心协力。"在他的主导下,先后开展了修建无为长江大堤,筑新安桥拦洪坝,建湖陇陉门,修建无为公路,平无为城钱家坡荒坟为县公共体育场,开辟绣溪公园,创办发电厂,建县中校舍,办《濡声日报》,废除不合理捐税,捣毁封建迷信场所的城隍庙作为县民众教育馆,铲除豪绅恶势力等工作,凡有利于群众的事情则兴办之,不利的则革除之。不到数月,其政绩卓著。戴上任县长之初,徐庭瑶送来一副白布对联:"硬干快干手段,改造无为;手到足到精神,服务桑梓。"戴端甫上任后的一系列作为,算是对此联语的践行。然而戴县长的做法,触犯了一些地方封建势力的利益,他们暗中煽风点火,造谣中伤。1935年春夏之交,县保安团部分军队哗变,戴险些丧命。叛兵将无为城商家店铺抢劫一空,出南门而逃。戴县长当即果断派出得力部队,将叛兵抓回,处决了丁家炳等8名首犯,平息了事态。

1935年6月,无为县第一次中小学联合运动会举行,会期3天,戴端甫亲临现场,大会秩序井然。戴事先给运动会所作的会歌:

笳鼓萧萧,旗帜飘飘,广场新已建造,赛会第一遭。跳高跳高,一飞冲霄;赛跑赛跑,万里不遥。同学手相招,快来夺锦标,要解东亚病夫嘲,要解东亚病夫嘲。

歌词经夫子庙小学音乐教师史佩惠谱曲,事先发到各学校让广大师生传唱。戴在运动会上的开幕词,很有教育意义:"无为第一次举行中、小学联合运动会,这是空前盛大的运动会。外国人嘲笑我们中国人是'东亚病夫',我们要收复失地,没有强健的身体不行。我们东北四省(包括当时热河省)已被日本帝国主义侵占数年了。我们要求得高深的学问,没有强健的身体不行。形势驱使我们刻不容缓地锻炼好身体。只有锻炼出强健的体魄,才能收复失地,才能求得高深的学问……"他的话博得了听众的阵阵掌声,就是在今天,这些话也有一定的指导意义。

1938年,戴端甫先生旅居长沙,与徐庭瑶合资创办了一所"无为公寓",专门收容无为流亡人士和学生,供给衣食,并代为介绍职业和上学,受到无为父老乡亲的称赞。不久戴先生携家口迁往广西柳州、全州。1942年3月,戴在全州病逝。临终时,戴自书挽联一副,既是其为人风范和忧国忧民思想的写照,也表达了他对蒋氏政权的愤懑与不满:

书未读通,身未修善,又革命,又做官,鬼混了一辈子;
国仍破碎,民仍涂炭,不团结,不民主,抗日已四年矣。

(作者单位:无为市人大常委会办公室)

郑抱真：从爱国民主人士到共产党人

陶余新

郑抱真

郑抱真（1897—1954），安徽寿县人。1929
年赴上海参加王亚樵领导的斧头帮组织，先
后参与庐山刺杀蒋介石、上海北站刺杀宋子
文等惊天暗杀，1932年参加一·二八淞沪抗
战，参与策划轰炸日军旗舰出云号、炸死日本
陆军大将白川义则。1936年追随王亚樵前往
广西梧州，躲避军统追捕，不久，王亚樵遇难。
郑抱真返回家乡寿县组织抗日武装，1940年1
月加入中国共产党。1949年解放后，郑抱真
担任新中国首任合肥市长，1954年12月因病
去世。

　　1949年1月21日，千年古城江淮明珠合肥，迎来了解放，获得了新
生。首任合肥市市长是郑抱真同志。
　　郑抱真是合肥本地人，是一位传奇式的人物。在风云诡谲、政局动
荡的当代中国，他从迷茫彷徨到奋起觉醒，从爱国主义人士转变为坚定
的中国共产党人，最终成为一名江淮抗日名将。他是时代风云的见证
者，以合肥市最高行政长官的身份，参与了中国城市建设与发展，是一位
优秀的领导者、开拓者。

一、追求正义，奋起抗日

郑抱真，1897年3月出生在合肥北乡吴山庙一个普通农民家庭，兄弟三人他排行老三。贫困的农村生活、艰苦的童年时代，使他们在逆境中磨炼出一副疾恶如仇、正直勇敢的刚强性格，兄弟三人都走上革命道路，两位哥哥1935年即在上海牺牲，他坚持下来继续奋斗。

1924年，郑抱真随大哥郑绍成到达上海，毅然投入他大哥拜把兄弟王亚樵的团队中，成为"斧头帮"的重要骨干成员。"斧头帮"是一个伸张正义的抗日团队。内杀卖国贼、外抗侵略者，在上海赫赫有名，1929年改为"铁血抗日锄奸团"，郑是该团的"二号人物"。他负责内外联系、行动谋划及筹备武器装备等工作。常奔走于上海、南京、北京、广州、香港等地，结交联结朋友，筹备武器弹药。

1932年一·二八淞沪抗战爆发，"铁血抗日锄奸团"改为十九路军抗日救国义勇军，由2000多人发展到5000人，迅速开往前线，进入各个战场。他们以偷袭、夜战为主，有力打击日本侵略军，使日军不断受挫，损失惨重。义勇军机智勇敢、善于巷战，一度占领了日本海军陆战队司令部，消灭了大量敌人，使日寇闻风丧胆。

1932年4月29日，侵华日军及其走狗在上海虹口公园举行集会，纪念天皇生日。驻沪最高指挥官、十万日军总司令白川义则大将带领10多个重要成员，包括一名舰队中将司令、一名陆军中将师团长和日本驻华大使重光葵等悉数登上主席台。白川义则大将首先致辞，十几分钟后，郑抱真通过朝鲜义士尹奉吉事先安放在热水瓶底的定时炸弹同时引爆炸响。白川义则大将等3人当场毙命，重光葵大腿被炸断，后来成为"颇足外长"，1945年9月3日在投降书上签字，引起世人讥笑。当时，主席台上的其他人全部受伤。

这次爆炸事件，轰动上海，轰动全国，大快人心。也是中国抗战中击

毙的日军最高指挥官,是轰动世界的大事,受到全世界反法西斯战线的高度赞赏!

同年4月下旬,郑抱真他们还组织人员,成功地袭击日军舰队,炸伤了日军旗舰"出云"号,炸死舰员多人,此事在上海又一次引起轰动。

九一八事变后,郑抱真接受了一项重要任务,把上海各界支援东北抗日义勇军的捐物、捐资护送到东北去。完成这项任务需要勇气和智慧。为了躲过日伪的层层搜查,郑抱真机智地先把捐献的珠宝、首饰和现金全部换成金条和金锭。再找到可靠的银匠将金子打在皮箱的筒角,镶嵌在皮箱上,再用结实的牛皮从外包住缝上。还将手枪和子弹也藏在皮箱的夹层里,最终顺利地送到东北义勇军手上。因此他赢得了"大侠客""后勤王"的称号。

二、刺杀奸贼,为民解气

刺蒋未成。1931年6月,针对蒋介石积极反共消极抗日言行,郑抱真他们决定教训一下国民党,对蒋下手。得悉蒋此时正在庐山太乙峰别墅指挥"剿共",郑抱真先派一年轻女性扮成阔太太提前上山旅游,将两支手枪拆放在4只金华火腿里,成功躲过一路上军警的盘查。再派刺客陈成随后上山,陈成上山取手枪后一直追踪蒋的行动。一天早上蒋起床下山走动,陈随即跟踪,当陈掏出手枪时却被卫士发现,卫士先开枪击中陈成的头部,当场牺牲。

这次刺蒋未成,但警告了国民党,蒋介石受了大惊吓,重病一场,常做噩梦。事后,蒋下令悬赏500块大洋要取郑的脑袋,可是郑抱真聪明绝顶,机警过人,活跃在上海滩10多年,四肢健全,毫发未损。

1931年7月23日,又一重大行动开始了。得悉财政部长宋子文乘火车从南京到上海。郑抱真立即派人到上海北站行动,当宋下车走出车站忽听一声枪响,和宋同行穿一样的衣服手拿一样皮包的秘书唐腴胪应声倒下。此时宋子文吓得一身冷汗,十分震惊,刺宋未成,使国民党核心成员们胆战心惊,加强安保,不敢轻易出门。

成功刺汪。1935年11月1日,国民党四届六中全会在南京召开,大小头目到会。郑抱真抓住这次机会,派记者孙凤鸣混入会场。会议结束到室外照相时。孙凤鸣瞅准机会向亲日派头领汪精卫连开三枪,发发命中,虽然抢救从汪身上取出二颗子弹,但仍有一颗子弹留在汪精卫的腰脊椎部,无法取出。这颗致命子弹常常发作,几年后汪最终就是死在这颗子弹上。

1936年3月,郑抱真与王亚樵、余亚农一同去广西梧州,三次说服桂系头领李宗仁、白崇禧出兵反蒋。当年10月,王亚樵在梧州准备去延安,却被戴笠派特务杀害了。郑抱真夫妇大胆地去为王亚樵收尸安葬,做好善后工作。之后,郑回到上海,将夫人李云和孩子们安排在老百姓家,自己只身一人回到家乡,组织武装积极投入抗日战争。

三、参加新四军加入共产党,誓将革命进行到底

早在上海组建淞沪抗日义勇军打击日军时,郑抱真即与在上海的中共特科负责人李克农多有往来并互相支持鼓励。郑还将李引见给王亚樵。李克农多次传达中共对淞沪抗日义勇军的声援与支持,毛泽东曾赞扬王亚樵他们"杀敌无罪,抗日有功"。

1937年七七事变后,安徽进步人士石寅生在寿县和合肥一带组织抗日后援会、自卫军等。郑抱真以前与石寅生合作过,毅然回到家乡参加自卫军。1938年3月,日军进攻皖北,各县相继陷落。安徽省动委会派人组建皖北人民抗日自卫军,石寅生部为第一路军,郑抱真任该军第二支队司令,驻寿县、合肥交界处,打击日伪。二支队很有作为,常主动出击,成为当地很有名气的爱国抗日队伍,深受百姓拥戴。

在此期间,郑抱真主动与新四军第四支队联系,两支队伍建立了良

好的合作联系。相互交换情报,采取共同抗日行动。郑抱真与时任中共寿六合中心县委书记黄岩及寿县县委书记董吉贤关系密切。还经常邀请新四军的政工干部到二支队做宣传工作,讲政治课,教育他的官兵们。

1939年初,国民党皖北行署主任颜仁毅得知郑抱真与共产党、新四军关系密切,来往合作多。即令解散二支队,撤销番号收编部队。郑抱真闻讯后毅然率部队加入新四军,与国民党反动派彻底决裂。此时,他被任命为新四军第四支队淮南抗日游击纵队纵队长(司令),四支队派汪少川任政委,梁从学任副纵队长。该部原有三个大队,九个连1300余人,后发展很快,使共产党领导的淮南地区抗日力量迅速壮大。据汪少川介绍,不久这支队伍一部改为四支队特务营,大部编为十四团,在抗日战争、解放战争、抗美援朝中,英勇作战,屡立战功。

郑抱真参加革命后进步很快。1940年初,经张云逸、戴季英介绍加入中国共产党,完成了从爱国主义人士向共产党人的华丽转身,成为一名有实战经验、有才华、独当一面的共产党军队指挥员。不久,提升为江北游击纵队副司令员,又任津浦路西联防司令部司令兼江淮四分区专员,安徽省军区后勤部长等职。军地双肩挑,军事后勤一手抓,取得卓越成就。

他率部配合新四军主力,参加过周家岗战斗、藕塘保卫战、攻克定远城,皖东地区反扫荡等数十次战斗。每次战斗他都靠前指挥,沉着应战。一马当先,身先士卒,最终夺取胜利,在部队中享有崇高威信。他为淮南抗日根据地的巩固与发展,作出了卓越的贡献。

1949年1月,古城合肥解放了,根据他的军政素质和工作能力,党派他回到家乡担任合肥市首任市长,挑起更重的担子。后调任皖北行署副主任、安徽省政府秘书长等职。

四、首任市长,丹心竭虑开拓进取

合肥刚解放时,千疮百孔、百业待兴。支前任务和反特反霸十分繁重，他首先组织军民整修前大街、后大街、胜利路等主干道，恢复市容市貌。

3月，郑抱真成功地破获了一起隐藏很深的国民党军统特务组织，为大军过江拔了一颗毒瘤。那天，郑得到报告，说市内有一不明电台活动，军管会几次派人侦察却未抓获。郑市长亲自出马，他带着卫士一大早就从洪家花园出来，到四牌楼一带转了几圈，再向西南方向走去。来到得胜门城墙处停下，命令卫士们仔细查找各个住户，逐一询问并蹲点暗访。三天后卫士报告，在南园发现一户人家，不像一家人，像上下级关系。郑下令部队抓捕，进屋当场缴获了美制袖珍电台一部、干电池一大箱、密码一本。还抓住了军统少将组长和上尉报务员等多名特务分子。这次行动使国民党失去了一个重要情报来源，为大军渡江提供了保障。时任安徽省委书记宋任穷大加赞赏："这是郑抱真同志的绝招，是大军渡江的喜讯，抱真同志功不可没！"

还有一件事，郑抱真处理果断及时，避免了重大事故。淮南线合肥至水家湖刚修整铺上铁轨，还未正式运行。一节载有军火弹药的车厢突然爆炸了，万分危急。郑当时就在附近视察，接到报告后立即赶到了现场。现场很乱，郑大声果断地指挥机务人员调来一火车头，迅速将弹药车箱拉开，再将其他车箱拉到远处，避免二次、三次爆炸再造成重大损失。果然，弹药车箱又爆炸了两次。事后，铁路工人和当地百姓都齐赞，要不是郑市长及时赶到，有效处置，这里还不知道炸成什么样子呢？

合肥解放了，回到了人民手中，但是这是一个烂摊子、穷摊子。财政十分困难，任务又重又多。郑市长创造性地想出：立即发行地区性信用公债，企业、民众积极购买，极大地解决了当时的金融困难，还促进了物资流通商贸营业。同时，他还倡导并亲手办起了合作社、在城内开设几个农民招待所，解决了外地、外乡支前农民的一系列实际问题，促进了大军渡江的保障工作。

大军过江前夕，三野主力七、九兵团的许多部队都集中在合肥地区及巢湖沿线进行筹船演训。渡江战役总前委设在肥东瑶岗,将帅云集,邓小平、陈毅坐镇指挥。因此安全保卫、后勤保障工作任务十分繁重。

合肥的支前工作一直走在全省前列,为此郑抱真和同事们只能日夜工作,筹备物资,指挥协调。不久调到省里工作仍是"拼命三郎"。由于长时间地奔忙操劳,生活无规律,所以郑抱真同志的身体垮下来了,积劳成疾,只好住院治疗。于1954年12月,在上海病逝,享年57岁。

郑抱真的一生是追求正义、勇敢战斗的一生。是追求光明、跟着共产党奋斗终身的一生! 他一生中工作岗位经常变化,无论怎么安排,他都愉快服从,勤勤恳恳,踏踏实实地工作。与他相识、相交多年的原省委副书记李世农评价他:"组织叫干啥就干啥,从不讲价钱。放在哪儿都让人放心,都踏踏实实地干,是一位好干部。"

他从来不向人们谈论自己传奇的人生和功劳,也不谈为革命牺牲的两位兄长。他常说:"我们就是普通的战士、普通的老百姓!"

斗转星移、日月如梭。转眼70年过去了,但合肥人民没有忘记老市长和革命前辈们。2019年10月,合肥市新四军历史研究会、中共合肥市委党史研究室共同举办"纪念共和国七十周年"座谈会。首任老市长郑抱真的后人:儿子郑鑫、儿媳王志军、孙子郑毅、重孙女郑雅楠等,应邀参加大会,儿媳在会上作了生动深情的发言。同时,他们还将郑抱真当年穿的新四军大衣和战争年代使用过的物品全部捐献出来,成为合肥新四军抗战纪念园重要的馆藏文物,永远地向后人展示。

传奇英豪郑抱真,杀寇除奸留威名。

追求正义跟党走,丹心竭虑照后人。

(作者系合肥市新研会学术研究员)

褚峻斋:毁家纾难　投身抗日

褚晓梅

褚峻斋(1891—1977),是享誉合肥一带的传奇人物。褚的父亲褚鸿卿,清代晚季武庠生,授花翎五品衔候补县丞,出身习武世家,维护当地治安,平安一方百姓。好的家风影响着褚峻斋,抗战时期,国难当头,匹夫有责,他以私宅褚老圩为东进抗日的新四军四支队提供住所,并送儿子上战场。1939年参加革命,被选为定合县参议长。1945年作为路西四分区代表出席延安的参政会。新中国成立

褚峻斋

后任皖北行署合作社经理等职,1951年后任安徽省文史研究馆馆员。

1938年5月,日军侵占合肥,当地人民陷入水深火热之中。社会各界人士同仇敌忾,不惜倾家荡产,奋起抗日救亡。我的爷爷褚峻斋就是其中之一。

一、士绅家庭,深明大义

我的老家在肥东青龙厂褚老圩,它是一座私家庄园,地处肥东县西北部,位于青龙乡境内,离合肥有45公里。圩子占地30多亩,住有10多户人家,有100多间青砖瓦房,房屋坐东朝西,五路通后,一路16间,另有

厢房10多间,内放土炮两门及50多只火铳枪用作自卫,还有圈养的马匹。进出圩子必须通过活动吊桥,南北筑有坚固的闸门。拥有田地500余亩,在青龙街上还有一所市房,开着一个交易所(杂货行),房租和行用每月100多元,再加上地租收入,家境还是比较富裕。

圩子的四周有两道4丈多宽,1丈多深的壕沟,沟的四周种有300多棵百年环抱的橡树,枝繁叶茂,遮天蔽日,绿荫浓浓。由于树木高大,枝叶繁茂,遮盖了褚圩子,从远处看不到圩子,到了晚上有成群的鸟雀栖落在枝头上,秋风萧瑟,十分静谧,这儿的确是一个易守难攻的极其理想的军事指挥堡垒。又因褚老圩距离淮南铁路较近,且为皖中通向皖东重要大门,其战略地位相当重要。因而为各方势力所重视。当时有不少地方土顽欲攻进圩内抢劫,却望圩兴叹。1939年新四军四支队司令部就设在这里;中共合肥中心县委也设在这里;这里还是新四军江北游击纵队抗日指挥部。

我的爷爷褚峻斋,原名褚振德,1891年9月8日出生在褚老圩,幼年攻读经史,1916年毕业于合肥法政研究所,是一位学者。因褚家世代习武,爷爷自幼练得一身武功,堪称文武双全。爷爷的曾祖父褚开泰武艺高强,能骑马射箭、百步穿杨,在清朝被授予二品顶戴副将衔,诰授"武功将军"称号,且受过皇封诰匾。同治三年助修书院捐瓦屋54间,捐款千串(载入省府县志),历代崇尚武功,立志保家卫国。

我的爷爷秉质淳厚,遇到贫困者常常解囊相助,遇灾荒佃户交不齐地租也不计较,平时在地方上乐于为他人排忧解难,深明大义。为了解决当地百姓子女上学困难,1924年在家乡褚老圩创办了一所学校,自任校长,很受百姓欢迎。由于乐善好施的性格,在当地颇有人缘和威望。

二、习武世家,身手敏捷

我的爷爷弟兄三人,他排行老二。大哥褚宗谦,因为带领群众向国民党抗税,被关押几个月,受尽酷刑折磨,交保释放后不久就死了,从此褚家与国民党结下深仇大恨。三弟褚逮云,也练就一身武功,枪法好,国民党土顽谢少臣,派兵来攻打褚老圩,打头阵的是"敢死队",40余人。当时圩内是新四军江北游击纵队司令部所在地,实际上当时只有两个班的兵力,圩内全部武装上阵。三弟褚逮云提枪登上更楼,一枪击毙伪军敢死队队长,其他人忙于收尸,吓得往回逃窜。他的枪法受到了新四军江北游击纵队司令部的首长孙仲德、郑抱真等领导的赞扬。后来,新四军二团团政委廖成美(开国少将)听说褚逮云枪法好,还专程来褚老圩约请他一起打枝头鸟,两人的枪法都很好,这次相遇,也算是"以武会友"吧!由于褚老圩在抗战之初就是新四军江北指挥部的重要移驻地,这里被日伪和国民党部称为"匪区"。他们曾多次对这里进行扫荡,烧、杀、掠、抢,无所不为。

1938年秋,日军进圩子,圩子里的人都提前跑反了。当天下午,我爷爷想回家看看,走到靠近圩子时,静悄悄的,不见一人。正要进入圩子时,被潜伏在稻田里的日本兵发现了,当时把爷爷抓起来带到白龙厂附近的一个农户家柴火房。那里驻扎着日军,此时已是夜晚,日本兵横七竖八睡在地上,爷爷等他们睡熟后,退下绑绳,窜上灶台,从日军身上跨过,跃到门外,脱下白上衣小褂,光着膀子,在夜幕的掩护下,顺着村边小沟跑了出去,站岗的日本兵发现后打了两枪,也没能追上他。爷爷胆大心细,行动敏捷,成功地从日军手中逃脱了。可见爷爷的武功尚好,尤其是轻功高超。平时爷爷爱运动,每天早上打拳,20世纪70年代初已经80多岁的爷爷,有一次在我哥哥褚平鹰面前竟然双手握拳支撑在地面上做起了俯卧撑,一口气做了20多个标准的俯卧撑,可见爷爷习武功底深厚。

三、支持抗日,举家上阵

1939年初,新四军执行中央和军部东进皖东敌后开展抗日活动的指示。新四军四支队七团到了青龙厂以后,听说褚家在地方上比较开明,

褚老圩的居住条件和环境比较适合团部开展工作,就派团领导人与褚家协商进驻的问题,爷爷看到新四军是一支抗日的队伍,纪律严明,我的爷爷褚峻斋与我的外祖父龚意农(与褚峻斋弟弟——褚逮云是连襟,1938年日本人侵占合肥时,携全家逃难于此)共同协商,果断决定支持抗日,将庄园提供给新四军驻扎指挥,迎接新四军七团团部和一个连进驻褚老圩。

褚峻斋

先遣部队、战地服务团进驻褚老圩及青龙厂一带,在褚老圩开展了如火如荼的对敌斗争,新四军四支队战地服务团团长兼指导员钱行(后改名林恒,新中国成立后任最高人民检察院二厅厅长、江苏省经委副主任)到青龙厂褚老圩发动群众开展抗日救亡活动。先后组织了农民抗日救国会、妇抗、青抗、商抗和儿童团等一系列群众抗日团体。我大伯父褚明安任青龙乡抗敌运动委员会指导员,妇抗会主任是龚夕涛(我外祖父龚意农的妹妹、爱国将领孙立人的原配夫人),我的外祖母陈肖岩以及外祖母的妹妹陈挺生等均为妇抗的骨干力量。我外祖父的侄子龚潜(解放初期任天津军管会负责人)、龚炯(原北京高等军事学院军种教研室主任、副军级离休)以及侄女林佑(原名龚维懿,后为轻工业部工艺美术总公司副总经理),都是1939年先后在褚老圩参加了新四军。我舅舅、我母亲以及二姨当时还小,只能参加儿童团。儿童团长是我的舅舅龚伟(新中国成立后任安徽省民委副主任),副团长褚一纯(安徽师范大学教授),我父亲褚农,我的母亲龚维曼,二姨龚维丽(中国人民大学教授)等均为儿童团的骨干力量。他们在军部战地服务团的领导下,唱抗日歌曲、演话剧、跳舞等,积极开展抗日救亡宣传活动。同时,组织群众积极参加站岗放哨等。当时部队缺少鞋穿,妇抗会积极发动妇女做军鞋,每个村庄做的军鞋成担送,推成小山似的,有组织地按时上交。青龙厂上交的军鞋不是几千双而是上万双,及时为新四军解决了穿鞋的困难问题。青龙厂的妇抗会和儿童团在抗战时期发挥了很大的积极作用。

因为褚老圩地处定远、寿县、合肥三县交界处,历来是兵家必争之地,是新四军二师、七师与军部联系的交通线上重要枢纽,是路西抗敌前沿阵地,是大别山撤出来的党政干部,抗日工作团以及爱国青年学生奔赴抗日前线的主要通道,它不仅是新四军第四支队司令部所在地,还是新四军江北指挥部移驻地,是合肥地区乃至整个皖中地区的抗日指挥中心。1939年6月新四军领导人叶挺及张云逸、邓子恢、罗炳辉、戴季英等新四军重要领导人陆续住进褚老圩指挥东进抗日。同年11月,刘少奇化名胡服亦到青龙厂指导抗日工作。直到抗战胜利青龙厂褚老圩一直是肥东地区军事和政治活动的中心。褚老圩还是原新四军一代名将高敬亭罹难地。

四、筹款筹物,全力助军

我爷爷看到新四军是一支纪律严明的抗日队伍非常敬佩,便积极协助部队开展工作,带头为部队筹集军需给养,解决物资匮乏问题,并出面与裴济华、郑抱真、龚意农在青龙街上开办三家供销合作社,并把赚来的钱借给或交给部队使用外,还用于兴修水利和赈济灾民,购买生活必需品,如食盐、布匹、洋油、火柴、西药、纸张等日用百货,为保证部队生活供给起了举足轻重的作用,成了夺取抗战胜利的基本保证。我爷爷还多次专门派人到芜湖等地为部队购置药品等军用物资。其弟弟褚逮云这时已担任游击队指导委员会主任和军政民联合办事处委员等职。其长子(我的大伯)褚明安任青风乡抗敌动委会指导员,曾发起组织农抗、妇抗、青抗、商抗等革命群众抗日团体。肥东地方党组织为了发展和扩大敌后抗日根据地,在上级党组织的正确领导下,在新四军四支队的帮助下,积极发展地方抗日武装,开展抗日游击活动,各地迅速建立大大小小的抗日游击武装组织和抗日团体。

五、送子参军,鏖战江淮

1938年初,我爷爷目睹日军侵略行为,地方上兵匪横行,民不聊生,立志抗日救亡,叫大儿子即我的大伯褚明安组织百余人的自卫武装,维护地方治安,之后,爷爷让我的大伯褚明安带领这支百余人的自卫武装加入新四军郑抱真游击队,成为一支在共产党领导下的革命武装,并在1940年,他率领特务营在定远大桥阻击日军"扫荡",掩护领导机关和群众转移中,英勇作战,身负重伤。

1941年冬,国民党专员李本一带领一个正规团进攻藕塘新四军根据地。当敌人进到定远县大桥镇时,受到我军阻击,当时担任副营长的褚明安奉命带领一个连到罗集、下塘集一带利用日伪的矛盾,牵制敌人四个团的兵力不能过铁路,战斗坚持了七天七夜,牵制了国民党增援大桥镇的战斗,出色地完成了任务,受到领导的表扬。1944年冬,指挥模范连歼灭一

褚峻斋全家福。中间褚峻斋、右二褚明安、右五褚农

个中队的抢粮伪军,其中俘敌80余人。在战场上,出生入死,英勇善战,身先士卒,我大伯褚明安在战场上能左右手同时射击,是出了名的神枪手。我大伯褚明安解放前任定合县合五区区长,定远县老人仓区区长、区委书记等。新中国成立后任安徽省建设厅副厅长,1993年病逝。

1939年6月,叶挺将军在褚老圩

　　1939年5月20日叶挺军长等先后来到青龙厂褚老圩,住在我爷爷家的二路厢房里,正厅是办公地方,他的副官黄序周就住在正厅的西南角。我的父亲褚农那时只有11岁,喜欢收集叶挺抽完烟的空香烟盒玩耍,叶挺将军非常喜欢小孩,有时还逗我的父亲褚农玩。张云逸住在我三爷爷家的二路厢房,邓子恢住在我大爷爷家。爷爷家和三爷爷家各有一大门,内院又有小侧门相通,可互相来往。我父亲深受叶挺军长的影响,向往革命,刚满14岁,我爷爷就送他参加了新四军。其后我的母亲龚维曼也参加了新四军,他们在共同的革命中结为伉俪,新中国成立以后,他们都在不同的岗位上勤勤恳恳地工作。新中国成立后我父亲曾在合肥市公安局、合肥市机械局、市政法委任职,1996年病逝。我母亲曾在安徽省财政科研所任职,2015年病逝。

六、幽静庄园,毁于一旦

　　褚老圩的东边十几里之外有个谢家圩,驻有国民党合六区区长谢少臣,外号叫谢黑头,有200多人的武装,还有两挺轻机枪,与七团发生武装冲突,七团受了损失,我爷爷褚峻斋出面找地方一些绅士出来调解,劝说谢黑头给了七团9500元的赔偿费,为了这件事,谢家对褚家怀恨

在心。

褚家在青龙地区的活动，名声越来越大，褚老圩由地主庄园变成合肥地区开展抗日救亡活动聚集点，四面敌人虎视眈眈，视褚老圩为眼中钉、肉中刺。1940年3月，国民党大批部队袭击江北游击纵队和四支队，驻青龙厂我军奋勇抗敌，从上午8点钟打到晚上，经过一天的激战，打退了敌人的多次进攻，因敌众我寡，为了保存有生力量，褚老圩和青龙厂的部队晚间撤到定远的朱家湾一带。

国民党土顽谢少臣利用这个机会，怀着对新四军的仇恨，三次放火烧毁我爷爷褚峻斋的私家庄园褚老圩。他们恨新四军，并说褚老圩子里姓褚的男女老少都是新四军，并恶狠狠地扬言，见到姓褚的以及3岁的孩子都要杀，国民党土顽谢少臣绰号谢黑头，心狠手辣，人称"活阎王"，"吃人不吐骨头"，当地群众恨之入骨。

庄园被国民党谢少臣烧毁后，这时的褚峻斋、褚逮云兄弟俩带领全家老小无家可归，逃难到了巢湖北岸的六家畈的一个朋友家，并在一个姓王的朋友帮助下，靠救济维持生活。住了一年多，实在生活不下去了，于1942年又回到青龙厂南边的李湾村，住在一家姓杨的亲戚家，过着缺吃少穿的苦难生活。这年旧历八月十五的前一天，我大伯褚明安奉上级指示带着一个班的

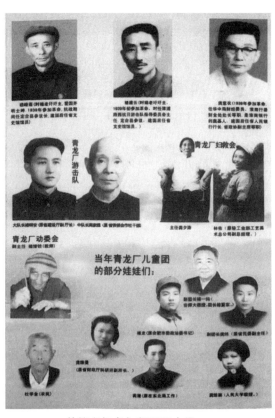

从褚老圩参加新四军人员

武装,把全家接到定合县政府所在地朱家湾。这时我大伯褚明安已任合五区区长。

1942年8月,新四军应当地人民群众的要求,决定攻打谢家圩。谢家圩建筑非常牢固,宅子与圩子从地底下连在一起,地上有碉堡,地下有战壕,日夜有顽军把守,新四军三次进攻都没有得手。谢少臣(谢黑头)更加猖獗,有恃无恐。强攻不行,必须智取,熟悉当地情况的游击队队长褚让三(1942年受郑抱真指派到敌后做党的地下工作)、我大伯父褚明安,找来圩内谢黑头的堂弟做工作,里应外合打开圩子。又经18团1营营长谢绿轩做工作,争取了圩内一个班起义,终于拿下毒瘤,扫除一害,人民群众拍手称快。

七、统战"土顽" 倾家抗日

我爷爷褚峻斋以其对抗日救国所作的卓著贡献被选任定(远)合(肥)县参议长。在党的领导和统战政策的鼓励下,我爷爷更加积极工作,除协助地方政府和部队动员参军支援部队,做一些地方行政工作外,还以他当时的社会地位和个人威望进行了一系列的统战工作,取得显著成绩。当时在埠子里有一个国民党的联保主任,叫陈少堂,他的两个儿子被部队抓来,为了扩大统一战线影响,争取李少堂,我爷爷褚峻斋以个人名义写信给他,说明党的政策,保证不加伤害,李接到信后解除顾虑,被争取过来的两个儿子都参加了革命,还有王柱东是国民党合五区区长,褚明安是共产党合五区区长,双方矛盾很尖锐,通过我爷爷褚峻斋去信向王宣传共同抗日的道理,后来王表示"互不侵犯"。

1946年,褚峻斋老伴龚振龙,我的奶奶已有50多岁了。拖着旧社会裹过足的小脚随军北撤,北方冬天,极为寒冷,衣服单薄,加之常常要在夜间转移,颠沛流离,生活十分艰难。由于长期的奔波劳累生病不起,卧床10多年,1962年病逝于合肥。

我爷爷不但将自己的家无偿提供给新四军使用,还将褚家大部分有生力量贡献给了革命队伍,兄弟褚逮云担任游击队指导员委员会主任委员和军政民联合办事处委员,儿子褚明安为游击队大队长。除此,我爷爷还利用自身在社会上的影响力,积极协助部队开展工作。部队给养困难,他就找地方上一些富户进行动员,筹集一批钱和物给予支援。同时,积极争取一些仁人志士转变态度,千方百计为新四军四支队筹集军需给养。从此褚姓家族从一个地主家庭转变为革命家庭,褚老圩也从一个地主庄园,转变为指导合肥地区抗日斗争的指挥中心,被称为小延安。

在叶挺等抗日将领的教育和影响下,我的爷爷褚峻斋从一个大庄主转变为带领全家走向革命的领头人,我的外祖父龚意农(解放后任安徽省人民银行行长,安徽省政协副主席)也从一个名门之后的知识分子转变成带领全家参加革命的引路人。两个大家庭十几口人先后都参加了新四军,为革命做出了应有的贡献。

我爷爷不顾倾家荡产,不畏艰苦困难,毅然带领全家参加革命队伍,深得党组织和新四军的信任。1939年参加革命工作,1943年担任定合县参议长,1944年又先后任津浦路西四分区参议员和豫皖苏边区行署参议员,1945年被选为路西四分区代表,出席延安的参政会,1946年随新四军北撤。1949年初,从山东随军调回合肥,新中国成立后任皖北行署财政处实物仓库主任、皖北行署合作社经理。1951年后因年事已高,改任安徽省文史研究馆馆员,1977年病逝,享年86岁。

沧海桑田,斗转星移。而今,已经80多年了,虽然当年驰骋疆场英勇杀敌的抗日战士们走了,剑啸惊涛,叱咤风云的将军们也离开了。但是,相信历史是客观公正的。现在,褚老圩已经不仅是褚家和龚家所有革命人的摇篮,更是一座记载无数抗日英烈的丰碑——新四军第四支队东进抗日纪念馆,它像巨人般屹立在肥东青龙厂褚老圩。它是一座巍然不朽的丰碑,向当今的人们述说着:牢记历史,不忘过去,明鉴历史,不忘初心。